LOUIS DIMIER

VINGT ANS
D'ACTION FRANÇAISE

ET AUTRES SOUVENIRS

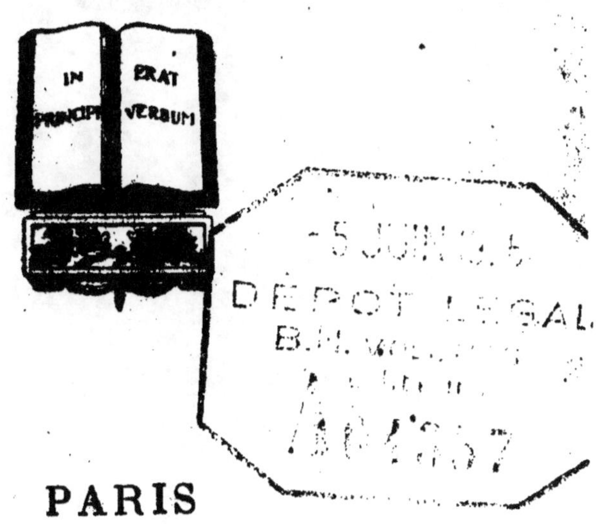

PARIS

NOUVELLE LIBRAIRIE NATIONALE

3, PLACE DU PANTHÉON, 3

MCMXXVI

VINGT ANS

D'ACTION FRANÇAISE

ET AUTRES SOUVENIRS

DU MÊME AUTEUR

A LA MÊME LIBRAIRIE

Histoire de Savoie, des origines à l'annexion.
Les Préjugés ennemis de l'Histoire de France.
Veuillot.
L'Action libérale dans les élections.
L'Appel des Intellectuels allemands.
Les Tronçons du Serpent.
Les Maîtres de la Contre-Révolution au XIX⁰ siècle.
Bossuet.
Descartes.
Buffon.
Souvenirs d'Action publique et d'Université.

La Souricière, roman, Perrin, éditeur.
Prolégomènes à l'Esthétique. Librairie des Saints-Pères.
Le Primatice, peintre, sculpteur et architecte des Rois de France. Leroux, éditeur.
Benvenuto Cellini à la Cour de France, recherches nouvelles. Leroux, éditeur.
French Painting in the XVIth Century. Duchworths, éditeur à Londres.
Les Impostures de Lenoir. Sacquet-Schemit, éditeur.
Critique et Controverse sur différents points de l'Histoire des Arts. Schemit, éditeur.
Fontainebleau. Laurens, éditeur.
L'Hôtel des Invalides. Laurens, éditeur.
Les Primitifs français. Laurens, éditeur.
L'Hôtel Lauzun. Eggimann, éditeur.
Histoire de la Peinture française au XIX⁰ siècle. Delagrave, éditeur.
Choix des Moralistes français des XVII⁰, XVIII⁰ et XIX⁰ siècles. De Gigord, éditeur.
Extraits de Voltaire et des principaux prosateurs du XVIII⁰ siècle. De Gigord, éditeur.
Faits et idées de l'histoire des arts. Bloud et Gay, éditeur.
Histoire de la peinture de portrait en France au XVI⁰ siècle. Van Oest, éditeur.
Histoire de la peinture française des Origines au retour de Vouet. Van Oest, éditeur.
Le bois d'illustration au XIX⁰ siècle. Rapilly, éditeur.

En collaboration :

La Basse-Normandie (guide artistique et pittoresque). Delagrave, éditeur.

Traductions :

Reynolds. *Discours sur la peinture et Voyages pittoresques.* Laurens, éditeur.
W. Martin. *Gérard Dou, sa vie et son œuvre.* Jouve, éditeur.

LOUIS DIMIER

VINGT ANS D'ACTION FRANÇAISE

ET AUTRES SOUVENIRS

PARIS

NOUVELLE LIBRAIRIE NATIONALE

3, PLACE DU PANTHÉON, 3

MCMXXVI

JUSTIFICATION DU TIRAGE

L'édition originale du présent ouvrage a été tirée à
3300 exemplaires et à 25 exemplaires sur pur Fil Lafuma.

Le présent exemplaire appartient à l'édition originale
dont le bon à tirer a été donné le 21 avril 1926.

Un premier volume de mes Souvenirs a paru, auquel celui-ci fera suite.

Il y était annoncé. Comme je l'avais promis, j'y fais tenir l'Action Française. Comment en serait-il autrement? Elle a occupé vingt ans de ma vie. Jusqu'en 1920 je n'ai cessé de participer à son enseignement, à sa propagande, à la rédaction de son journal, à l'administration de ce journal enfin. Cette administration devait me la faire quitter. Après vingt ans je me suis séparé d'elle, non sans émotion, mais sans regret. J'en dirai les raisons, en même temps que les circonstances qui m'ont fait rompre tout d'un coup. D'autres, dont les attaches s'étaient dénouées doucement, ont continué un temps cette collaboration ; au contraire, ma rupture a été complète.

C'est donc comme spectateur actuel, non comme participant, que je conterai les faits de l'Action Française. Quantité d'autres y seront joints, qui pendant ce temps ont occupé le reste de mon existence. Je voudrais que mon lecteur ne s'y ennuyât pas plus qu'il n'a fait à mon premier volume, où l'on a trouvé la peinture vive, l'expression sincère, d'événements auxquels ma génération fut mêlée. Comme dans le premier, la vie d'étude s'y ajoute à la vie publique, avec cette différence que celui qui les dépeint a pour toujours quitté la controverse, soit de politique, soit de religion, qui l'occupa auparavant. Quelque aptitude qu'on se sente à ces combats, quelques services qu'on croie y rendre, on n'est pas obligé de s'y livrer toujours. Les circonstances qui m'y engageaient ont pris fin, elles ne reviendront jamais.

Ainsi ce qu'on trouvera de polémique ici, n'est plus qu'un rappel du passé. Ce qui s'ensuivait de sentiments envers les hommes a cessé. Beaucoup de gens que je ne pouvais souffrir me sont devenus indifférents ; d'autres que j'admirais m'ennuient. Cela ne saurait empêcher de livrer au lecteur, même au risque de déplaire, les faits que je juge dignes de mémoire. Il en tirera les conclusions qu'il voudra.

Je n'écris pas une histoire ; des souvenirs ne sont rien de plus qu'une déposition. C'est pour cela qu'ils sont libres. Les services qu'ils peuvent rendre tiennent à cette liberté-là. C'est assez qu'ils ne portent l'empreinte ni de l'indiscrétion, ni de l'envie de nuire. Je crois pouvoir me promettre qu'on trouvera ceux-ci aussi exempts de l'une que de l'autre.

Janvier 1924.

VINGT ANS D'ACTION FRANÇAISE
ET AUTRES SOUVENIRS

CHAPITRE PREMIER

L'Action Française commença de se former en 1899. L'occasion de ces commencements accusait remarquablement son caractère.

Au sein d'une réunion que Vaugeois tenait avec M. de Mahy, ce respectable membre du vieux parti républicain engagé pour la France contre le parti de Dreyfus, dit que dans cette défense il n'admettait rien d'illégal. Communément, ces choses-là sont applaudies, principalement des conservateurs, qui y trouvent un air d'énergie et battent des mains en conséquence. Ce bel effet fut manqué cette fois. Vaugeois répliqua qu'au contraire il se moquait de l'illégalité quand il s'agissait de sauver le pays. Quelques écoutants protestèrent; tout ce qu'il y avait de sérieux dans la salle applaudit. L'Action Française était fondée.

Vaugeois la constitua avec quelques amis échappés comme lui de la ligue de la Patrie française, au nom de laquelle M. de Mahy avait tenu la réunion. De la dissidence marquée ce jour-là, toutes les autres devaient s'ensuivre, comme elle contenait toutes celles qu'on n'osait exprimer. Ceux qui prenaient à cœur les choses y reconnurent leurs sentiments, les démarches de la Patrie française ne les ayant pas satisfaits.

Le parti Dreyfus tenait le gouvernement. L'opposition s'appelait nationalisme. De ce mot, emprunté aux nationalités qui combattent en Orient pour leur indépendance, Barrès avait depuis peu fait l'enseigne d'une revendication des traditions françaises, opprimées par l'esprit de système issu de la Révolution. Tout ce qu'il y avait d'hostile au régime s'y ralliait ; sans combattre le régime, tous ceux qu'exaspéraient les facilités qu'il offrait à conspirer contre la France faisaient de même. C'était un nouveau boulangisme, mieux éclairé que l'ancien sur ses principes, diminué par malheur d'un concours important, celui du monde ouvrier, que les chefs socialistes eurent l'art d'enrôler dans le parti de Dreyfus. Privé des énergies que recélait l'extrême gauche, il avait embarqué les centres, libéraux en principe, incertains dans l'action, autre source de faiblesse, qui pesait sur ses actes, et tenait en échec la réaction violente qui l'avait engendré. Les premiers effets le firent voir.

J'étais alors professeur en province. Tout cela me parvenait de fort loin, comme de l'extrémité d'une lunette étroite, dont le peu de champ rapetissait l'objet. L'impuissance de la fameuse ligue n'en était pas moins claire pour moi.

Après le suicide du colonel Henry, quand fut démontré l'apocryphe par lequel il avait tenté d'abréger le scandale du second procès Dreyfus, une vaillante femme, Marie-Anne de Bovet, depuis Mme de Boishébert, avait lancé, en faveur de la veuve qu'il laissait, une souscription sur les listes de laquelle se comptaient tous les patriotes. J'écrivis à Fonsegrive, professeur au lycée Buffon et directeur de la *Quinzaine* : « Est-ce que vous ne marchez pas? » Il me répondit : « Attendez. »

Il ajoutait que quelque chose s'annonçait, qui serait tout à fait confortable. Le terrain était mal choisi, l'occasion n'était pas propice. Des gens préparaient un programme qui donnerait satisfaction. L'idée de patrie (c'est ainsi qu'ils parlaient) subissait un fléchissement ; on s'encouragerait à la redresser, on dirait pourquoi, et en route ! Derrière ces explications, nous marcherions, me disait-il, « munis de tous nos titres, avec tous nos diplômes dehors ».

Le cortège ainsi formé fut la Patrie Française.

Pour commencer, il imposa par le nombre ; bientôt il apparut que c'était une cohue. Au lieu de se grouper sur un fait qui eût servi de crible, qui battît le rappel des énergies, on aima mieux ramasser la foule derrière des formules, que chacun entend comme il lui plaît, en sorte qu'il n'y a rien de si divisé, de si mou, de si inopérant, que ces manifestations. La ligue parla, imprima, discuta, se disputa, mit à l'Hôtel de Ville quelques-uns de ses membres, qui ont ainsi fait fortune, et enfin aboutit au fiasco des élections de 1902, dont Jules Lemaître, président de la ligue, ne laissa pas de célébrer, après l'événement, l'heureux succès.

Dans cette opération suprême, le désordre fut extrême chez les nationalistes. Plus pratiques à cet exercice, les libéraux sauvèrent quelques sièges. Mais d'un côté ou de l'autre, encadré blanc ou rouge, ce fut le nationalisme qui vota. Du côté de l'électeur, il n'y avait que cela de vivant. Dans la chambre nouvelle, seul fut vivant aussi ce qui portait son empreinte pure.

Elle était entière chez Vaugeois ; elle inspira l'Action Française. L'apologie du colonel Henry fut le point de départ de celle-ci, son fondement, le signe auquel ses adhérents se reconnurent. Maurras l'avait menée avec une décision qui faisait l'étonnement, le scandale, de l'adversaire. Pour tous ceux que des chimères morales ne privaient pas du sens commun, qu'y avait-il cependant de plus clair que l'innocence du papier forgé, supposé qu'on sût Dreyfus coupable? Qu'ajoutait-il au fait? On ne pouvait pas même feindre que ce papier eût pesé dans la condamnation, puisqu'il n'était né qu'après le procès. On ne l'avait destiné qu'à l'opinion publique, que l'affaire ne regardait pas, et à qui les juges avaient le droit de fermer n'importe comment la porte au nez.

En même temps des idées générales se formaient. Dans des réunions qui se tinrent quelque temps au café de l'Univers sous le nom d'Appel au Soldat, Barrès avait remarqué que l'affaire Dreyfus passerait, que le fruit s'en perdrait, si, de l'ordre public, du salut national, on n'avait soin de faire une doctrine. C'est ce que nous faisions. Le premier trait de cette doctrine fut de subordonner la liberté, dont on nous faisait un principe.

En son nom, ne prétendait-on pas que tout citoyen tînt en échec l'État? N'était-elle pas la source dont le gouvernement devait procéder pour être légitime ?

Mais, quoi ! Ne faudra-t-il pas qu'elle cède, si le premier devoir de l'État est de veiller au salut commun? Ne faudra-t-il pas, le cas échéant, que le soin de ce salut l'emporte?

Pour enseigne de ses destructions, le parti du traître avait pris les Droits de l'homme ; l'Action Française répondit par une critique de ces droits. Elle réfuta l'individualisme, la démocratie, qui s'en inspire, enfin et de proche en proche tout le corps de doctrine dépeint depuis cent ans comme la conquête de l'esprit moderne sur l'erreur du passé.

La Révolution en est issue ; cependant, au fort de son triomphe, qu'a pratiqué le jacobinisme, sinon l'empire de la raison d'État? Tant ce principe du salut public faisait sentir sa force à ceux qui l'avaient négligé. De la Révolution, dont elle faisait le procès, l'Action Française excepta donc ce point-là, où la Révolution avait renié son principe.

Il n'était pas encore question de retour à la monarchie. Vaugeois était républicain, radical d'opinion, petit-neveu d'un conventionnel, défendant la raison d'État d'accord avec ces origines. Républicains étaient pareillement tous ceux qui se joignirent à lui dans ces commencements, à l'exception de Maurras, royaliste déjà, en qui se réalisait le type de blanc du midi, sauf la foi religieuse qu'il avait renoncée, quoique gardant à l'Église catholique son attachement et son respect. Seul de son parti politique, il ne devait pas moins y attirer tous les autres. Aussi y étaient-ils entraînés, la guerre menée contre la Révolution n'ayant que dans le royalisme son terme. Des croyants catholiques ont pu le méconnaître, par un souci de défense immédiate de l'Église, qui, les tournant contre la Révolution, leur faisait souffrir la république ; mais ceux qui, à ce souci joignaient celui des principes ont toujours aperçu cette conséquence-là.

Les enrôlés de l'Action Française ne l'apercevaient pas encore : le préjugé républicain leur dépeignait la royauté comme une vieillerie passée de mode, définitivement enterrée.

— Il n'y a que vous de royaliste en France, disait Vaugeois à Maurras, qui répliquait :

— Mettez-vous avec moi, nous serons deux.

L'apologétique royaliste, qui dans les écrits de ce dernier a si vivement frappé l'esprit public, n'était pas encore constituée. De plus, les raisons qu'elle présente n'auraient pas suffi à l'action qu'il se proposait. Il fallait des faits. Un premier fait, le triomphe de Dreyfus, opérait le détachement du régime ; l'affection pour la monarchie en réclamait un second, que Maurras sut faire naître, ayant sollicité du comte de Lur Saluces et de M. Buffet, représentants de Monsieur le duc d'Orléans, qui purgeaient à Bruxelles une peine de scandaleux exil infligée par la république, un entretien où se trouvaient exprimés les principes nécessaires au relèvement du pays sur tous les points auxquels l'opinion s'intéressait depuis trente ans. A cet entretien le retentissement fut donné au moyen d'une enquête conduite auprès de ceux dont la contradiction pouvait apporter des lumières. La déclaration servait de thème ; chacun était prié d'exprimer sa critique, à laquelle Maurras répondait. Ainsi fut constitué le livre depuis répandu par l'Action Française sous le nom d'*Enquête sur la monarchie*, monument de hardiesse intellectuelle, d'ingéniosité dialectique et de judicieuse information.

Ce n'est pas que toutes les objections y fussent en effet résolues ; mais le plus grand nombre des arguments portaient, et il y avait partout un air de nouveauté brillante et conquérante, qui donnait une force surprenante à l'ouvrage. Enfin, grâce à cet artifice, se voyait amenée devant l'opinion une déclaration qui à elle seule ne pouvait manquer de faire beaucoup d'effet.

Le public fut informé que dans le domaine de l'esprit une force inconnue la veille se levait pour la monarchie ; chez les membres de l'Action Française, la persuasion se fit autrement. Tous avaient eu part à l'enquête. Ce ne fut pas, en général, les réponses qu'ils obtinrent qui changèrent leurs idées, mais les nuances qu'ils sentirent dans les conversations auxquelles les engageait Maurras, et le progrès de sa démonstration, que trois fois par semaine la *Gazette de France* imprimait.

Depuis longtemps ce journal comptait au nombre de ceux qu'on ne lit pas ; ses abonnés n'en levaient pas même la bande ; cela donnait la facilité d'y loger des articles d'une longueur prodigieuse, que cinquante personnes dans toute la France suivaient avec fidélité. L'auteur veillait à ce que ces articles leur fussent servis exactement. Janicot, directeur du journal, qui m'en avait favorisé, me les ayant supprimés soudain, Maurras, à qui je m'en plaignais, exigea et obtint, non sans cris, que l'envoi fût rétabli.

J'étais de ceux que l'enquête avait interrogés. J'avais objecté l'éloge que, dans sa *Grandeur des Romains*, Montesquieu fait des magistratures annuelles comme ouvrières d'émulation, au contraire de Corneille dans *Cinna*, qui les dépeint comme cause de ruine. On m'avait répondu que cela dépendait du temps, et qu'ils avaient raison tous les deux. Cependant ni l'un ni l'autre ne limite à l'époque son jugement, et leurs raisons sont générales. De son côté, la thèse de l'enquête était absolue. C'était donc mal répondre, mais cette difficulté fut bientôt effacée sous le flot d'arguments versés par le journal, et par la richesse d'aperçus que les entretiens découvraient.

Maurras les tenait au café de Flore, qui fait le coin de la rue Saint-Benoît et de l'ancienne rue Taranne, rasée par la percée du boulevard Saint-Germain. Tous ceux qu'attirait sa parole se rendaient en cet endroit-là. Après que ma démission de l'université m'eut refait habitant de Paris, je l'y rencontrai régulièrement.

Peu de charme s'ajoutait en lui aux séductions de l'intelligence. Il avait le corps fluet, le teint mat dans une barbe et des cheveux rares fort noirs ; le malheur qu'il avait d'entendre difficilement rendait son regard triste et méfiant. Ses manières affichaient beaucoup de politesse, que démentait un soin des formes grammaticales étranger aux gens bien élevés. En fait de caractère, il aimait à avouer de grandes exigences en amour, dont il reniait le propos gaillard, propre seulement, disait-il, à « ridiculiser des choses très agréables », au surplus mêlant cette ostentation du regret d'y porter une figure qui n'était pas (je l'ouïs citer *Fantasio*) celle de « ce monsieur qui passe ». En fait de littérature, son discours était empreint de l'esprit de coterie des petites revues, qu'il avait beaucoup fréquentées, et auquel il joignait en fait de philosophie des grâces pillées de l'épicurisme, qui lui faisaient dire par exemple que ne pas savoir distinguer le vrai du faux était « ignorer un plaisir ». Il n'avait pas d'esprit, et le blâmait en autrui ; ce qu'il pratiquait d'ironie rendait le triste accent d'une colère intérieure : au demeurant, doué de nerfs dont le surprenant ressort rompait soudain tous ces traits composés, tantôt l'emportant jusqu'à l'extravagance, tantôt le livrant à des fureurs qu'un garçon qui le servait à Flore accueillit un jour en lui jetant à la tête des assiettes que nous vîmes rouler autour de nous.

Dans ces moments se livrait son caractère ; mais la pensée avait son tour. Elle ne coulait de source qu'en politique ; mais alors elle se soumettait tout. La passion de convaincre, la plus forte chez lui et qui dominait sur toutes les autres, s'y exerçait au moyen d'une dialectique puissante, où l'esprit se donnait tout entier, s'offrant à la contradiction avec une bonne foi absolue, triomphant de l'objection au moyen d'arguments qui, faisant la lumière à mesure qu'ils avançaient, emportaient comme une palme la conclusion. Les vues d'exécution n'étaient pas moins frappantes. Il y avait chez cet homme un sens de la manœuvre aussi délicat que ses principes étaient fermes et étendus : en sorte que, aux lumières de l'esprit, ses propos ajoutaient la confiance d'en voir réaliser l'objet. De là lui venaient un double empire, et une force d'ascendant à laquelle nous cédions tous.

Vaugeois était bien différent. Les sympathies volaient à sa personne, répondant à l'avance généreuse du cœur le plus chaud qu'on vit jamais. Le tour de son esprit était le moins dialectique du monde ; s'avançant par vues et par saillies, il ne laissait pas de mener notre entreprise avec une sûreté remarquable, l'engageant hardiment partout où se présentait une ouverture, ne manquant à cette initiative que là où manquaient nos moyens. C'est lui qui donna à l'Action Française son nom, auquel Maurras eût préféré celui d'*intérêt commun*, moins sonore et moins déclaré. Au demeurant, le plus désheuré des hommes, absent des rendez-vous, courant après les papiers prêtés, insaisissable comme la chimère, dont nous nous amusions à lui donner le nom, quoique sa pensée n'eût rien de chimérique, et qu'il portât, dans l'observation des hommes, un des sens les plus fins que j'aie vus.

L'ayant eu naguère en Sorbonne comme camarade d'agrégation, j'étais ravi de le retrouver. Pour la première fois je fis la connaissance de Pujo, de Moreau, de Bainville, de Montesquiou, de Mazet, de Tauxier, de Robert Launay, aussi familiers du café de Flore, où Paul Souday d'autre part se trouvait quelquefois, ainsi que Bracke, l'un et l'autre éloignés de nos idées, attirés cependant par la discussion, en un temps où Maurras n'avait d'autre souci que de la rendre agréable au plus de gens qu'il pouvait.

Bainville était alors fort jeune. Il semblait sortir du collège. Son livre sur le roi de Bavière Louis II, déjà paru, lui donnait tournure d'enfant prodige. J'aimais dans son esprit le bon sens, tout en réaction ou méfiance de ce qui se risquait de paradoxe parmi nous. Hésitant sur ses aptitudes, dans une répartition de nos forces, Maurras un jour lui proposa de faire la politique étrangère, qu'il avait à peine abordée. Il haussa les épaules, Maurras dit d'un ton sec :

— J'avais votre grimace dans ma poche.

Il céda. C'est ainsi que commença la carrière qui l'a fait connaître partout.

Moreau, jeune également, avait connu Maurras comme associé de la librairie Larousse, dont la revue

insérait la critique de ce dernier. Une amitié les unissait, dans laquelle Moreau apportait les lumières d'un
extraordinaire sang-froid. Rien n'était si curieux,
quand ils étaient aux prises, que de voir le plus jeune
ramener le plus âgé, qui s'emportait, aux règles de la
commune raison. Moreau venait à l'Action Française
des extrêmes régions du radicalisme anticlérical.
Montesquiou, fils d'une des premières noblesses de
France, venait du monde conservateur. Il avait une
raison puissante, de l'indépendance dans la pensée,
de l'équilibre dans le caractère, un extérieur simple et
modeste, beaucoup d'indifférence pour ce qui n'était
que vain dehors, simple opinion, banalité.

Je mets ici le souvenir d'Octave Tauxier. Il était de
ceux qu'allume et qu'aiguillonne le particularisme
d'école. Venu au monde cinquante ans plus tôt, il eût
suivi Fourier ou Cabet. L'Action Française attirait
ces esprits, que le souffle généreux de Vaugeois élevait
jusqu'à la pensée générale, et auxquels Maurras servait de lien par un fond de secte intellectuelle, qu'il
tenait de sa littérature. Dans les heures que lui laissait
un travail d'employé, Tauxier menait une critique
rigoureuse des idées, éclairée par l'histoire. La mort
devait l'enlever bientôt. Un aspect chétif, un regard
ardent dont le lorgnon attisait la flamme, formaient
l'enveloppe de cet esprit, dont quelques articles dispersés composent seuls aujourd'hui la trace.

Avec plus ou moins de traits singuliers, tous nous
nous rapprochions de ce type, étant de ceux qu'on
s'était mis depuis peu à appeler les *intellectuels*, et
chez qui le problème politique s'agitait en forme philosophique. Nous groupions nos écrits dans une petite
revue de format in-12, de couleur grise, qui portait
le titre de notre action et paraissait deux fois par
mois, avec un débit restreint, des ressources précaires et si peu d'exactitude, qu'un jour ayant paru
à l'heure, quelqu'un proposa de fêter désormais cet

événement par un anniversaire. Nous l'appelions un laboratoire d'idées. Il fallut quelque temps pour que, dans nos creusets, le devoir d'être royaliste apparût. Cela vint enfin. La revue le déclara sans tarder.

Maurras était d'avis d'en ajourner l'aveu. Il y voyait l'inconvénient de nous couper des nationalistes. Je crois qu'il avait surtout celui de nous ranger dans un parti. Jusque-là, nous n'avions paru céder qu'aux exigences des idées pures ; ceux que nous combattions, même, en étaient frappés : cela nous donnait beaucoup de crédit, cela ouvrait à notre campagne du côté des gauches, d'où presque tous les membres de l'Action Française étaient issus, un champ indéfini. Une profession publique de royalisme traversait ces facilités, comme associant à notre action les intérêts dont le prince était le centre, et le préjugé de ses adhérents. Mais comment l'éviter? Vaugeois n'était pas l'homme de ces sortes de précautions ; puis, l'inconvénient tenait aux choses, le silence n'y eût point aidé. En un moment, notre conversion fit des vieux royalistes nos amis : non pas de tous, car le libéralisme qui ravageait depuis cent ans ce parti y faisait obstacle à nos idées, mais de tous ceux que l'esprit net et le caractère ferme rendaient propres à les embrasser, des Chouans en un mot, et de leurs semblables. Quoiqu'ils fussent peu nombreux, comme nous l'étions moins encore, ils firent désormais le gros de notre parti.

C'était de l'énergie, c'étaient des forces, c'étaient des lumières aussi. Quant au détriment, quel remède?

Sans doute, on aurait pu le trouver dans une politique économique hardie, qui nous eût mis au premier rang des revendications ouvrières, donnant à notre monarchie une figure supérieure aux classes et aux partis, et refaisant autour de Philippe, héritier des rois de France, l'ancienne coalition boulangiste. Vaugeois le sentait ; Maurras non pas. Il était timide à cet égard, et il avait horreur de la science économique. Comme personne chez nous ne la savait, nous n'avions garde de contrarier un préjugé d'autant plus invincible en lui qu'il se figurait soutenir notre ascendant à gauche par une profession de positivisme, dont peu de gens en France se souciaient alors, et dont tout le monde se moque aujourd'hui.

Comte, fondateur de la doctrine, avait fait le projet d'associer à son action les catholiques, pour vaincre les forces d'anarchie développées par la Révolution. Deux de ses disciples, députés dans ce but au P. Berckx, général de jésuites résidant à Rome, n'avaient pas été reçus. Maurras avait en tête de réaliser cette alliance, invitant, selon les principes du maître, tout ce qui croyait en Dieu à se faire catholique, tout ce qui n'y croyait pas à se faire positiviste : moyennant quoi, les protestants étant supprimés d'une part, de l'autre les panthéistes et les idéalistes, fauteurs de la Révolution, l'ordre monarchique traditionnel ne rencontrerait nul obstacle. L'une et l'autre France, unies, malgré les dissidences de foi, dans les maximes de l'ordre politique, opèreraient ensemble la restauration.

Cet avenir, aujourd'hui démenti, ne s'annonçait dès lors pas brillamment. Les positivistes n'étaient qu'un petit nombre, dont nous ne ralliâmes encore qu'une fort petite fraction. A part ce que la doctrine tirait d'autorité de l'adhésion de Maurras et quelques autres, sa place dans notre action fut des plus effacées.

La profession de royalisme ne changeait rien à nos principes. Au contraire : ils en prirent une vigueur nouvelle. A la restauration du trône Vaugeois associait la raison d'État. Il faisait de celle-ci l'essence de la fonction royale, il en tirait pour le prince en exil le droit de rentrer à toute force et par tous les moyens. *Salus populi suprema lex esto.* Le règne de la maison de France confondu dans l'intérêt public résumait tout le devoir politique des Français, qu'il s'agît de s'y soumettre ou de le rétablir. Cela composait une monarchie d'allure dictatoriale et jacobine, où le souvenir de Richelieu rejoignait celui de Cadoudal, bien différente de la monarchie débonnaire dont on avait promené auparavant les images. Depuis trente ans, le parti royaliste n'entretenait l'opinion que de la poule au pot ; on se mit à lui parler du supplice de Cinq-Mars et de la cravache portée dans le parlement par le roi chassant au bois de Vincennes. Dans le modèle de prince qu'on proposait aux foules, le Henri IV des vaudevilles fit place à Louis XIV.

Cette substitution devait plaire à tous ceux qui savent l'histoire. Elle n'était pas moins propre à charmer l'opinion, qui met fort au-dessus de tous les traits de compassion le bienfait d'un ordre public garanti par l'épée. Le prince dont on demandait le retour fut représenté comme *dictateur et roi*. Sous un titre où ces mots se trouvaient associés, Maurras tint prêt, pour la *Gazette de France*, un article où se trouvait expliqué l'assemblage, et que Janicot ne voulut jamais laisser paraître. « Qu'est-ce, disait avec horreur ce royaliste de 1850, qu'un dictateur? Un homme qui vous prend tout. » Et, de ses deux bras allongés, il faisait le geste de tout saisir autour de lui.

Ainsi se maintenait chez nous l'énergie de la réaction nationaliste. Dans le parti de ce nom, elle était affaiblie par l'influence des Chambres. Cependant elle durait tout entière, avec tout son ressort, dans Syveton.

Syveton sortait comme nous de l'université. Signalé contre le parti Dreyfus au temps qu'il était professeur, il avait encouru la révocation prononcée par le conseil supérieur, après une défense de sa part qui fut beaucoup remarquée. « Le discours de Syveton est très bien », me disait le provincial des jésuites de Paris. Ces extrémités du monde catholique, que l'Action Française eut tant de peine à gagner, étaient conquises par lui en un moment.

Sa fortune fut rapide. Deux ans n'avaient pas passé, que toute la réaction s'incarnait en lui. Lemaître, Coppée, formaient le décor du parti ; lui en était l'âme et l'action. Un grand seigneur, le comte Boniface de Castellane, jeune, séduisant, remuant, lui fournissait l'argent. Avec l'*Echo de Paris* pour organe, ils menèrent l'aventure ensemble ; elle n'allait pas au delà des termes d'une dictature républicaine. Aucune orientation pareille à celle de l'Action Française n'y avait place, et nous étions sans influence de ce côté.

Un grand scandale public allait se produire. Le triomphe de Dreyfus avait eu pour effet de mettre au ministère de la guerre le général André, lequel entreprit de soumettre aux exigences de l'esprit républicain l'armée, auparavant réfractaire. Les sentiments que les officiers professaient en grand nombre, d'aversion pour le régime des partis, ou d'attachement envers l'Église, il fallait les faire disparaître ou se cacher ; les influences qui s'exerçaient chez eux venant du monde conservateur, il fallait les anéantir. Pour cela, le ministre fit surveiller tout ce qui sous lui portait un grade. Du haut en bas du commandement, la délation fut instituée. Des fiches dressées au nom de chacun rendirent compte de ses sentiments. On y disait les gens qu'il fréquentait, les journaux qu'il lisait, s'il allait à la messe, seul ou avec sa femme, s'il y allait portant un livre.

Les loges de la Franc-Maçonnerie s'employaient à ce service secret. La trahison d'un franc-maçon le livra. Ce monument d'infamie fut porté à l'opposition nationaliste, qui le publia dans les journaux. Chaque fiche fut imprimée, étalant le détail de cette ignoble dénonciation. A la lecture de ces écrits, l'opinion fut debout en un moment. Outrée de dégoût et de colère, elle rendit au gouvernement, en invectives et en menaces, l'équivalent de l'insulte que recevait le pays dans la personne de ses soldats. Les délateurs étaient nommés, on les souffleta dans les cafés. Des duels, des bagarres, des dénonciations, des démissions, des révocations, s'ensuivirent. Le ministère prit peur. Guyot de Villeneuve, qui détenait les fiches, fut supplié par Rouvier de cesser la publication. Il y consentit. C'était le frère du gendre de M. Piou. Dans la chambre, Syveton interpela.

Ce fut une séance mémorable. L'évidence était que le régime y paraissait en accusé. Le général se défendit comme il put. Il allégua ses devoirs politiques, l'obéissance que les officiers devaient à la constitution. La chambre était complice ; quoique la cause fût mauvaise, elle tenait à garder le ministère. Les approbations du grand nombre saluèrent le général André quand il descendit de la tribune. Syveton prit parti dans cet instant. Il prévoyait l'ordre du jour de confiance. Mais sa résolution avait de quoi le rendre vain ; il s'approcha du général et le gifla.

Le fracas de ces claques courut par tout le pays, causant l'allégresse universelle. Les libéraux y trouvaient à redire ; cela n'était pas parlementaire, et le giflé était un vieillard. Mais l'opinion prenait aussi peu de souci de l'âge d'André que des règles du parlement. Elle vit là-dedans le vrai châtiment des fiches, la seule sanction que, dans l'état du pays, l'honnêteté impudemment violée pût recevoir. Syveton devint en un moment l'homme le plus populaire de France.

Nous suivions avec intérêt le mouvement croissant de sa fortune. Nous applaudîmes à ses claques sans réserve. Je n'ai jamais remarqué que Vaugeois eût pour suspecte l'action à laquelle il tendait. Elle aurait pu l'être à Maurras, prompt à redouter le rétablissement de l'empire au terme de tout mouvement de ce genre. Elle le fut certainement à un ami de Maurras, devenu le nôtre, Amouretti, qui vivait encore.

Amouretti était royaliste avant tout ; ou, pour mieux dire, il n'était que cela. Régionaliste provençal, il avait un pied dans le nationalisme ; politiquement, cependant, ce parti n'était pas le sien. Il avait été boulangiste, comme on embrasse un expédient, sans en aimer l'essence profonde. Dans la renaissance de ce mouvement au sein de circonstances nouvelles, il sentait le vent des plébiscites et des tyrannies de l'opinion. Je le trouvai un jour chez Maurras, lisant un article qu'il allait faire paraître, où, sous l'allégorie de l'histoire romaine, il dénonçait Castellane et Syveton. Il était alors fort malade ; ses nerfs tendus donnaient à sa parole un accent douloureux et pathétique. A Maurras, qui le pressait de supprimer l'article, il répondit par deux ou trois fois : « Je suis sur la pente du dreyfusisme », tant lui était suspect le nationalisme tout court.

Maurras, au contraire. Son principe fut de le cultiver, de l'exalter, de l'étendre, et de le faire aboutir à la royauté que, le premier, il eut l'idée d'appeler un « nationalisme intégral ». Sans doute il projetait la conquête de Syveton, ou bien qu'on lui prendrait ses troupes. Il n'arriva ni l'un ni l'autre, car Syveton fut assassiné.

Entre les événements atroces dont la république nous aura donné le spectacle, peu dépassent celui-là en horreur. La nouvelle en tinta comme un glas sur le pays plongé dans l'abjection des fiches, dans les déchirements de la persécution religieuse, dans l'abrutissement de l'enseignement public, dans l'insolente revanche de la trahison. Le crime même était entouré d'un mystère qu'on n'a jamais percé.

Comme témoins dans le procès où allaient être jugées ses gifles, Syveton avait convoqué tous les auteurs de l'affaire Dreyfus. Une agitation redoutable se préparait autour de lui. On l'avait trouvé le matin étendu, la face contre terre, le nez sur un fourneau à gaz, au moyen duquel on assurait qu'il s'était asphyxié. Ce suicide prétendu ne devait tromper personne. Afin de n'en pas moins faire face à l'opinion, des bruits de sales mœurs étaient répandus sur lui, faisant sentir la présence des communs organes de l'anticléricalisme ; l'habitude de ceux-ci est de salir leurs victimes. Le défunt, dans la circonstance, fut traité comme un frère des Écoles Chrétiennes. Avec de grandes démonstrations de pudeur, des journaux dont la quatrième page est consacrée aux rendez-vous se servaient de mots grecs pour conter ses méfaits. Quelques jours plus tard, un témoignage formel, celui du docteur Tholmer, mettait ces miasmes en fuite.

L'enterrement fut affreux. Le long des avenues de Neuilly, nous suivions dans ce corps le triomphe du parti, auteur de déshonneur et de ruine, que Syveton avait fait trembler ; nous accompagnions la victoire, brève comme le dernier souffle, péremptoire comme la mort, d'une secte immonde sur le pays. Drumont y était. Personne comme lui n'avait dépeint l'affreux mystère des crimes politiques républicains ; personne plus que lui n'avait fait espérer que nous en verrions la fin. Je le vis descendre de voiture. Son geste las, ses épaules lourdes, semblaient nous dire : C'est à jamais.

Désormais, l'Action Française fut seule à détenir l'espoir du pays. Mais quoi ! nous étions inconnus. Les fréquentations d'un groupe borné, la curiosité de quelques lecteurs, c'était tout notre rayonnement. Comment ne perdions-nous pas courage? Deux choses nous soutenaient dans cet état : le plaisir que nous prenions au commerce des idées, la confiance de brusquer par un chemin de traverse un succès dont les moyens légaux allongeaient sans fin la route aux autres.

Il était entendu que nous faisions l'éducation politique d'une élite ; que, dans un nombre choisi de têtes françaises, nous faisions entrer la doctrine du salut public par le roi, atteignant ainsi deux effets : d'abord de nous créer les concours nécessaires à l'opération décisive ; en second lieu, la restauration faite, de nous mettre à même, par ces organes, d'y convertir tous les Français.

La force sur laquelle nous comptions pour cela nous faisait mépriser l'action électorale et, en général, les moyens permis par la loi, lesquels représentaient à nos yeux l'impuissance, la lenteur, un hommage pratique aux principes de l'adversaire. Ceux qui, après je ne sais combien d'années d'efforts stériles, s'obstinaient à préparer les élections, nous faisaient rire. Beaucoup d'entre nous ne votaient pas, par dégoût, par indifférence. Ce n'est pas qu'on ne songeât quelquefois à faire entrer l'un de nous à la chambre, le propos en courut pour Montesquiou, pour moi ; nous refusâmes ; aussi n'en était-il question qu'afin de conquérir une tribune aperçue de tout le pays. Le mandat pris en soi faisait hausser les épaules.

Quant au coup qui devait suppléer ces moyens, nous l'envisagions comme une surprise, ou comme le terme heureux d'une agitation de rue, ou comme l'effet d'une complicité civile ou militaire d'en haut. Dans une brochure, *Si le coup de force est possible*, Maurras en détailla les plans, numérotés par *un*, *deux*, *trois*. Vingt ans passés sans résultat sur ce numérotage l'ont rendu ridicule ; ce qui le faisait admettre alors, était la vivacité avec laquelle l'auteur imaginait l'action, donnant, quand il en discourait, le sentiment de l'immédiat.

Il disait : « Ce que nous voulons faire n'est pas un parti royaliste, nous voulons faire la monarchie. » Ou encore, supposant qu'une chambre eût été royaliste à l'unanimité : « Le premier devoir de ceux qui veulent sérieusement la monarchie serait de tremper les députés dans la Seine, et de ne les en tirer que quand la monarchie serait faite. » Ou encore, quand ses nerfs parlaient : « Nous ne reculerions pas devant l'assassinat. » Comme le rétablissement de l'empire était annoncé comme possible : « De ce jour, l'Action Française se transforme en laboratoire d'explosifs. » Le parti de Déroulède menaçant de retarder le progrès de la restauration : « Il faudra nous entendre avec son médecin. » Le lendemain du meurtre de Syveton, quand je le vis au café de Flore, il me dit avant toute autre parole, de sa voix sourde : « Ils sont sérieux. » *Ils*, c'était les républicains. *Sérieux*, parce qu'ils passaient aux actes.

Ni lui ni nous ne prenions au mot tout cela ; mais nous en retirions l'impression d'une volonté absolue d'aboutir. A l'exemple de tant d'autres partis qui avaient combattu le régime, l'Action Française nous proposait la guerre civile ; cette fois, nous étions avertis que ce n'était pas une guerre pour rire, mais une guerre vraie.

Avec les idées quelle occupation ! Nous n'étions pas un parti comme les autres ; on ne pouvait se joindre à nous sans s'enquérir d'abord de l'accord de la pensée. A cela pourvoyaient en partie les conversations du café de Flore, en partie les explications de la revue, menées avec le plus grand soin, nos amis sentant bien que, plus l'accord serait méticuleux dans ces commencements de leur effort, plus il aurait ensuite de souplesse et de force, plus il irait droit et longtemps.

Comme tout le monde, en ce qui me regardait, j'eus à connaître les termes de cet accord, jusqu'à quel point j'avais à épouser les idées qu'on professait là.

Au positivisme, dont on y faisait cas, je me sentais peu enclin, le connaissant par trois sources, qui étaient Taine, Comte et Zola. Dans le premier, quoique ennemi de la Révolution, je n'avais pu souffrir le reproche fait à celle-ci, d'avoir réformé sur des principes, ni la prétention de river le genre humain, sous prétexte de loi scientifique, à la répétition du passé. Dans Zola, dont j'avais avalé toute la critique en neuf volumes, j'avais ressenti la pesante erreur des mots d'enquête, d'expérimentation, appliqués aux choses de l'esprit, le ridicule d'une mascarade qui transforme en faits de laboratoire l'observation délicate et fuyante des caractères et des passions. La même chose me choquait dans Comte, lu au temps de mes études de Sorbonne sans l'ombre d'admiration, faute de le pénétrer peut-être. Un point, au surplus, est certain : c'est que parler comme il fait de relatif, en fait de pensée, ne se peut. Nous pensons dans l'absolu. Mettons qu'on en doute, il n'est pas défendu pour cela de se faire des règles, mais uniquement pratiques ; en fait de philosophie dans les mêmes conditions, il n'y a de parti que le scepticisme. La prétention de le surmonter en principe, au moyen du relatif fourni par l'expérience, ne supporte pas l'examen.

Surtout Nietzsche était à redouter. On en parlait beaucoup alors. La *Revue des idées*, que ce nom définit, en tira une métaphysique, qui me parvint au courrier du matin. Nous avions avec elle assez de points de contact, et le directeur était de nos amis. Je conçus l'inquiétude que la voix que j'entendais fût celle de l'Action Française. Le sort de toute chose au monde dépendait, disait-on, de la force pure, dont les jeux et contrastes, infiniment variés, pouvaient bien tromper l'information et simuler l'action de principes moraux ; tout bien examiné, pourtant, l'événement ne tenait qu'aux puissances matérielles, dont le calcul suffisait à tout expliquer.

Je n'aurais pas fait un pas de plus ; j'aurais planté tout là, bien résolu que j'étais de n'aller pas donner dans cette impasse, rien n'étant plus contraire à la variété de la vie, à tous les éléments de la prudence humaine, que le matérialisme des forces. « Il n'y a pas de force contre la force », disait l'article. Pas possible ! Et la ruse? et le conseil? et tout ce que notre résistance met en jeu, dans des plans divers, étrangers à la déduction du nombre, de moyens de fuir ce qui nous opprime.

Je courus à Flore comme au feu. Maurras y était. Je le trouvai prêt, quoiqu'il n'eût pas lu l'article, que je lui contai.

— Et la déesse Peitho? lui dis-je.

C'était en grec la persuasion, force contre la force s'il en fut. Il me répondit :

— Cela n'a pas le sens commun. Je l'ai dit à la revue. Nietzsche est en train de les barbariser.

Visiblement, il détestait cet auteur. Quant à Comte, j'admirais avec quelle adresse il savait le rendre habitable, rangeant en bel ordre tout ce qui chez lui devait tendre à une restauration, l'assaisonnant, dans les vues générales, de nuances auxquelles il n'a jamais songé. Je dus bientôt m'apercevoir que, en ce qui concerne l'alliance des catholiques avec les disciples de Comte, il m'en regardait comme l'instrument. En conséquence, je fus de sa part l'objet d'avances particulières. On ne saurait mettre plus de soin à lever les scrupules, à résoudre les dissentiments, à se concilier les préjugés et les passions intellectuelles, que Maurras n'en mit à mon égard. En fait il accordait tout ce que l'Église réclame ; tous les droits qu'elle se reconnaît, il avait pour principe de n'en contester pas un. Et comment l'eût-il fait, quand ce qu'il poursuivait était le rétablissement de la monarchie traditionnelle et très chrétienne, à laquelle, en principe, rien ne serait changé?

Mais il y avait un point délicat, celui de l'irréligion,

professée, enseignée au sein de l'Action Française, depuis ses commencements, par ses chefs les plus écoutés. Il a fait couler des flots d'encre, suscité vingt attaques, autant d'apologies ; Maurras lui-même en a écrit deux volumes sans l'épuiser, et véritablement sans l'éclaircir. L'injustice de l'adversaire d'une part, d'autre part les ménagements de paroles qu'on était obligé de garder pour faire admettre la défense, ont empêché qu'on y vît clair. Pour l'amour de la vérité comme pour l'honneur de notre action, j'en parlerai librement ici.

Une partie de nos amis, les premiers arrivés, n'étaient pas seulement incroyants, mais impies. Ils étaient hostiles au nom chrétien : quelques-uns en avaient la haine. Ils n'y détestaient pas seulement un tissu de fables, ils en réprouvaient l'enseignement, la morale, à cause de l'indépendance de la conscience chrétienne, soustraite (comme ils disaient) par la vie intérieure à l'empire du lien social, affranchie des puissances terrestres par l'unique engagement du commandement divin. Double source d'anarchie, dont on vit les effets dans la ruine de l'empire romain d'abord, ensuite dans celles qu'accumulèrent la réforme protestante au nom de l'Évangile, puis la révolution française, qui en a été la conséquence. Il n'était pas jusqu'à l'affaire Dreyfus qui ne mît sous nos yeux une image de ce désordre, le fanatisme excité par le traître étant de même nature que les sentiments formés autour de la personne du Sauveur, il y a vingt siècles, en Galilée. Ce spectacle donnait à entendre comment se formait une religion.

Telles étaient les idées entretenues par des hommes qui faisaient de la défense de l'Église catholique une partie de leur action publique. Comment était-ce possible? Voici.

C'est que l'Église mêlait à l'enseignement chrétien des influences venues d'ailleurs, qui en amendaient le méfait. L'altération que les protestants dénoncent de l'ancienne foi dans la communion romaine, effet du paganisme, disent-ils, cette apologie d'un nouveau genre l'admettait, mais pour en faire l'éloge. Le fort esprit social de la Rome des empereurs, introduit dans l'Église catholique, y refoulait l'anarchie versée par l'Évangile, et l'empêchait de s'y développer. Mais quoi, l'Église renie-t-elle l'Évangile? N'enseigne-t-elle pas le primat de la vie intérieure et de l'obéissance à Dieu? Oui, mais sous son contrôle, avec sa direction. De ces franchises divines, dans l'Église catholique, c'est une société qui décide, c'est une autorité extérieure et visible, et cela sauve l'inconvénient.

Ainsi, c'est en haine du christianisme, en précaution contre les maux qu'il cause, qu'on défendait le catholicisme. Maurras joignait à cela les idées venues d'Allemagne sur l'hellénisme, école de la nature, dispensateur de volupté, antidote des renoncements et des chimères chrétiennes. La prudence dans les mœurs, l'ordre dans la cité, étaient l'apanage de la Grèce ; la mutilation, le désordre, exprimés dans le christianisme, lui venaient d'une source plus profonde, essentiellement hostile au monde grec et romain et qui, dans cette espèce de manichéisme historique, représentait le mal éternel, c'est à savoir la nation juive, en qui s'incarnait la barbarie. L'inspiration des livres saints, la croyance au Dieu unique même, dressées contre tout ordre social, en étaient les traits détestés.

Ces propos révoltaient le sentiment catholique. Ils n'offensaient pas moins le bon sens et l'histoire ; de plus, ils portaient le cachet de défi intellectuel qui signale les petites revues. A tout homme raisonnable, il fallait de bons nerfs ; à des catholiques engagés avec ceux qui les professaient, il en fallait de plus forts encore, *robur et æs triplex*, pour les supporter ; mais il ne fallait que cela. C'était révoltant, c'était inepte, mais cela ne touchait pas notre action, qui ne visait autre chose que la réforme de l'État, qui n'avait affaire de l'Église que dans ses rapports avec l'État, qui ne considérait dans les mœurs que ce que les lois de l'Église et de l'État doivent être d'accord pour régler. Toute vie intérieure, toute croyance, toute estimation de valeurs morales au sein de la discipline que l'Église impose, étaient à part de notre action commune. Rien n'empêchait donc de s'y rallier.

J'eus quelques prises avec Maurras sur le fond, mais en vain. Tous ses nerfs, toute sa passion, étaient engagés sur ce point-là.

« Avec votre religion, me dit-il un jour, il faut que l'on vous dise que, depuis dix-huit cents ans, vous avez étrangement sali le monde. »

Une telle fureur faisait pitié. Il a écrit un livre, *Le Chemin de paradis*, où sa philosophie en ce genre est rassemblée. Je ne l'ai pas lu, autrefois par amitié pour lui, et depuis par indifférence.

CHAPITRE II

Échappé des lycées de province, j'avais renoué
la vie de Paris. J'y fus de nouveau professeur, dans
un collège tenu par des prêtres, cette fois. Pendant
deux ans, j'y fis la classe de rhétorique.

C'est un bel enseignement, exempt des inquiétudes,
des précautions, qui pèsent sur la classe de philosophie,
semé des plus belles fleurs de l'intelligence humaine,
délicieusement rafraîchies au contact de la jeunesse
qui les respire. La Grèce, Rome, les lettres classiques
françaises, quel horizon ! Je m'en sentis rajeuni.
Ceux qui vont répétant que ces auteurs ennuient,
comment, grands dieux, sont-ils donc faits ? Pour
ceux qui disent qu'ils ennuient la jeunesse, ils mentent,
à moins que ce ne soient des professeurs si sots
que toute la flamme des textes s'éteigne entre leurs
mains.

> Marchands de grec, marchands de latin, cuistres, dogues,
> Philistins, magisters, je vous hais, pédagogues.

L'espèce de maîtres que je vise n'existait pourtant
pas au temps d'Hugo. La plaie dont souffre cet enseignement est moderne, c'est la dissertation littéraire,
qu'on a mise à la place de la composition. Autrefois,
ce qu'on demandait de l'écolier, c'était de goûter et
d'imiter : choses qui vont ensemble, car on veut
refaire ce qu'on aime. « La jolie vache ! disait Corot,
crac ! je vais la peindre. » Aujourd'hui, imiter est un

crime : cela viole l'originalité. Ce qu'il goûte, l'écolier doit en faire l'analyse. C'est commander au peintre l'anatomie de la vache. Le plaisir fait place au pensum.

Pensum sans profit, car si le beau ressenti met aisément l'imitation en marche, il ne réveille l'analyse que dans des conditions qui manquent à la jeunesse : information, maturité, expérience ; joint des talents que beaucoup d'hommes faits n'ont pas. Des rhétoriciens de seize ans sont priés d'être des petits Sainte-Beuve. Le maître s'efforce de l'être aussi, sans plus de succès quelquefois. Un degré supérieur intervient, celui du maître auteur de manuels, chez qui ses collègues vont puiser.

Là se trouvent les lieux communs dont s'alimente la dissertation littéraire. Il y en a de généraux et de particuliers, regardant tantôt un auteur, tantôt un genre, tantôt toute une littérature. Là on apprend à dire pourquoi, dans l'*Art poétique*, Boileau n'a pas parlé de la fable, à déduire les traits de l'aversion prétendue du xviie siècle pour la nature, à cribler d'épigrammes les trois unités de la tragédie. Tous les dix ans, quelque illustre intervient, qui jette parmi cet amas de vieilles sottises une couple de sottises nouvelles. Ainsi Brunetière y a mis le lyrisme de Bossuet, comme quoi les sermons de ce docteur, en réalité bourrés de scolastique et charpentés comme une leçon, épouseraient le rythme capricieux de l'ode. Les écoliers répétaient cela au baccalauréat, et étaient reçus.

Tel est le régime. Il est abrutissant. Je m'efforçai de le mitiger, non sans succès, car le directeur, un jour, m'ayant parlé de l'intérêt que prenaient les élèves à ma classe, me dit que je leur avais « appris à penser ». Je ne visais pas si haut. Je désirais seulement que la poésie et l'éloquence leur entrassent par les sens, par le cœur, par la tête, et non par l'artifice d'aperçus historiques, où les époques se rangeaient comme des espèces, où le plus bel éloge qu'on sût faire d'un ouvrage était qu'il peignait bien son temps. Belle avance ! quand il s'agissait de plaire au nôtre.

Le privilège des grands ouvrages est une perpétuelle actualité. Car ils offrent tant de points de vue, découvrent tant de perspectives, que toutes les époques y trouvent leur compte ; à toutes ils sont en mesure d'offrir un chemin à leur portée vers l'essentiel des choses. De l'éternel et de l'actuel : voilà ce qu'il convient de faire sentir. Imaginez l'à-propos de gens qui n'y cherchent que le rétrospectif. Je disais : « Mes amis, si les auteurs anciens ne sont que l'expression de leur temps, nous qui sommes du nôtre, laissons-les, voulez-vous? »

Certain que la connaissance des temps n'avançait pas d'un pas l'éducation du goût, je prenais soin d'exposer la distinction des genres. Cette connaissance jadis s'appelait *rhétorique* ou *poétique*. Je l'appelai théorie de la littérature ; elle eut sous ce nom beaucoup de succès.

Le préjugé romantique fait croire qu'elle est en horreur ; au contraire. Jamais on n'en fut si avide. Car comment se plaire aux ouvrages, soit de poésie, soit d'éloquence, si l'on ne sait à qui l'on parle quand on ouvre le livre? Allez-vous me faire rire ou pleurer? Serez-vous ironique ou sérieux, véridique ou plaisant? Est-ce à mon imagination, est-ce à mon cœur que vos vers s'adressent? Faut-il que je m'applique, ou que je me relâche? Vous lirai-je aux champs ou à la ville? en promenade ou dans le cabinet d'étude? Hugo répond que tout est dans tout, et qu'il n'y a pas de genres. De là vient le grand malentendu qui pèse sur les intelligences, les prive de toute culture profonde. Les modernes se font lire tant bien que mal, mais les anciens sont délaissés. Cela se conçoit. Quel plaisir pourraient prendre à l'élégie de Chénier, à l'épître de Voltaire, à l'ode de

Malherbe, des gens qui nomment en bloc *poésie lyrique* tous ces vers-là? Poésie lyrique probablement, les fables de La Fontaine aussi. C'est assez pour les enterrer. Et qu'est-ce que le lyrisme? L'expression des passions, les confidences du poète, poésie personnelle, dit-on. Là-dessus allez-vous-en lire les chœurs d'Athalie ! frottez-vous à Pindare, poète si personnel que toutes ses pièces sont d'athlètes, de jockeys et de coureurs.

Pièce lyrique est dit de même le poème de Villon ; épopée, celui de Dante ! L'un et l'autre, cependant, sont des satires. Tenez pour certain que celui qui prend la *Divine Comédie* pour autre chose, ne pourra qu'y bâiller, quoiqu'il n'ose pas le dire.

Des démonstrations, dit-on encore, des leçons, des préceptes, ne sont pas des sujets de poésie ; de la prose rimée, c'est tout ce qu'on en peut faire : ainsi Despréaux dans son *Art poétique*. Fort bien. Mais, et Virgile avec ses *Géorgiques ?* et Hésiode, et Lucrèce, sans compter les modernes? Tout cela est supprimé, effacé, enterré.

Autre axiome prétendu : quant à l'expression, prose ou poésie n'importe pas ; on est prosaïque en vers, poète en prose. Châteaubriand est un poète ; sans que le *Misanthrope* y perdît, Molière aurait pu l'écrire en prose. Mais quoi ! Se donne-t-on pour rien la peine de la rime et de la mesure? L'oreille n'y prend-elle pas plaisir? Et ce plaisir ne compte-t-il pas dans l'impression reçue d'un ouvrage? Il y a plus. Le rythme agit sur l'esprit même, et, dans l'ivresse qu'il cause, le met en train de concevoir des termes et des tournures qu'il refuserait en prose. Ainsi la musique fait danser. Des idées poétiques en prose ne sont pas moins impossibles qu'une danse qui n'aurait pas de mesure ; elles tombent tout à plat, faute d'expression.

J'y allai franchement. J'enseignai le didactique,

l'élégiaque, le satirique, le dramatique, le lyrique véritable ; je distinguai la poésie des vers, le prosaïsme de la prose. Je perçai cette obscurité, j'éclairai les ténèbres entassées par des cuistres. Ce n'est pas que les genres ne soient sujets à mélange ; les écrivains et les poètes s'y sont appliqués de vingt manières, lesquelles iront toujours en se compliquant, je suppose ; mais, pour entendre ces modes intermédiaires, il faut d'abord connaître les essentiels.

En prose, il faut savoir ce qu'est le style de l'histoire, celui du plaidoyer, celui des confidences écrites : lettres et mémoires, celui du roman, celui du pamphlet, celui du sermon. Qui aura arrêté ses idées làdessus ne sera pas rebuté, ne prendra pas le change, n'ira pas se dégoûter de Bossuet pour y avoir cherché la lyrique qui n'y est pas. Il éprouvera le charme des *Provinciales* ; il sentira dans la *Chartreuse de Parme* et dans *Gil Blas* le modèle du roman, qui n'est pas dans Flaubert ; sans se laisser éblouir du bruit de Chateaubriand, il verra que Courier et Rivarol écrivent mieux que lui.

Ainsi se poursuivaient ces leçons, non sans profit, quoique la direction ne me secondât pas toujours. Ne s'était-elle pas avisée d'offrir à nos élèves, afin de leur ouvrir les idées, dans des places louées exprès pour eux, les cours que des membres de l'Académie française donnaient à la Société des Conférences. Ils tombèrent sur Brunetière, qui leur parla de Descartes dans des termes tout à fait ridicules. Je n'y avais pas pris garde, lorsque j'appris par eux que l'auteur du *Discours de la méthode* avait engendré Diderot et d'Alembert, qu'il était le vrai père de l'Encyclopédie, qu'il ne fallait pas pourtant l'en tenir fautif, comme un homme qui ne savait pas bien ce qu'il disait, que, de son vivant, ses proches avaient connu malade, un peu fou, adonné à des caprices de cuisine, se faisant servir à table des viandes et des œufs crus.

Il faut imaginer de quel air cela m'était redit. Le respect pour l'Académie n'était pas ce qui y brillait le plus. L'idée de mener là des élèves sentait la province ; l'esprit de Paris prenait en eux sa revanche. Le titre ne leur imposait que peu. Quand je sus qu'il servait d'enseigne aux leçons que je viens de dire, je m'empressai de le ruiner tout à fait, afin de rendre à Descartes son dû.

Ce genre de corrections était bien accueilli. Le contraste de faits évidents avec les inanités de concours portait l'auditoire à la gaîté. Quand l'un d'entre eux, interrogé, ne trouvait à répondre que le manuel, il ne pouvait en récitant s'empêcher de rire, et la classe faisait écho.

Sur d'autres points je sentis plus de résistance. Je m'étais toujours donné le droit d'étendre mon enseignement jusqu'aux leçons de la vie ; à propos de la matière des cours, de faire entendre à mes élèves des vérités immédiatement pratiques, propres à gouverner leur conduite. Des chapitres entiers de la philosophie regardent de ce côté-là ; en rhétorique, cent textes d'auteurs y conduisent directement. Je ne me privai pas de les suivre. De plus, je ne fuyais pas, quand elles se présentaient, les applications aux faits du jour. De ces deux manières, la classe gagnait en intérêt, comme plus actuelle d'une part, et de l'autre comme chargée de conclusions plus pressantes. Les élèves d'autrefois m'en avaient su gré ; j'éprouvai que ceux-ci les jugeaient indiscrètes.

C'est que j'abordais un monde nouveau, le monde conservateur, catholique et libéral. Il est ombrageux, il est timide. Tant à cause du régime qui le traite en ennemi, qu'à cause de l'incertitude où le jette le mélange de principes religieux entiers et d'abandon en politique, il vit au sein de la société française sur un pied de défensive et de schisme. A tout ce qui va de l'avant, ce qu'il oppose d'abord est le *qui vive* et la négation, le dédain et la mauvaise humeur.

Cela ne m'arrêta pas. Je poussai. La confiance vint, les susceptibilités cédèrent. J'eus le plaisir de trouver une fois de plus, dans le cœur ardent de la jeunesse, les sources éprouvées si souvent de la reconnaissance et de l'amitié.

Du côté de la direction, le cas était un peu différent. Je l'exposerai tel que je l'ai vu.

Sous notre régime d'enseignement, tel que le font le monopole d'université, la persécution républicaine, l'empressement autour des diplômes, les collèges catholiques vivent en proie à deux craintes : celle d'avoir moins d'élèves reçus au baccalauréat que les établissements d'État, celle d'être compromis par un enseignement où trop d'hostilité pour le régime s'exprimerait.

La première de ces craintes leur était inspirée par les familles, dont l'intervention était continuelle chez eux : en application, je suppose du droit, réclamé dans les professions de foi des députés qui les défendent, du père de famille sur ses enfants en fait de classes. Comme cette réclamation a lieu au nom de la liberté démocratique, on ne devait pas s'étonner qu'elle s'exerçât comme elle sans majesté. Il fallait surtout en voir l'effet aux approches du baccalauréat, regardé par les parents comme l'unique avantage qu'on dût retirer des études des enfants : en sorte que, dans l'effroi de voir échapper le diplôme, la plus grande violence de sentiments les agitait. Comme ils n'étaient d'humeur à en tenir responsables que les seules leçons du collège, cette agitation mettait comme un nuage sur les destinées de l'établissement. Tout était-il à point pour que les enfants passassent? Était-on prêt? Le programme était-il vu? A l'égard des examinateurs, était-on au fait des questions que la Sorbonne posait? Que la brise du succès soufflât, c'était un concert de louanges, des vivats et des hosannahs. Autrement, c'était les gémonies ; le nuage lançait la foudre, et crevait en menaces de retirer les enfants.

Dans l'université, je n'avais jamais vu cela. Le lycée était aussi paisible à l'époque de l'examen que jamais. Cependant la famille n'en était pas absente ; ceux que nous instruisions n'étaient pas enfants trouvés. Ils avaient des pères, non moins soucieux d'obtenir pour leurs fils la clef de certaines carrières, des mères dont la tendresse ne s'alarmait pas moins des hasards courus dans l'examen. Avec cela, ces gens-là laissaient le collège tranquille. Les pères n'y avaient pas d'idées à faire entendre sur la méthode et sur la discipline, les mères en robe de ville n'y venaient pas faire queue dans l'antichambre du proviseur, apportant leurs craintes, leurs plaintes et leurs conseils. C'était ce qui se passait ici.

Une chose contribuait à troubler les cervelles, c'était la persuasion que dans la Faculté les examinateurs refusaient les enfants présentés par les collèges libres. Il fallait pour passer deux fois plus de mérites, auxquels on comptait bien que suffirait le collège ; toutefois, dans cette extrémité, comme on n'osait être sûr de rien, le risque de sacrifier le diplôme et de faire de ces jeunes gens des martyrs, redoublait la critique et l'aigreur.

Le collège marchait sous cette menace. Tout le train des études s'en ressentait. Ce n'était pas seulement dans ces derniers instants que le souci de l'examen dominait, mais toujours. Deux fois par an on en faisait la répétition générale. Les élèves avaient à traiter sur-le-champ, dans un temps donné, certains sujets sur l'examen desquels on prononçait l'admissibilité ; suivait l'examen oral, etc. Cela s'appelait *photo-bac*. Il donnait l'émotion de l'épreuve véritable, et l'on se figurait y prendre la mesure des moyens dont on disposerait pour la passer. En un mot, autre chose n'était commise aux maîtres que de préparer le baccalauréat. De la rentrée jusqu'aux vacances, la classe ne devait envisager que le questionnaire du diplôme. L'enseignement devait rejeter tout ce qui, comme les alexandrins au dénouement de la tragédie, ne courait pas au parchemin.

Les digressions que je croyais salutaires cadraient mal avec un pareil système. Dans l'ensemble, elles devaient encourir l'exclusion. Peu importait qu'elles fussent ou non convenables à l'enseignement moral et catholique. « Combien de gens, dit La Bruyère n'auraient jamais été amoureux s'ils n'avaient entendu parler d'amour ! » Conformément à cette maxime, je priai les élèves de remarquer que dans les écarts de leur âge la passion avait bien moins de part que l'opinion des camarades. Cette réflexion fut rapportée. « Laissez cela, me dit le directeur, cela perd le temps ». Je dus m'apercevoir que, dans un collège catholique, j'étais bien moins à l'aise pour faire, dans la mesure qui revient à un laïc, l'œuvre d'apostolat, que je ne l'avais été au lycée.

Si la crainte de manquer le baccalauréat était inspirée par les familles, la crainte d'être compromis venait d'égards pour le gouvernement. Non moins tyrannique prise en soi, elle causait plus de contrainte encore, car son objet était indéfini.

Dans l'enseignement qu'il y avait lieu de donner, qu'est-ce qui était contre le gouvernement? Si l'on voulait être sincère, tout, le collège n'étant institué que pour enseigner ce que le régime ne voulait pas qu'on enseignât. Il fallait donc admettre qu'une partie de l'enseignement fût ce qu'il n'aurait pas fallu pour être parfaitement tranquille. On avait soin seulement de réduire cette partie autant que possible, avec l'appréhension qu'elle fût trop grande encore. J'admirais que tant de soins que prenaient les parents d'éviter l'enseignement d'Etat, tant de sacrifices dont leur timidité s'imaginait qu'ils payaient cela, n'aboutissent qu'à livrer leurs fils à des leçons toutes voisines de celles qu'ils repoussaient : tant on avait soin de minimiser la dissidence.

Les livres, littérature, histoire, réservaient l'essentiel de la doctrine catholique ; mais les retentissements qu'elle a dans l'ordre profane étaient omis. L'irréligion formelle était évitée, mais tout ce qui y pouvait conduire était reçu. Un jour qu'on récitait Descartes, un élève me dit que ce philosophe avait fui la France parce que l'Église l'y aurait persécuté. Ce mensonge de feu Payot, imprimé dans son livre de *La Morale à l'école*, se répétait ici. Je répondis qu'il était un peu fort que, dans un collège catholique, l'Église fût qualifiée persécutrice d'un homme à qui tous les tracas, les insultes, les procès, et jusqu'aux menaces de prison, étaient venus des protestants.

C'était prendre l'offensive que le collège redoutait. Combien eût-il fallu de ces paroles imprudentes pour créer la réputation d'un établissement militant? La fermeture pouvait être au bout. Qui sait quelles lois la moindre dénonciation, la première venue des campagnes de presse, pouvait faire sortir contre lui? Toute allusion aux événements du jour causait un péril du même genre. Il y fallait vingt précautions. Dans l'université, rien n'avait empêché que je fisse la critique de mille traits du régime et, dans le chaud de l'affaire Dreyfus, du régime même ; dans ce collège libre, la moindre liberté à cet égard eût été reprise, et je ne l'aurais pas hasardée.

Maintenant, qui pourrait croire que tant de crainte d'offenser les idées de l'État s'accompagnât d'une hardiesse inouïe à l'égard de l'enseignement d'Église? que tant de vigilance exercée dans l'intérêt du baccalauréat sous le regard sourcilleux des familles, fît place à l'incurie quand il s'agissait de la foi?

C'était le temps où les doctrines depuis condamnées sous le nom de *modernisme* se répandaient avec divers aspects, dont le plus étonnant fut la hardiesse, qui vint soudain à certains prêtres, de bousculer au nom de la critique biblique tous les traits les plus ordinaires de la croyance chez les fidèles. Quantité de miracles de l'ancien Testament et de l'Évangile même, plusieurs faits qui touchaient à la personne du Christ, faisaient l'objet d'un doute ou d'une négation dont on voyait pousser jusqu'à la satire le ridicule emportement. Soit fantaisie de s'émanciper, soit vanité de paraître, soit défaut de bon sens, des hommes dont c'était le devoir de n'aborder ces matières qu'avec beaucoup de sérieux, de n'en porter l'examen que devant des esprits avertis, rompus au jeu des idées, aux aperçus de l'histoire, au maniement des langues, étalaient leurs querelles d'exégèse en tout lieu et à tout venant, avec un scandale incroyable. Ni le péril ressenti de la foi dans les âmes, ni l'impertinence d'un tel rôle jurant avec leur caractère, ne les arrêtait. L'aveuglement allait au point de porter ces façons dans l'enseignement, de prendre la jeunesse pour sujet de ce scandale.

Ce fut le cas du collège où j'étais. Un prêtre de cette école y faisait le catéchisme, délégué par l'archevêché. Je l'ignorais, quand un de nos communs élèves vint tout à coup me trouver chez moi. Je l'entendis me demander quels livres il devait lire dans l'intérêt de la foi. Comme je voulus savoir en quel genre, il me dit qu'il s'agissait de l'authenticité des Évangiles.

— Vous doutez, lui dis-je, de cette authenticité?

— Non, me dit-il, mais c'est qu'on l'attaque devant nous.

— Qui donc? lui dis-je

— Monsieur un tel (il nomma le prêtre) : tout son catéchisme se passe à démolir l'évangile de saint Jean.

Je rapporte les paroles exactes. Ma mémoire les

conserve avec fidélité, tant cet entretien, qui me frappait de stupeur, s'y est gravé profondément. L'intelligence, pas plus que l'intention droite, ne manquait à celui qui les proférait. C'était un des premiers de ma classe. Il est mort, tué dans la dernière guerre. Je le regardais sans parler. Il lut dans mon regard mes sentiments.

— C'est très embarrassant, me dit-il. Nous en savons trop peu ; nous ne pouvons pas répondre.

Répondre à qui? A celui qui lui faisait le catéchisme, dans un collège catholique, que ses parents n'avaient choisi qu'afin d'assurer sa religion. Tel était le péril qu'elle encourait, l'ennemi qu'il lui fallait combattre. Je n'en pouvais douter, car j'en étais témoin. Quoique incroyable, quoique impossible, c'était certain.

Le collège, que je sache, n'y eut jamais de regret. Le tort ne fut pas redressé. La plainte de la jeunesse ne fut pas aperçue, ou, si elle le fut, on passa outre. Le prêtre catéchiste conserva son emploi. Plus tard, seulement, il devait changer de place. Je ne juge pas nécessaire de dire celle qu'il occupe.

Dans le même temps que je faisais cette classe de rhétorique, des leçons d'histoire de l'art me furent demandées. L'invitation venait d'une dame appartenant aux plus anciennes familles de France. Je fus prié d'ordonner, pour sa fille et pour quelques-unes de ses amies, des visites au Louvre, précédées chaque fois d'un exposé, que j'obtins permission de faire dans les galeries. Ces leçons avaient lieu le matin, à l'heure où le musée est tranquille. Au sein de la solitude où parlaient tant de chefs-d'œuvre, j'avais le plaisir de retrouver chaque semaine ce petit nombre de frais visages, et de curiosités en éveil. L'émulation dans la nation française est quelque chose d'admirable. Le désir d'apprendre, ardent chez les petits, pour lesquels la science est un moyen de s'élever, n'y est pas moins vif chez les grands, que tant de choses en pourraient distraire.

Les garçons du musée nous tiraient les banquettes, le cercle s'asseyait. Pendant quelques instants, je faisais l'histoire des peintres dont nous allions regarder les œuvres. Les petits crayons volaient sur les carnets, d'autres mains restaient inactives, c'étaient les regards qui travaillaient. J'avais d'avance choisi les toiles devant lesquelles on s'arrêterait, et médité mes réflexions. Je prenais le plus grand intérêt à entendre celles que faisaient mes écolières. La pédanterie n'y avait aucune part. Le monde, naturellement, est l'écueil de ce défaut ; pourtant, de nos jours, il y a pris pied, mais non dans les régions où se mouvait mon auditoire. Il disait ce qu'il pensait, et devant les chefs-d'œuvre boudait parfois le jugement de la postérité. Pour être goûtés, combien de maîtres exigent une préparation ! Rien n'est si fatigant en ce cas que les feintes extases auxquelles se livrent des gens qu'on y conduit pour la première fois.

Ma principale élève était jolie et charmante. Devant quelques toiles paradoxales elle demandait grâce pour son goût. C'était plaisir de lui dire pourquoi cela était bon, et pourquoi cependant cela ne pouvait toujours plaire. Rien n'égale en indépendance le goût des femmes à cet égard. Elles en ont pourtant et beaucoup. La vie du grand monde le raffine pour peu qu'on ait soin d'y veiller. De nos jours, il est vrai, ce n'est pas toujours le cas. Il a fait défaut même dans les familles royales. Louis-Philippe avait le goût médiocre ; la reine Victoria en manquait totalement. Malgré mille traits de splendeur qui brillent à Chantilly, malgré la protection des arts qui s'y révèle, celui du duc d'Aumale ne fut pas sans reproche. Je menai mes élèves dans ce château. Le musée y fut admiré, mais la décoration moderne eut son paquet, appuyé de critiques si nettes et si lestement administrées, qu'on ne pouvait s'empêcher d'en rire.

Au Louvre, le commentaire, outre le mérite des œuvres, se donnait carrière sur les sujets, sur les visages, sur les personnages représentés. Un jour, devant le portrait de Richelieu, œuvre de Philippe de Champagne, une toute jeune fille, à l'esprit vif, aux manières franches, se planta et dit : « Voilà l'ennemi. » Je ne m'attendais pas à ce sursaut de l'histoire. Je m'attendais encore moins à le voir réprimé. Les mères assistaient à ces leçons. Celle qui me les avait demandées descendait de Montmorency, que Richelieu décapita. Elle prit sur-le-champ la parole pour dire que ce supplice avait été mérité, et que Richelieu ne devait recevoir d'une bouche française que des éloges. Plus que la riposte encore, j'admirai l'ascendant qui se faisait sentir dans le ton, plein de douceur et décisif.

Il se donnait alors à Marbourg sur la Lahn, célèbre par le souvenir de sainte Elisabeth et par son université, des cours de vacances en diverses langues, pour lesquels les maîtres des lycées de France étaient sollicités. Prié à mon tour de m'y rendre, j'y exposai pendant deux ans une théorie des beaux-arts, à laquelle, après mes thèses passées, où le sujet était abordé, je n'avais cessé de donner des soins.

Chaque séjour était d'une quinzaine. La ville riante et bien située, et les environs abondants en belles vues, rendaient ce séjour très agréable. Je faisais de mon temps trois parts, une pour l'étude, une pour la promenade, une pour la brasserie, où l'on buvait comme le bourgeois dans *Faust* la bière au-dessus de la rivière, laquelle coulait en contre-bas de la grand'rue, par laquelle on y avait accès. On joignait là tantôt les étudiants, tantôt les professeurs, et la conversation s'engageait. Beaucoup de femmes suivaient ces leçons, qu'on voyait à la sortie des cours, ou dans des promenades générales, auxquelles, une fois par semaine, la direction nous invitait.

Le gros de cet auditoire venait là principalement pour entendre parler français et se perfectionner dans notre langue. Marbourg était un des endroits de l'Allemagne où la science des langues était le plus avancée, en particulier celle de la prononciation, nommée *phonétique*, dont on y venait chercher les oracles autour de la chaire du fameux Vietor. Afin de mieux traiter cette matière, on l'étudiait dans les organes qui servent à proférer les sons. Les leçons en ce genre ne faisaient mention que de glotte, d'épiglotte et de voile du palais. Je ne sais combien de tableaux d'anatomie, répandus dans les classes de l'Université, étalaient la coupe de l'appareil vocal, lèvres, dents, langue et gosier, etc., dans l'exercice des contractions diverses d'où s'engendrent les inflexions.

Ces inflexions portaient, dans les explications, des noms savants et difficiles, dont un, le *Knacklaut*, divulgué par les étudiants, courait en ville, non sans donner à rire, car le nom est comique ; mais la chose causait de la fierté, n'étant autre que le coup de gosier qui précède en allemand l'émission des voyelles. Longtemps pratiqué sans le savoir, souvent omis par négligence, on ne l'a reconnu et nommé que depuis peu, comme un trait insigne de la langue, une part de patrimoine national : en sorte que rien n'égale le zèle patriotique que les Allemands mettent aujourd'hui, d'une part à s'en écorcher la gorge, de l'autre à ne pas souffrir qu'un seul soit omis quand ils écoutent. Un jour que, par passe-temps, on mettait à l'épreuve la prononciation allemande des étrangers, comme j'eus achevé de lire quelques phrases en cette langue :

— C'est très bien prononcé, me dit celui qui jugeait, sauf un point. Vous avez omis près de la moitié des knacklauts.

J'étais prié, je suppose, de reconnaître dans ce reproche, la délicatesse d'oreille de la marchande d'herbes d'Athènes, qui reprit Théophraste de son accent.

Je fis quelques visites, une à Vietor, comme il se devait, petit vieillard tout blanc, à qui la science des sons n'avait certainement pas ouvert celle des idées, car, après en avoir fait briller tout ce que je pus sans trouver d'écho, je pris congé en cérémonie. Je vis le curé catholique du lieu, pasteur, dans cet antique boulevard de la Réforme, d'un troupeau de mille à quinze cents âmes, auxquelles il me parut chargé d'enseigner principalement l'estime des ministres protestants, car il ne me parla que d'eux et des rapports parfaits que, malgré la différence de culte, il entretenait de ce côté : pensant en cela m'éblouir, ainsi que de ses relations d'université, dont il étalait le titre. On l'appelait le Docteur un tel.

C'est de tels éléments du clergé allemand qu'Erzberger avait dans son parti, relâchés sur le sentiment catholique par la fréquentation des éléments hostiles dans les établissements d'enseignement supérieur. Quand on songe à quel point le peuple catholique allemand diffère de ces façons-là, tout en pratique dévote, en confréries, en pélerinages, en fréquentation de reliques, on se remplit de la pensée qu'il eût été facile à la France, avec une politique catholique, de l'attirer à son amitié et de lui faire haïr ses meneurs.

Le pèlerinage de sainte Elisabeth fut un des premiers de la chrétienté en importance. Depuis que Philippe le Magnagnime, landgrave de Hesse et son petit-fils, a supprimé ses reliques, ce qu'on peut vénérer d'elle aux lieux de son séjour est peu de chose. Dans le livre de Montalembert, importun par l'amour qu'il étale de l'Allemagne, j'avais recherché les mentions de son souvenir. Je ne manquai pas de descendre le long de la Lahn au village de Wehrda, où elle eut son ermitage. De l'autre côté de la ville, sur le penchant du mont, par des bois où les écureuils fuyaient en foule à mon approche, je me rendis à la fontaine où la légende rapporte qu'elle lavait son linge et que les anges venaient la trouver. Cela me fut conté sur place par des bouches protestantes, qui trouvaient ce trait délicieux.

Dans l'église luthérienne, je ne me fis pas faute de demander si le corps de la sainte, qui s'y trouvait jadis, n'était pas caché quelque part. Montalembert estime qu'on ne l'a jamais détruit. On me répondit, d'un air qui ne me convainquit pas, qu'il n'en restait rien.

Il y avait alors à Marbourg un professeur de langues orientales vivantes, nommé Justi, frère du Justi auteur du livre sur Velasquez où se trouvait le faux historique que le jeune Bréal a découvert. L'idée que donnait celui-là était bien différente.

Plein d'un amour profond de la science qu'il enseignait, menant chez lui cette vie de famille qui longtemps a fait en Allemagne le charme de l'étranger de passage, il n'y avait rien de si agréable que sa maison, où vaquait le soin attentif d'une femme, comme lui sur l'âge, pleine de bonne grâce et d'esprit. Comme j'avais parlé, dans mes cours, de la touche vive au moyen de laquelle les maîtres hollandais ont rendu le relief des menus objets qui nous entourent, on me fit voir des albums où, depuis trente ans, ce professeur prenait son délassement de la science dans de petits tableaux à la plume, retraçant des scènes de famille et l'existence de ses enfants.

L'art était joli et l'intention charmante. Je revins plusieurs fois, il me reçut à sa table, il m'entretenait de ses travaux, cherchant à me faire plaisir par mille rapprochements avec les choses qui m'occupaient. Il me montra des lettres de Montalembert, souvenir de relations nouées sur place par ce dernier au sujet de sainte Elisabeth, qu'il conservait comme une

curiosité. Devant ces soins aimables, dans cet intérieur paisible, on doutait du temps écoulé. N'était-on
pas revenu à cent ans en arrière, quand l'Allemagne,
insoucieuse d'ambitions politiques, semée de petits
États qui déversaient sur elle le meilleur de la culture
française, se vouait en paix à la vie de société, aux
recherches savantes et aux arts? De tels exemples
étaient alors fort rares. Je suppose qu'il n'y en a
plus aujourd'hui.

Une chose moins agréable subsiste de ces temps-là,
c'est l'esprit chambellan que faisaient régner ces
cours. L'unité n'y a rien fait, et l'Allemagne de Bismark aura vu fleurir chez elle les petites manières,
les petits titres, les petites révérences en aussi grande
abondance que le château de Thundertentronk.
Fromm, que je connus rédacteur à l'ancienne *Vérité*,
me confiait que, dans le duché de Bade, sa patrie, la
famille dont il descendait appartenait à la noblesse
bourgeoise.

— Bons dieux ! dis-je, qu'est-ce c'est que cela?

— C'est, dit-il, qu'aux bals du grand-duc nous
avions le droit de danser la première contredanse.

Justi était conseiller intime. Ces titres en Allemagne
se donnent en parlant ; ils se donnent à l'épouse aussi.
L'air pénétré qu'y mettait la jeunesse avait quelque
chose de comique. D'autres professeurs montent plus
haut. Vraiment, qui n'a pas vu ce spectacle, ignore
un des aspects de l'Allemagne éternelle : un étudiant
devant son maître, assis au bord de sa chaise, les
yeux levés sur lui d'un air ébloui et souriant, et
répondant : « *Ia, Excellenz.* »

Deux de mes écoliers de Paris me suivirent dans
un de ces voyages, Jean Longnon et René de Planhol,
maintenant connus par leurs écrits. J'avais offert en
classe d'emmener qui voudrait ; ils acceptèrent.
Rien n'est plus agréable que de montrer l'étranger à
qui ne l'a jamais vu. Des impressions de vingt ans se

réveillèrent en moi. Pour leur sauver l'ennui d'un séjour monotone, nous allâmes ensemble à Cassel et, le dimanche, à Wilhelmshoe : parfaits modèles, l'une des capitales, l'autre des maisons de campagne, de ces anciens petits princes allemands.

Cassel a son cabinet de tableaux ; Wilhelmshoe, ses fontaines. Je montrai les unes et les autres à mes jeunes compagnons, déjà regardés comme des amis. Je les avais remarqués pour leur intelligence ; le peu que je fis pour eux les trouva reconnaissants. La cordialité s'établit. Henri Longnon, frère de Jean, son aîné, nouvellement sorti de l'école des Chartes, me fit offrir quelques-uns de ses travaux. Tous deux me présentèrent à leur père. Ainsi je pus apprécier, dans leur train quotidien, les talents qui ont fait de l'œuvre de ce dernier l'un des premiers monuments du siècle.

Car qui peut-on lui comparer dans la géographie historique ? Il y a porté non seulement la critique exacte des textes, mais encore celle des idées qui permettent de s'en servir, mérite peu ordinaire à ceux dont la recherche consiste dans l'accumulation des faits. En outre, dans ses conclusions, il savait mettre l'ordre d'importance ; il savait former un tableau des traits qu'il avait arrêtés. Par là il doit être mis fort au-dessus de M. Delisle. Dans sa *Formation de l'unité française*, publiée posthume par le comte François Delaborde, il a le premier débrouillé que Louis XIV après la paix de Nimègue ne se proposa plus de conquêtes, se contentant de construire avec Vauban et Louvois la frontière stratégique qui fit face à deux guerres, celle de la Ligue d'Augsbourg et celle de la succession d'Espagne, les chambres de réunion n'ayant joué (le sait-on ?) que pour l'achèvement de cet ouvrage.

On fait de nos jours grand mystère de la critique. Elle n'est que le bon sens spécialisé, rendu pratique à quelque genre d'objet. Ce bon sens se faisait sentir dans la conversation de M. Longnon. On l'y goûtait d'autant plus que nulle forme professionnelle ne s'y mêlait pour l'obscurcir. Différent dans son extérieur de la plupart des hommes de son métier, il n'avait ni l'air grave du savant, ni le ton décisif du docteur ; une grande simplicité, la gaîté, la rondeur, faisaient son caractère. Cela tenait sans doute à ce que chez lui la science avait été un goût avant d'être une carrière. On ne l'avait pas élevé pour cela, il n'en avait passé la robe qu'après en avoir donné les fruits. Il était fils d'un cordonnier, et les premiers essais de son savoir naissant étaient partis de l'atelier de son père. Il avait conquis la renommée, achevé d'illustres travaux, obtenu des chaires importantes, sans avoir jamais pris ses grades ; il n'était pas même bachelier.

Sa branche tenait à la philologie, science communément négligée des Français, ce qui donnait à ses leçons un charme de nouveauté. Sur les racines des noms de lieu, il abondait en conclusions qui piquaient la curiosité et satisfaisaient l'intelligence. De ces recherches sortait toute une philosophie des dénominations humaines, qui jetait le ridicule sur les erreurs courantes, au grand scandale de gens qui ne comprendront jamais que le langage soit objet de science. La controverse en ce genre comporte un corps à corps qui, heureusement, permet d'achever l'adversaire. Là comme ailleurs pourtant, le public est distrait ; quelque raison qu'on ait, il faut s'armer de patience. M. Longnon avait coutume de dire que, dans ces controverses, le plus grand nombre « donnait raison à qui avait parlé le dernier. »

Il abondait en anecdotes comiques, dont les traits, détachés comme d'une main hésitante, allaient s'accumulant dans un tableau parfait. Quoique souriant à peine en contant, comme il était visible qu'il y prenait plaisir, sa bonne humeur se communiquait autour de lui en éclats de rire. Les érudits qui l'entouraient paraissaient dans ces petits morceaux. Il faisait entre eux de grandes différences, non pas toujours réglées sur les rangs et les places. A cet égard, sa critique était impitoyable, quoique exempte de dénigrement ; mais il était de ceux à qui le savoir profond permet des jugements décisifs.

Ni l'un ni l'autre de ses fils n'ont eu le loisir de l'égaler pour l'étendue de l'érudition dans leurs travaux ; toutefois, son goût de l'information exacte et son bon sens habitent en eux. Tout ce qu'ils ont écrit porte cette double marque, et, quant au sens du ridicule, la moindre occasion leur est bonne pour montrer qu'ils ne l'ont pas moins que lui.

Jean l'exerça, dans notre voyage, sur l'Allemagne et ses habitants. Mais, à cet âge, la sympathie n'est pas moins forte que la critique, et quantité de choses lui furent agréables. Planhol était fort jeune. Il avait à peine quinze ans. Mais un jugement précoce et beaucoup de sensibilité le rendaient propre à s'instruire dans cette transplantation. Dès ce temps-là, son caractère était marqué d'indépendance, et de cette absence d'empressement en qui s'accuse, en même temps qu'un esprit fort de ses ressources, une âme bien née. Ce qu'on nomme snobisme était son antipode. C'est le cas de peu de gens de ce temps-ci.

Il fit tout à ses heures et comme cela lui disait, donna à Cassel peu d'instants, ne regarda des tableaux de la collection ducale que ceux qui lui plurent, s'attarda longtemps aux ombrages de Wilhelmshoe, et refusa de monter le petit escalier de fer qui mène à l'intérieur de la massue de l'Hercule dont la figure géante surmonte la grande fontaine.

A Paris, dans le *Mercure de France*, Jacques Morland conçut alors l'idée d'une enquête menée chez les gens de lettres, touchant l'influence des lettres allemandes en France, bienfait ou méfait, à décider. Le questionnaire m'en parvint là-bas. Je rédigeai la réponse dans les jardins de Cassel au bord de l'Aue, sans trop de peine, car j'y avais songé souvent.

Jeune écolier, j'avais appris par cœur la *Chanson de la Cloche* et *Guillaume Tell*, avec un plaisir qui cessa quand le dessein ridicule d'une liturgie laïque me devint sensible dans la première, et dans le second les traits dont un épicier de la rue Montmartre, retour d'un train de plaisir au Righi, compose son idée de la Suisse rustique. Toute la muse allemande passa de même à mes yeux, à l'exception de Gœthe, dont le *Faust*, premièrement haï dans une traduction, me conquit pour toujours quand j'eus le texte en main. Plus tard, je connus Leibnitz et Kant : le premier, moraliste admirable ; le second, malgré ses tares, analyste profond des désaccords de la pensée et des choses. Par exemple, je méprisai beaucoup les Lessing, les Herder, les Wolf, les Winckelmann, esthéticiens, critiques, philosophes de l'histoire, dont l'insigne badauderie de deux générations a fait chez nous des chefs d'école.

Dans mes travaux particuliers, j'avais éprouvé l'excellence des instruments d'étude chez les Allemands. Je savais que le sérieux de l'histoire, ruiné par la Révolution, en avait été réveillé chez nous, que même l'étude des lettres en a tiré profit. Voyez de combien de livres, grammaires, dictionnaires, textes, la Chrestomathie de Bartsch rassemble la substance sous un petit volume, quand il s'agit de connaître les poètes provençaux !

Je mis en ordre tout cela, éloge et blâme, sans omettre la critique d'ensemble de la renaissance littéraire allemande, essence de romantisme dont, à la suite du livre de Mme de Staël, notre pays fut empoisonné. Dans la publication que le *Mercure* fit de l'enquête, quantité de réponses contenaient d'heureuses remarques. Peu s'étaient faits apologistes, presque partout le blâme dominait. Brunetière y jouait les pantalons. Blâmant ce genre d'enquête, il comparaît les gens qu'on interroge à des distributeurs automatiques. « On met sa pièce, on tire, écrivait-il, et vous en avez pour deux sous. » D'avis sur le fond, point. J'aime mieux Sacha Guitry, questionné sur Molière lors du récent centenaire de ce dernier.

— Maître, qu'avez-vous à nous dire de Molière ?

— De Molière ? fit Sacha, mais rien.

La réponse que j'avais donnée fut reproduite dans la revue d'Action Française. On s'accorda à trouver que, si jamais elle entreprenait des cours publics, cette façon de voir les choses pourrait s'y rendre utile.

CHAPITRE III

L'année 1903 mourut le pape Léon XIII, après un règne de vingt-cinq ans consumé dans l'entreprise vaine de réconcilier la république française avec l'Église. Tous les efforts en ce sens avaient été tentés, toutes les concessions faites, toutes les disgrâces jetées sur les catholiques réfractaires, sans aboutir à autre chose qu'à un renouveau de persécution, plus funeste que tous ceux auxquels on s'était flatté de porter remède.

Non seulement cette politique avait manqué son but, mais elle n'avait pas même su s'imposer aux constatations de l'adversaire, qui continuait de dépeindre l'Église comme menant contre le régime une bataille à laquelle de justes représailles répondaient. Un écrivain d'esprit gracieux, enrôlé en haine de l'Église parmi les plus sots des sectaires, dans une préface jointe aux discours d'un défroqué devenu ministre, à l'heure où tout cédait dans les rangs du clergé à la peur d'offenser la république, osait représenter les curés, les évêques, les moines, comme tramant ouvertement sa perte : serviteur en cela du préjugé des Loges, qui ne voulurent jamais voir dans les avances du pape qu'une ruse chargée d'hostilité plus grande que tous les anathèmes. Si Anatole France fut si sot que de le croire, je ne sais ; suffit qu'il se pliait à la pensée de Combes, pour qui le devoir civique était de ne pas tenir compte, de ne pas même faire mention, de ce qui ne fut à ses yeux qu'une exécrable hypocrisie. Dans les histoires approuvées du régime, les concessions que nous avions vu faire n'auront pas même le rang d'une politique manquée : elles seront omises simplement.

Le pape qui succéda fut bientôt soupçonné de ne garder de cette politique que ce qu'elle avait d'inattaquable, à savoir l'union de tous les catholiques, sans distinction de partis, pour la défense des intérêts de l'Église. Sous l'autre pape, on avait exigé des déclarations républicaines ; des prêtres avaient refusé l'absolution à ceux qui s'y confessaient contraires ; du côté du gouvernement, le pontife avait compté faire collaborer des enfants de l'Église avec le parti qui l'avait persécutée. De tout cela le bruit courut que plus rien ne serait maintenu.

Cette réaction devait jeter l'alarme parmi ceux que le précédent règne avait engagés dans l'action. Une opinion défavorable se dessina de ce côté, renforcée par les répugnances du libéralisme doctrinaire, remis en selle sous Léon XIII, et contre lequel un retour de fortune s'annonçait.

J'ai gardé le souvenir de l'adresse avec laquelle les impressions en faveur de Léon XIII avaient été jetées dès le commencement de son règne par ce parti. J'étais enfant, j'entendais dire chez moi à des personnes dont les œuvres de paroisse façonnaient l'opinion, que le nouveau pape arrangerait ce que Pie IX avait compromis par trop de rigueur dans l'application de la doctrine. Dès ces premiers instants, jusque dans ces profondeurs, le monde catholique était prévenu. La même chose se vit en sens contraire avec Pie X. Dans les confréries, dans les patronages, dans les conférences de Saint-Vincent de Paul, on se murmura que l'Église devait aux soins de la Providence de posséder un chef très saint, qu'il s'en fallait seulement que par l'intelligence il fût à la hauteur du défunt.

Pie X avait autrefois été curé de campagne. Il fut entendu que, dans un curé de campagne, seules, les qualités du cœur pouvaient briller, que ni fine politique, ni doctrine n'avaient place. Ainsi l'on se préparait à ne faire aucun cas de ce que le nouveau pape ordonnerait, dans un domaine où depuis un quart de siècle des habitudes contraires régnaient.

Du caractère de l'homme, pourtant, on tenait des rapports qui n'étaient pas encourageants. Autour de lui, en Italie, il avait porté la réforme avec une rigueur inflexible. Quantité d'organes dans l'Église ressentaient son intervention. Le droit canon, la liturgie, la discipline, voyaient commencer par ses soins des travaux longs et difficiles, propres à les régler ou à les corriger. Rarement, dès le début d'un règne, on avait vu pareille activité se déployer si hardiment, avec une si grande énergie. Envers la république française, un trait singulier vint tout à coup donner l'idée de la politique qu'il suivrait.

La mort du feu pape avait laissé pendantes quelques nominations d'évêques, à cause d'un protocole où le ministre de France ne tolérait qu'un mot, « *nominavit*, il a nommé », signifiant que sa nomination de l'évêque était absolue. Le pape exigeait « *nobis nominavit*, il nous a nommé » qui réduisait le sens à celui d'une proposition que l'aveu du Saint-Siège consacrait. Léon XIII, coulant sur les choses, avait toujours montré de tenir beaucoup aux mots. En fait d'évêques, il avait toléré des choix où les convenances n'étaient pas même gardées ; mais il maintenait le *nobis*, que le ministre contestait. Du caractère dont on savait le nouveau pape, on s'attendait que le *nobis* lui serait plus important encore, car il portait inscrit son droit. On fut bien étonné d'apprendre que le différend était résolu, les évêques en fonctions, et le *nobis* renoncé. Seulement, en laissant au ministre la formule de nomination, Pie X joignait l'avertissement que, sous son gouvernement, le choix d'aucun évêque n'aurait lieu sans que le pape fût consulté d'abord. En un moment, les catholiques de France apprirent qu'ils avaient à leur tête un chef qui se moquait des grimaces, et qui s'attachait aux effets.

Nous étions, à l'Action Française, toujours en quête de nouveaux faits. N'ayant encore de force que par l'opinion, nous ne songions qu'aux moyens de la frapper. J'en proposai de diverses sortes. Du bruit chez nous ne suffisait pas. Ne se transmettant que de proche en proche au milieu de toute sorte d'embarras, il ne parvenait qu'affaibli. Il fallait que le coup partît chez l'adversaire, il fallait, disait Maurras, « une bombe qui éclatât chez l'ennemi ». L'idée vint qu'une audience du nouveau pontife, par laquelle serait remise en question la consigne du ralliement à la république, ferait cet effet. On savait que Pie X ne parlait qu'italien, je savais cette langue ; un jour qu'avec Maurras j'étais au café de Flore, il me coula ces mots écrits sur un billet : « Allez voir le pape. »

L'affaire fut résolue. Pâques approchait, je n'avais pour le voyage qu'à profiter des vacances de mon collège. J'allai trouver Bézine, alors représentant de Monsieur le duc d'Orléans ; je lui dis mon dessein d'obtenir du pape des paroles qui laissassent aux catholiques la liberté d'action royaliste. Au nom du bureau politique, que cette démarche intéressait, Bézine offrit de faire les frais du voyage. C'est ainsi que je partis, quasi commissionné.

A Rome, je tenais d'Auguste Roussel, directeur de l'ancienne *Vérité*, mon ami, une introduction auprès de Mgr Battandier, auditeur de rote, lequel faisait le whist de Mgr Bisleti, maître de chambre de Sa Sainteté. Je n'obtins rien par là. Un autre mot du même me donnait accès aux Capucins de la place Barberine, près d'un théologien fameux, le P. Pie de Langogne, depuis évêque sous le nom de Mgr Sabadel, lequel me présenta au cardinal Vivès, Espagnol, capucin pareillement, et confesseur du pape. Je ne me crus tenu d'éclairer aucun d'eux sur l'entretien que j'allais chercher au Vatican. Je ne m'en ouvris dans Rome qu'au P. Berthe, des Rédemptoristes, auteur d'une vie célèbre de Garcia Moreno, longtemps en résidence à Antony près Paris, qui terminait alors son existence dans leur maison de la via Merulana à deux pas de Sainte-Marie-Majeure.

C'était un homme de beaucoup de doctrine et d'énergie. Il trouva mon dessein hardi, et mit en doute qu'il réussît. Je lui dis que l'obligation de conscience d'adhérer à la république, dont on nous avait assommés, était quelque chose de si absurde, qu'il suffirait de poser des questions nettes pour que les moindres réponses du pape dissent tout ce qu'il fallait.

— Vous avez raison, me dit-il, marchez, marchez.

Je ne fus pas long à voir que le cardinal Vivès pourrait tout dans la circonstance. C'était un homme très bienveillant. Je lui contai mon cas de l'université, comme quoi j'avais dû la quitter à la suite d'un blâme encouru pour une visite rendue à des religieux Maristes que le gouvernement chassait. Pour ce trait de persécution, je comptais, ajoutais-je, que l'indulgence du Saint-Père m'accorderait l'audience que je sollicitais. J'avais fait ma demande en règle ; il ne me fallait plus que l'aide de Son Eminence, qui me la promit.

Cependant, les jours passaient. Je n'avais garde de trouver le temps long dans Rome, où tant d'objets sollicitent l'attention de l'amateur, de l'antiquaire et du chrétien. Seulement le terme des vacances approchait, passé lequel je me devais à mon collège. Je m'informais au Vatican, j'essayais de remuer les machines inférieures, sans succès. La veille du jour fixé pour mon départ, aucune lettre d'audience ne m'était parvenue. Je désespérais de mon projet. Les grands remèdes me furent en aide. J'informai par dépêche le directeur du collège du cas urgent où je me trouvais, je ne lui celai ni mon but, ni la demi-commission du prince. Je lui demandai un délai. D'autre part, je retournai chez le cardinal Vivès, dont le premier mot me désola.

— Vous aurez, me dit-il, vous aurez votre audience, et si possible privée.

— Si possible ! lui dis-je, monseigneur, excusez-moi, mais il me la faut ainsi. Pour une audience publique, je ne saurais l'attendre : mes affaires m'appellent à Paris.

— Mais, dit-il, pourquoi cette insistance?

— Votre Eminence croit-elle, lui dis-je, que, après ce que nos ennemis m'ont fait, je me contente d'être reçu au milieu de cinquante personnes. Je veux voir le pape seul, et lui conter mon fait.

— Allons, me dit-il, vous le verrez.

Le collège m'accorda trois jours. Deux passèrent. Le troisième était la Saint-Grégoire ; on me dit qu'il n'y aurait pas d'audience ce jour-là. J'étais battu. De nouveau, par dépêche, je demandai un délai, qui me fut refusé. Dans vingt-quatre heures il fallait partir. Je fis mes préparatifs et m'en allai passer mon ennui n'importe où. Comme je rentrais pour déjeuner à l'hôtel des Thermes au Corso, qui était le mien, le portier me tendit un billet. C'était mon audience pour le tantôt.

Tous les journaux l'ont commentée. Elle a paru dans le *Gaulois*, puis en brochure sous le nom de *Conscience et Ralliement*. Je fus un petit quart d'heure dans le cabinet du pape. Je représentai la situation que l'ordre de ralliement à la république faisait aux catholiques en France. Je mentionnai les refus d'absolution, qu'il ignorait. « Est-ce à ce point? » dit-il, marquant par cette parole que d'autres abus moins graves ne lui étaient pas inconnus. Je demandai s'il y avait un devoir de conscience en France pour un catholique d'être républicain, si refuser de l'être, de sa part, était péché. C'était à la lettre ce qui s'enseignait chez nous.

« Point du tout »: telle fut la réponse, dont le geste et les paroles, répétés deux fois, me sont encore présents. *Niente, niente di questo.* Le pape commandait qu'on s'unît, qu'on votât tous ensemble, que dans les élections les partis politiques ne nous divisassent point au profit de l'adversaire ; quant à ce que chacun professait et voulait en matière de gouvernement, qu'il fût royaliste ou autre chose : *o repubblicano, o orleanista, o bonapartista,* cela ne regardait pas Rome, c'était l'affaire des Français.

J'apportais d'autres réflexions, touchant le libéralisme, auquel le ralliement avait eu pour effet de rendre son ascendant, étant donné qu'on ne s'était pas privé de ramener, avec la république, tous les principes qu'elle tient de la Révolution. Comme l'emploi d'une langue étrangère me faisait craindre des surprises dans une matière si délicate, je les avais mises par écrit. Le pape voulut les lire lui-même, attentivement, le regard baissé, sous les lunettes d'or, portant le papier contre la lampe, dont le reflet brillait sur ses lèvres, remuées par les paroles qu'il prononçait tout bas. En exemple des abandons consommés sous le masque de l'obéissance aux enseignements de Léon XIII, je citais (sans le nommer) celui de l'abbé Lemire qui venait de voter à la chambre les frais de la visite, injurieuse au Saint-Siège, que le président de la république rendait au roi d'Italie dans Rome même. Cela au Vatican était très ressenti. Quand le pape en fut là, je le vis s'interrompre.

— *Eppure è vero :* c'est pourtant vrai, dit-il.

Ainsi cette audience réussissait, non seulement

contre des consignes tyranniques, mais contre l'abandon des principes.

Le récit qui s'en fit avait cette importance d'être le premier témoignage d'un changement de sentiment de la part du Saint-Siège, qu'on n'avait fait que soupçonner jusque-là. L'abbé Barbier, dans son livre du *Libéralisme sous Léon XIII*, Weil, dans son *Histoire du catholicisme libéral*, en ont fait mention en cette sorte. Il combla de contentement tous ceux que les pratiques du précédent règne avaient foulés, de déplaisir tous ceux qui s'étaient fait un état d'en proclamer l'éternité. Dans l'*Autorité*, Paul de Cassagnac s'abandonna à des transports de joie. Il était vieux ; ce fut son *Nunc dimittis*. L'*Univers*, le *Salut public* de Lyon, imprimèrent des impertinences.

Un contradicteur courtois, M. Latapie, rédacteur à la *Liberté*, reçu à Rome par Mgr Gasparri alors secrétaire des Affaires extraordinaires, eut de ce prélat l'assurance que mon audience ne devait pas faire loi, et que rien dans les directions romaines n'était changé, à quoi j'eus la chance que l'*Observateur romain*, organe du Vatican, répliqua sur-le-champ que c'était dans le récit que mon contradicteur faisait des propos tenus devant lui qu'il y avait « beaucoup de changé ». Ce démenti à l'article chargé de me contredire était d'autant plus remarquable qu'on ne pouvait croire qu'Angelini, rédacteur de l'*Observateur*, qui détestait les royalistes français, s'y fût adonné par passe-temps.

Dans le récit qu'on m'opposait il était dit que le pape avait été « peiné » de la publicité donnée à ses paroles. Ce qui m'empêche de le croire, c'est que je n'eus pas de peine, quelques années plus tard, à être admis de nouveau à son audience privée, dans des conditions différentes, il est vrai. Un de mes enfants m'accompagnait. Je vis alors ce pontife sous des traits paternels, qui nous emplirent de joie. L'italien, que chacun parlait et entendait, prenait dans sa bouche des inflexions touchantes. Un excellent grand-père n'aurait pas mieux parlé. En autographe de Sa Sainteté, l'enfant obtint tout ce qu'il voulut.

La première fois, c'était bien différent. L'autorité et la doctrine y faisaient un effet surprenant. Le pape n'avait pas de ce qu'on nomme majesté, mais quelque chose de fort et de sévère en tenait la place, avec un bien autre ascendant. Je ne sais quel nom donner à cette qualité de l'âme, qui fait que l'on dédaigne l'effet et le paraître, qu'on ne prétend rien, qu'on se moque d'être estimé tel, d'être qualifié ceci ou cela, qu'on vise au but sans s'éblouir de ce qui brille chez d'autres, sans courir après ce que d'autres portent aux nues ; vertu qu'on n'ose nommer fierté, qui serait plutôt indifférence, mais indifférence d'une âme forte, en qui le sens du réel et la simplicité composent un caractère trempé, supérieur à tout événement. Ce caractère se sentait dans les manières du pape, se révélait dans ses paroles, dans ses mouvements, dans son accueil.

Je ne trouvais là rien de l'homme bon et borné qu'on représentait à l'opinion française. A certains égards, c'était tous le contraire. L'air débonnaire était ce dont le pape avait le moins. On sentait en lui l'homme des exécutions. Ni l'affectation du sourire, ni la grimace sentimentale, soit de l'affection, soit de la compassion, n'était son fait. A l'adresse de Trouillot, quand je contai l'histoire de ma démission de professeur, il n'eut qu'un bref rire de mépris. Tout représentait en lui la maîtrise des nerfs, l'économie des émotions vaines, l'esprit d'ordre et de gouvernement. On le sentait fait pour régner sur les âmes, pour exercer dans toute sa plénitude la magistrature spirituelle.

Il n'y avait pas encore un an de son élection. Cependant on le trouvait instruit touchant la France de plus de choses que Léon XIII n'en a connu en tout son règne. Une distinction par laquelle on oppose les papes politiques aux papes pieux, *politicanti*, *zelanti*, rebattue de la presse italienne et répétée de temps en temps comme une grosse malice par la française, trouvait là-dedans son démenti. Non sans raison ; car quel meilleur flambeau peut-il y avoir, quel guide plus nécessaire, plus sûr, quand il s'agit de percer les desseins d'un régime dont l'essence est la guerre à l'Église, qu'un zèle ardent des droits de celle-ci? Ainsi le zèle ne s'oppose pas à la politique, il la dirige. On devait le voir bientôt dans la conduite que, au milieu des plus graves conjonctures, ce nouveau pape, classé pape pieux, allait tenir.

De l'injure ressentie par l'Église quand le président de la république visita le roi d'Italie dans Rome, le pape avait porté sa plainte à tous les princes catholiques de l'Europe, dont un, le prince de Monaco, quittant le métier de souverain pour celui d'espion, la remit à Jaurès, qui l'imprima. De grands cris poussés aussitôt par l'opinion républicaine furent cause au gouvernement de dénoncer le Concordat. Le vieux parti républicain avait tenu à ce traité, qui, par le droit de nommer les évêques, lui donnait l'influence dans les affaires d'Église. De nouveau venus, qui crurent pouvoir s'en passer, craignant toutefois la liberté que rendrait à l'Église un régime de séparation, entreprirent de lui dicter une constitution faute de laquelle ses biens seraient confisqués, et le culte, interdit. Cette constitution, qui se défendait de toucher soit à la hiérarchie, soit au dogme, réglant sur des principes contraires à ces deux choses la propriété des biens d'Église, préparait en réalité la ruine du dogme et de la hiérarchie.

Briand, ignoble par l'extraction, méprisable par le caractère, ridicule par l'ignorance, alors député socialiste, et dont ce début fit la fortune, rédigea le rapport de cette loi, appelant *concile des trente* le Concile de Trente, qu'il crut, comme le Combat des trente, avoir été formé de trente personnes, et, comme le Conseil des dix, tirer son nom d'un nombre. Ni la perversité évidente de la loi, ni l'indignité de son interprète, n'empêchaient un bon nombre de députés catholiques de la dépeindre comme acceptable. Des évêques déclaraient un sentiment pareil. La décision, qui dépendait du pape, tenait l'opinion suspendue. Il était aisé de la mettre en alarme sur les conséquences d'un refus : églises fermées, clergé sans ressources, offices et sacrements réduits à se cacher. Ceux qui souhaitaient que l'on cédât essayaient de l'emporter par là sur la résistance qu'ils sentaient dans le gros des fidèles, et qu'ils appréhendaient à Rome.

Représenter le pape comme dénué de vues, comme louable d'un zèle dévot seulement, qui était le moyen employé jusque-là pour diminuer le devoir de le suivre, ne pouvait suffire dans une rencontre où l'autorité du pontife, incontestable en droit, serait absolue en fait. On recourut donc aux influences, aux manifestations, à des rapports qui semaient la défiance. Pour décourager le pape de refuser la loi, on l'avisait que l'opinion catholique était contraire à la rupture, et qu'il ne serait pas suivi ; à l'opinion, de peur qu'elle ne se montrât telle qu'elle était, on assurait que le pape ne refuserait pas la loi.

Pie X voulut que les évêques fussent réunis pour consulter. Beaucoup d'entre eux, sensibles aux embarras que le refus ne manquerait pas de causer dans les diocèses, étaient pour qu'on s'accommodât. Le parti de la soumission crut qu'il touchait au but. Il ne fallait que frapper l'opinion par une démonstration, qu'on eut l'idée bizarre d'aller chercher au sein de l'Académie française. Sollicités par deux évêques, NN. SS. Lecot et Fulbert-Petit, des membres de cette compagnie signèrent, touchant les maux où un refus de sa part jetterait l'Église de France, une remontrance au pape, solennelle et publique. Brunetière avait là dedans part d'auteur principal. Sous le précédent règne, une pièce de cette espèce n'eût pas manqué de faire beaucoup d'effet. Elle n'obtint sous le nouveau que le silence de Rome et les railleries de l'opinion, qui, sensible à l'impertinence de gens qui se mêlaient de ce qui ne les regardait pas, les baptisa *cardinaux verts*, d'un nom qui leur est resté.

Le pape demandait aux évêques, non une décision, mais un avis. Le mode en était secret. Ce secret fut trahi par un membre indigne de l'assemblée. On sut qu'une majorité avait voté la soumission. On ne doutait pas cependant que le pape ne restât libre. On avait des raisons de croire qu'il ne céderait pas ; pourtant, on n'osait deviner ce que, à côté des exigences de principe, l'opportunité dicterait. Le gouvernement se tenait assuré de vaincre. Au milieu de l'anxiété générale, enfin, la réponse se fit entendre, renfermée dans un mot. Le pape refusait la loi.

Ce fut comme un coup de foudre, dont les ministres furent atterrés. Après tant de confiance dans le succès, ils voyaient leur législation par terre. Six mois perdus à la former, à la défendre, à la voter, n'empêchaient pas la puissance spirituelle, dont ils se vantaient de se passer, de la mettre en pièces. Le pays les contemplait devant leur jeu défait. Jamais le régime n'avait paru si sot. Car comment exercer les sanctions de la loi? Pour plus de sûreté d'être obéis, ils les avaient voulues extrêmes ; maintenant, cela faisait leur embarras. Prendre les biens d'Église n'était rien, cela se pouvait sans difficulté ; mais interdire le culte était une autre affaire. L'opinion ne le tolèrerait pas. Briand, devenu ministre, chargé d'appliquer sa loi, pensa sauver la face en exigeant un point, qui dans les églises laissées ouvertes, assimilait la messe aux réunions publiques. Il prétendait des prêtres une déclaration, qu'on avait soin, pour y attirer plus de monde, de ne réclamer qu'une fois pour toutes. Le pape interdit de faire cette déclaration.

Alors le ministère dressa procès-verbal. Traînant, devant le pays irrité et moqueur, le boulet de sa stùpide gageure, il envoya, pour constater des délits de messe dans les paroisses, des agents que cette commission comblait de honte et de ridicule. Cela dura huit jours. On y renonça enfin. Tant d'embarras législatif, de jactance politique et de menace policière, durent avouer leur impuissance. La république retint l'argent ; l'Église garda sa liberté, continuant de ne connaître en fait de chef que le pape.

Ainsi finit cette odieuse et burlesque aventure, non sans un épisode tragique, dont il faut maintenant faire l'histoire, car il a décidé de tout.

Un inventaire des biens d'Église, levé sur tous les points de la France, devait servir de préparation au régime de propriété que la loi nouvelle imposait. Sitôt la loi votée, avant que l'ordre du pape eût tranché de son application, des commissaires publics parurent dans les paroisses pour enregistrer ce qu'elles contenaient. L'opération devait aller toute seule, à ce que croyait le gouvernement. C'était ne pas songer à ce qu'a d'insupportable, quoique innocent en soi, le signe d'une chose qu'on haït. A l'aspect de cette liquidation, où l'indigne mainmise du régime s'affichait sur des objets sacrés, le cœur des catholiques percé s'épancha soudain en tempête. La violence jaillit des consciences outragées. L'opération commençait par Paris. Les commissaires furent reçus à coups de canne. La police riposta. A Saint-Thomas d'Aquin, au Gros-Caillou, à Sainte-Clotilde, le choc déchaîna la bataille. Des paroissiens qui, sans vouloir frapper, avaient résolu la résistance, furent assommés et piétinés. Les autres frappaient dru comme grêle, rendant l'inventaire impossible, forçant le commissaire à s'enfuir. A Saint-Symphorien de Versailles, le préfet, qui menait l'attaque, reçut du haut des tribunes, sur la tête, des chaises que la défense y tenait entassées.

Le tapage de ces engagements se répandit dans les provinces avec un fracas prodigieux, inspirant partout la résistance. En vingt endroits, l'incendie s'alluma. De tous côtés, le peuple fidèle vola à la défense de ses églises. A la colère qui l'animait, celle du gouvernement répondit. Chaque paroisse mettait son orgueil à empêcher son inventaire. Le zèle et la fureur allaient croissant. Les armes meurtrières furent tirées. Le sang coulait : des morts suivirent.

En Flandre, à Boeschepe, Ghyzel boucher fut tué par un gendarme d'un coup de revolver ; en Velay, un ouvrier, Régis, fut tué de même. Enfin le gouvernement eut honte, ou prit peur de son infamie. Les inventaires furent suspendus, on ne devait jamais les reprendre. Au prix d'une action résolue, poussée sans faiblesse jusqu'au bout, la cause catholique l'emportait.

La nouvelle en parvint à Rome dans la stupeur universelle. On y était persuadé que l'opinion catholique s'exprimait dans les élections, où jamais elle n'avait montré pareille vigueur. On y allait répétant que, si l'Action Libérale portait tant de mollesse dans l'attaque, c'est que l'état des esprits ne comportait pas plus. Enfin on se figurait que l'amour de la république vivait à côté de celui de l'Église dans quantité de cœurs français. L'émeute sanglante des inventaires déchirait ce voile d'illusions.

Le pape lui-même y avait été sujet. Je m'en aperçus quand je le vis. Parfaitement informé des desseins du régime, il ne connaissait pas l'étendue des ressources que l'opinion lui offrait chez nous. Qui les connaissait autour de lui ? ou qui, les connaissant, venant de France, ne s'efforçait pas de les lui cacher? Qui pouvait ou voulait lui dire que nos élections étaient trop méprisées pour que le sentiment catholique s'y commît, quoique capable ailleurs de tous les dévouements? que la faiblesse de l'Action Libérale n'attestait que son propre défaut de principes, non aucune lâcheté de l'opinion? enfin que la république n'était aimée en France avec sincérité, avec chaleur, que de ceux qui en attendaient l'humiliation de l'Église, et que les autres au fond s'en moquaient?

Quelque indépendance que se sentît le pape à décider de l'acceptation de la loi, il ne pouvait éviter de songer à l'accueil qu'une rupture recevrait de l'opinion. Tant qu'il en fut en doute, comment ne pas concevoir qu'il envisageât des réponses où cette opinion fût ménagée? Elle aimait les solutions nettes ; elle était avide de sanctions au point de les exercer elle-même ; bref, elle avait tout ce qu'il fallait pour comprendre que la loi fût refusée du pape, et y applaudir. Le pape n'en savait rien. Il l'eût ignoré toujours, si ce grand éclat ne l'eût instruit. Le tumulte des inventaires devait le déterminer. L'intelligence française, le cœur français, révélés dans cette rencontre, le dispensaient de toute crainte, de tout détour capable de rendre moins claire la vérité. Il put aller jusqu'au bout de l'anathème. Le sang versé sur le seuil de nos églises lui avait conquis la liberté.

Ceci arriva dans le temps que notre action commençait à sentir ses forces. Avec les royalistes de la bonne école, elle ralliait déjà beaucoup de catholiques ; elle professait l'emploi de la force ; elle combattait en politique le régime contre lequel on se battait ; il était donc inévitable que beaucoup de ceux qui se soulevèrent pour empêcher les inventaires fussent de chez nous. C'était la première fois que, contre le gouvernement issu de la Révolution et qui enseignait ses principes, des éléments du monde conservateur y allaient du poing et du bâton. Cette nouveauté devait pendant dix ans faire le train commun de l'Action Française. Aussi, soutint-elle de toutes ses forces, loua-t-elle de tout son pouvoir, ceux qui s'y signalaient.

La guerre civile à main armée devait être beaucoup perfectionnée par elle. On y allait alors sans expérience; aucune consigne ne circulait parmi la jeunesse qui se battit; chacun s'y adonnait à sa guise. Un casse-tête porté dans la poche d'un jeune homme sur qui les agents mirent la main, recueilli sur-le-champ dans l'ombrelle d'une grande dame qui l'apporta dans nos bureaux, témoignait du peu de mesures qu'on avait pris. Quand les étudiants d'Action Française d'une part, les Camelots du roi de l'autre, furent organisés, on ne connut plus de pareilles surprises.

Nous n'étions plus tout à fait inconnus. On commençait à prononcer notre nom. Quelques rapports circulaient dans le public, quelques citations dans les journaux. Comme nous ne ressemblions à rien de ce qu'on avait vu, l'idée qu'on se formait de nous allait comme elle pouvait, selon l'intérêt des partis.

Celui de Dreyfus ne pouvait que nous regarder comme des tortionnaires, des fauteurs de Saint-Barthélemy. Nous étions les seuls qui eussent fait face à sa campagne sur tous les points, les seuls qui n'eussent pas fait de quartier à son traître. L'apocryphe du colonel Henry avait été défendu par nous. Ils inventèrent que Maurras dans cette défense, absolvant le crime au nom de la patrie, avait appelé cette pièce un « faux patriotique »; ce mot depuis lors a circulé comme une citation authentique ; de temps en temps, on le voit reparaître dans des polémiques d'extrême gauche.

Les républicains nous dépeignirent comme une

résurrection de muscadins du Directoire. Nous groupions des jeunes gens. Seules avaient le droit d'être jeunes les maximes républicaines ; tout ce qui les réfutait avait cent ans. Qu'est-ce donc que des jeunes gens soi-disant royalistes pouvaient être, sinon des petits crevés, décorés de particules, porteurs de l'œillet blanc, chétifs et parfumés, tels qu'on les dépeint pour l'édification des masses dans les cinématographes des faubourgs? Ce portrait de nos adhérents courut toute la presse républicaine, depuis la *Petite République* jusqu'au *Temps*.

Aux yeux des centres, où quelque culture circule, l'imprévu de nos idées passa pour une élégance intellectuelle, une fantaisie d'originaux, qui s'amusaient à éblouir le monde en mariant les inconciliables, en tirant le droit divin des cornues de Claude Bernard, en se portant, quoique incrédules, à la défense de l'Inquisition.

Bon nombre de royalistes, qui ne pouvaient nous souffrir, nous regardèrent comme on regarde la peinture cubiste au Salon. Nous passâmes à leurs yeux pour des énergumènes qui choquaient toutes les notions reçues, pour des farceurs qui débitaient des paradoxes. D'anciens royalistes qui avaient cessé de l'être n'étaient pas les moins hérissés de tous. L'un d'eux me confiait, le sourcil levé, qu'il avait représenté en son temps le comte de Chambord, et **que**, depuis la mort du prince, ayant renoncé la légitimité, il ne voyait pas ce que d'autres venaient y faire. Ce qu'éprouverait un homme qui trouverait, dans une terre qu'il aurait cessé d'habiter, un camp de bohémiens en train de faire la cuisine, notre homme le ressentait envers nous.

En fait de catholiques, il y avait deux partis dont l'accueil nous fut différent, les libéraux et les démocrates chrétiens. J'ai parlé de l'Action Libérale. Elle professait de n'être libérale qu'en politique, crainte des condamnations encourues autrefois par les catholiques libéraux de la part des papes. Mais n'est-ce pas justement pour leur politique qu'ils avaient été condamnés, comme faisant un principe, pour les gouvernements, de la liberté d'opinion et de l'indifférence en matière de religion? Tel était bien le principe de l'Action Libérale ; elle ne se nommait libérale que pour cela ; en sorte que le blâme qu'elle fuyait tombait sur elle : effet d'autant plus imprévu qu'elle n'enrôlait les gens qu'au nom de la religion pure, envisagée hors des partis. Mais cette louable intention périssait, dévorée par le ralliement à la république, qu'elle pratiquait pour obéir à Léon XIII, dont l'Action Libérale fut le dernier ouvrage.

Mgr Ferrata, alors nonce à Paris, allait demandant à chacun s'il était d'une ligue, et laquelle. « Tous les Français sont d'une ligue », disait-il. Il ajoutait, quelque réponse qu'on fît : « Il faut être de la ligue de M. Piou. »

Les démocrates chrétiens, comme les libéraux, mettaient en principe la liberté, les uns comme les autres se rattachant aux idées de 89, qu'ils s'imaginaient rendre honnêtes en les mariant à la religion. Seulement les libéraux ressuscitaient en eux les erreurs de 1830, les démocrates chrétiens celles de 48, joignant, au principe d'anarchie que le libéralisme comporte, la démagogie égalitaire prétendument trouvée dans l'Évangile. Léon XIII avait condamné ceux-là, en permettant le nom de démocratie chrétienne, à condition de ne signifier rien de plus qu'une action catholique populaire bienfaisante: de quoi ils s'accommodaient disant que, « lui ayant fait avaler le mot, ils sauraient lui faire avaler la chose ».

L'Action Libérale fut toujours incapable de se faire une idée de nous. Aucune de ses catégories ne pouvait lui figurer ce phénomène, de gens qui de la république s'étaient convertis à la monarchie, alors que chez elle on faisait tout le contraire pour être sage. Étions-nous sincères? Fallait-il nous croire fous? Mais nous étions compromettants. Avant tout, il fallait nous combattre. Aux catholiques mêlés dans notre action, on opposa le devoir d'être catholique avant tout ; sur quoi nous demandâmes en quel lieu *catholique avant tout* figurait au programme de l'Action Libérale, qui n'affichait que neutralité. On répondit que la neutralité était à l'usage de l'ennemi, afin de n'être pas brouillé avec lui sans remède, mais qu'à l'égard des catholiques toutes les condamnations jouaient et qu'on nous mettrait hors l'Église.

Renoncer, pour ne pas compromettre la religion, à tout ce qui n'était pas elle, c'était un devoir de conscience, auquel s'ajoutait aussitôt celui de renoncer les droits de la religion même, plus compromettants encore. Le second de ces devoirs servait à eux d'excuse, le premier envers nous d'anathème.

Les démocrates chrétiens nous détestèrent deux fois : comme ennemis de la démocratie, et pour les blasphèmes imprimés par les mécréants de l'Action Française. L'illusion religieuse jointe à leur démagogie soufflait un fanatisme que la contradiction de nos principes exaspérait. Composé de prêtres peu instruits menant derrière eux les patronages, le parti n'avait pas non plus ce qu'il eût fallu pour débrouiller le paradoxe de religion courant chez nous. Ils nous regardèrent comme des menteurs, qui, sous le semblant de défendre l'Église, ne méditaient que la ruine de la foi dans les âmes, comme des sectaires conjurés pour la subversion de la religion.

L'énormité des propos de nos amis affichant l'horreur du nom chrétien, servait puissamment cette attaque. De sanglants pamphlets, compilés de ces tristes textes, furent lancés contre nous avec d'autant plus de succès que le scandale qu'ils exprimaient était sincère, et qu'on pouvait moins s'en étonner. Partout on se demanda ce que c'était que des gens qui, se disant partisans de la monarchie chrétienne, allaient mettant le *Magnificat* sur le pied de l'*Internationale* pour le caractère anarchique, et dénonçaient dans la Vierge mère de Dieu les inspirations de Ravachol.

Il faut savoir que, même pour les catholiques enrôlés dans l'Action Française, l'étonnement n'était pas moins grand. J'en ai peu vu pour qui cette contradiction ne fût une chose incompréhensible. Un petit nombre seulement en pénétraient le sens ; la plupart y renonçaient, passant condamnation, et priant Dieu de tout arranger en opérant la conversion de Maurras.

Le nouveau pape n'était favorable ni au libéralisme, ni à la démocratie chrétienne. La condamnation du modernisme allait montrer qu'il l'était moins encore à l'agitation qui travaillait l'Église dans son enseignement même. J'en ai dépeint plus haut l'effet, qui consistait en deux choses : abaisser la théologie devant les critiques de l'exégèse, substituer à des croyances précises un agnosticisme à l'allemande, selon lequel, aucun contenu intellectuel n'étant assignable à la foi, le dogme dégénérait en une allégorie commise à la garde de la morale.

Le premier de ces deux points agitait le clergé ; le second, surtout les fidèles. Ils se complétaient l'un l'autre, l'agnosticisme étant représenté comme suppléant aux brèches que faisait la critique. A mesure que le divin disparaissait des faits auxquels la foi est attachée, on prétendait l'empreindre dans la vie intérieure par l'acte de soumission de plus en plus profonde que l'âme vouait à Dieu inconnu. Cela n'eût guère différé du piétisme protestant, ni même de la profession de foi du Vicaire savoyard, sans l'attachement à l'unité romaine, dépeinte comme l'enseignement de salut au milieu de l'indifférence des dogmes : en sorte que, plus on donnait à la négation en doctrine, plus on déclarait nécessaire de ne pas se séparer de l'Église.

J'ai connu le mouvement par deux auteurs, le P. Tyrrel et l'abbé Loisy. Le premier enseignait que le dogme catholique n'avait tendu contre les hérésies qu'à rétablir la foi que professaient sans dogmes les premiers disciples du Sauveur, qu'en conséquence nous ne pouvions mieux faire, omettant la théologie, que de voler par la prière à cette pureté de l'institution. Cela paraissait dans les revues anglaises, l'auteur étant jésuite de cette nation. Le bon sens en était choqué en deux manières : par le mépris d'éclaircissements que la dispute apporte à l'esprit quand la compétence la termine, par la chimère d'un retour à une sécurité que l'assaut de l'hérésie interdit à l'Église.

Les définitions sont ses armes et les nôtres. S'imaginer qu'en les renonçant le danger d'errer s'évanouit, c'est prendre le remède pour le mal. Prises en soi, en dehors du remède qu'elles apportent, enseigner qu'elles ne valent rien, c'est mépriser l'intelligence. Il faut avouer pourtant que cela séduisait, par un prestige de simplification et par l'empire que prend naturellement tout appel au sentiment.

L'abbé Loisy pratiquait l'exégèse, de manière à contenter, à cet égard au moins, tout ce qu'il y avait de protestants libéraux ou d'impies en Europe. Il n'était presque pas un point, en fait de textes attaqués par eux, sur lequel il ne cédât ; au reste, ne laissant pas de conclure pour l'obéissance en fait de foi. L'Église, étant d'institution divine, devait seule être crue, et non pas l'Écriture telle que la critique, opérant selon ses règles, était forcée de l'interpréter. Plus je me suis adonné à l'histoire profane et aux examens de textes auxquels elle oblige, plus je me suis convaincu que la méthode suivie par M. Loisy était fausse. Quelque temps, cependant, je ressentis le prestige d'une position qui, accordant les considérants des protestants, ne leur en faisait pas moins front si délibérément. Un passage de son *Évangile et l'Église*, dont je voulus avoir l'explication, me fut une occasion de l'aller voir à Bellevue, où il demeurait auprès de l'abbé Klein, qui me présenta.

Il n'avait pas encore quitté l'Église, mais l'enseignement public lui était interdit. Je lui trouvai l'air préoccupé, comme d'un homme agité de passions intérieures, et assiégé par l'amertume. Il s'agissait de ce que, avec les critiques allemands, M. Loisy appelait *l'eschatologie* de l'Évangile. Le Christ annonçait la fin du monde, et c'est l'Église qui est venue.

— Comment entendez-vous, lui dis-je, que cette erreur ait habité en Dieu?

D'abord il répondit qu'il n'était qu'un critique, que son métier était de lire les textes, et que c'était à l'enseignement autorisé à s'arranger. « Mais, lui dis-je, dans votre esprit cela s'arrange. Le critique est homme, et partant met l'unité dans sa pensée. Comment vous vous y prenez ici, c'est ce que je vous supplie de me dire. » Il entama alors une explication où la subtilité était ce qui manquait le moins, preuve qu'il y avait beaucoup songé : de laquelle il ressortait que, comme homme, le Sauveur n'avait eu de conceptions que celles qui peuvent entrer dans le cerveau humain.

— Bref, lui dis-je, la critique n'atteint pas Dieu en lui : son personnage historique est homme, et cet homme s'est trompé.

Je me retirais sur ces mots ; il me retint, par un mouvement si vif que j'en fus surpris.

— Non pas, dit-il, je n'ai pas dit cela.

Je sentis qu'un nouveau passage m'était ouvert dans sa pensée. Il me dit que l'histoire du monde n'était pas finie, qu'elle allait se développant, en sorte qu'il était impossible de comparer l'événement avec la prédiction, qui pouvait se trouver vraie autrement que nous ne pensions. Ainsi, pour résoudre l'embarras où le jetait sa méthode, il faisait confiance à l'infini du temps. Cet infini rend tout possible. Cela rassurait chez lui le scrupule de la foi, mais par quel faible recours, hélas ! Tout l'état d'esprit moderniste est découvert par ce trait-là.

Nous en vîmes les tristes effets. Ils dissipèrent le charme que j'y avais ressenti. Comme M. Loisy, le P. Tyrrel abandonna l'Église. Quand toute matière intelligible eut été retirée de l'obéissance qu'ils lui rendaient, ils s'aperçurent qu'ils n'y tenaient plus. Tant comprendre, après tout, est la clef de toute chose ; tant est fragile une conduite où la raison n'a pas de part.

Juger le modernisme en soi n'était pas l'affaire de l'Action Française. Il débordait la politique, qui seule nous tenait rassemblés. C'était un fait, pourtant, que les catholiques participants de notre action étaient hostiles au modernisme, et que ses chefs ne nous aimaient guère. Dans tout ce qui traînait de vues religieuses au sein des partis catholiques complaisants de la Révolution, auxquels nous avions affaire, il fallait remarquer d'autre part une influence de ces doctrines, effet, je crois, d'un mépris de la théologie, qui permet de ravaler le raisonnement de religion au niveau des réunions publiques. Chez les libéraux, qui pensaient peu, qui n'approfondissaient rien, cela ne se voyait guère ; mais, chez les démocrates chrétiens, ces rencontres avaient lieu constamment. Une pensée fort active, qui se débattait chez eux au sein de la plus grande ignorance, allait ramasser l'erreur de tous côtés, et naturellement dans les hérésies à la mode. Ainsi le sort qui serait fait à celles-ci, le plus ou moins d'indulgence qu'elles trouveraient dans l'Église, le soin qu'on prendrait ou non de les condamner, ne nous laissaient pas indifférents.

Quoique représenté comme uniquement pieux, le pape Pie X avait avant tout les yeux ouverts sur la doctrine. Contre tant d'écarts en divers genres, l'encyclique contre le modernisme fut le premier coup qui partit de Rome. La condamnation qu'elle portait ramassait en un corps tous les aspects divers d'une erreur quelquefois flottante, insaisissable, à laquelle l'un de nous disait qu'il avait « fabriqué une tête pour la couper. »

L'agnosticisme y était signalé comme volatilisant la foi ; la mystique indiscrète qui, dans l'effacement du dogme, tendait à sanctifier toutes les fantaisies de l'âme n'y était pas moins remise à sa place. Surtout l'exégèse arrogante qui prétendait tout s'asservir était attaquée dans sa source par une offensive hardie, dénonçant les méthodes de critique et d'histoire dont les sciences profanes souffraient comme les sacrées ; en sorte que, dans cet enseignement, les savants mêmes avaient à prendre. Quant à l'exposition, jamais dialectique plus subtile, plus audacieuse et plus certaine n'avait dépisté les feintes d'un adversaire; jamais l'erreur qu'elle découvrait ne fut plus fortement définie, plus nettement localisée. On savait de qui le pape parlait, on savait ce qu'il voulait dire ; à l'encontre de l'erreur proscrite, on savait ce qu'il voulait qu'on crût. Aussi fut-il impossible d'échapper, non seulement à ceux qu'il visait, mais à tout ce qui, dans le monde environnant, avait reçu leur influence.

Là, je l'ai dit, se trouvaient nos adversaires. Ainsi l'encyclique nous servait. De plus, une direction si haute, si lumineuse et si féconde, annoncée de la sorte aux catholiques de France, devait concourir au relèvement auquel leur assistance était indispensable. Voués que nous étions à ce relèvement, comment l'action pontificale ne nous eût-elle pas été propice? Dans les conséquences qu'elle ne pouvait manquer d'avoir à cet égard, comment ne nous serions nous pas regardés comme les auxiliaires du nouveau pape?

L'événement a montré qu'il en était ainsi. On admira beaucoup l'encyclique chez nous. Dans les jours qui suivirent, Vaugeois ne cessa d'en citer les passages les plus importants. Maurras disait : « Votre pape est étonnant. » Pendant onze ans que dura le règne de Pie X, notre action ne cessa presque pas de servir son gouvernement.

CHAPITRE IV

Deux choses devaient donner enfin le premier essor
à cette action : la fondation d'un institut où nous en
enseignâmes les principes, et les agitations de la tribune et de la rue. Je vais raconter l'un et l'autre.

Il faut savoir que le café de Flore n'était pas le seul
endroit où l'on rencontrait nos amis. Il y avait aussi
les dîners que nous tenions au Bœuf à la mode dans
le Palais Royal, tous les quinze jours, composés de
personnes qui payaient leur écot. On voyait là Paul
Bourget, le comte de Lur Saluces, M. Fagniez, des
Sciences morales, Jules Delahaye, M. Lebreton, le
sénateur Sabran-Pontevès, M. de Mandat-Grancey, le
général de Laroque, Copin-Albancelli, voué à la
dénonciation des Loges, M. de Kermaingant et
M. Catténat directeurs du *Soleil*, Camille Bellaigue,
le comte de Courville, Antoine Baumann, positiviste
de l'exécution testamentaire, le colonel de Parseval,
le marquis d'Elbée, l'abbé de Pascal, quantité d'autres, réunis par le commun espoir que leur inspirait
notre action, et se plaisant tantôt à des conversations
qui touchaient l'avenir du pays, tantôt au relâche
d'entretiens familiers assaisonnés de confiance et de
cordialité.

Vaugeois présidait ces dîners. Furcy-Raynaud,
bibliothécaire à l'Arsenal, connu pour des travaux
d'archives, homme du monde et plaisant causeur,
ordonnait le repas et plaçait. Nous en tirions, outre
l'agrément, beaucoup d'utilité, à cause de l'estime que

nos convives, chacun dans sa sphère, témoignaient et faisaient partager envers nous.

Paul Bourget en avait beaucoup pour les idées que Maurras développait à l'Action Française, et dans lesquelles il voyait la suite de la réaction menée contre la Révolution par celui qu'il appelait *monsieur Taine* pour marquer avec lui le contact non seulement des doctrines, mais de la personne. Son entretien comme ses livres était chargé d'idées, qu'il aimait à réduire en système, moins par roideur d'esprit que par goût du simplifié. Son débit était lent, d'allure cérémonieuse, accompagné d'un jeu du monocle, qu'il laissait tomber, puis replaçait, tandis que la réflexion tenait le regard à distance. Soudain, une chute de voix, où sifflait l'épigramme, en ramenait sur l'interlocuteur l'éclair paisible et familier. C'était un homme très bienveillant, débarrassé de toute morgue, quoique méticuleux sur la tenue, plein du sincère désir d'obliger. Le royalisme fondait chez lui, sur la simple observation morale, l'impossibilité, reconnue par une sorte de médecine de l'âme, de tirer d'hommes mis ensemble, sans hiérarchie, par simple addition de votes, la substance d'un gouvernement.

Chez M. Gustave Fagniez, il tenait à l'histoire et à l'observation sociale. Historien du père Joseph, l'éminence grise de Richelieu, fondateur de la *Revue historique* avec Gabriel Monod, n'ayant gardé de ce côté aucun lien qui le détournât de notre action, curieux des mœurs autant que des événements publics, et menant cette curiosité dans le présent comme dans le passé, il portait sur le mal dont souffre le pays des vues aussi justes qu'étendues, qui l'engageaient dans notre cause. Homme de société non moins que d'étude, il adorait la conversation, où s'exerçait de sa part un don de plaisante satire appuyé sur l'observation. Il avait le goût rare de la lecture en commun. Dans la propriété qu'il avait en Provence, située

au pied du Lubéron, où il me reçut quelque temps,
nous passâmes des après-midi à nous enchanter des
poètes, de Sully-Prudhomme, qu'il lisait avec charme
dans les éditions de sa jeunesse, où je cueillais au vol
les variantes.

Le comte de Lur Saluces était tout à l'action.
Rentré en France après l'exil, il trouvait dans notre
entreprise une matière à ses desseins tenaces et à sa
volonté de revanche. A un esprit des mieux faits, des
plus nets, il joignait le sentiment profond des réalités
de la France. Personne n'a plus chéri, mieux exprimé
que lui l'instinct national vivant, en dépit de la guerre
où les engageaient les partis sur les champs de bataille
de la Révolution, dans l'émigré comme dans le
patriote. Jusque dans les racines du sanglant différend qui depuis cinq quarts de siècle arme le pays
contre lui-même, il avait l'art de trouver des causes
de paix, de faire jaillir l'amour et la concorde, qu'avec
raison il croyait prêt à renaître quand on voudrait,
entre les citoyens. Contre le régime, sa haine était
irréductible ; il ne détestait pas moins les dupes
et les complices que la république faisait à droite,
chez les catholiques, en général, et dans son monde
autour de lui. Il avait contre eux des sorties d'une
vivacité réjouissante. De la dignité dans la personne,
de la cordialité dans l'accueil, de la passion dans la
parole, qu'il maniait avec facilité, donnaient à son
entretien l'agrément, et l'ascendant à ses discours
publics. Une amitié particulière le liait à Vaugeois, en
qui son influence avait en partie commandé le retour
à la monarchie.

Camille Bellaigue était le plus brillant des causeurs,
plein d'anecdotes plaisantes et de satires légères,
débitées avec un art charmant. Sa haute taille, son
beau visage, une barbe blanche d'une délectable
majesté assaisonnaient en dignité son personnage.
La musique, dont il ne parlait jamais le premier, et

sur laquelle on avait le plaisir de lui trouver des vues d'une indépendance absolue, l'avait souvent conduit en Allemagne, dont personne jamais ne prononça la langue avec un accent plus exact. En Italie, c'était le service d'honneur qu'il remplissait auprès du pape Pie X, dont il a dépeint en perfection la conversation et la personne.

Dans M. de Mandat-Grancey, officier de marine, se donnait cours la brusquerie de la profession, relevée d'une causticité qui faisait une fête de ses récits. Comme il avait couru le monde, il y en avait de sous les tropiques. Un jour que, d'après les souvenirs d'Halévy, je rapportais l'histoire du fou dont les naturels d'Indo-Chine se débarrassent en le faisant député : « Je la connais, dit-il en me prenant le bras, c'est moi, il y a quarante ans, qui l'ai lâchée. »

Une corpulence superbe, le regard droit, la tête haute, une bonne humeur constante dans des manières parfaites, annonçaient l'abbé de Pascal, ancien dominicain, théologien solide, adonné aux études sociales, grand citateur en ce genre des auteurs espagnols, qu'il possédait à fond et prisait sur tous autres, principalement Donoso Cortès. Ancien compagnon de M. de La Tour du Pin dans la fondation des Cercles d'ouvriers, il était de l'école dite des *Chrétiens sociaux*, contraires au libéralisme, distingués pourtant des démocrates, et en qui s'incarnait la tradition de doctrine d'une œuvre dont M. de Mun représenta surtout les estrades.

La première fois que je vis Antoine Baumann, il me dit : « Je n'ai jamais écrit que dans les revues catholiques », repoussé qu'il était des revues positivistes à cause du renfort que, au nom de Comte, il apportait à la réaction, l'usage que nous faisions de la doctrine du maître n'ayant au sein de l'école que peu de partisans.

Le positivisme de Comte n'est pas seulement une

philosophie, c'est une religion, avec ses dogmes, sa discipline, sa liturgie, que les hommes de la république, avant de commettre aux protestants la conquête des consciences françaises, avaient quelque temps caressé, communiquant à ses disciples un espoir qui les liait au régime. J'en fus témoin chez Ange-Marie Auzende, musicien de grand talent, professeur au conservatoire, et mon ami, fidèle adepte de la doctrine, quand, dans les soirées qu'il donnait, d'autres positivistes comme lui allaient comparant leurs assemblées à celles des apôtres au Cénacle, berceau de la religion chrétienne, dont ils se disaient les héritiers. L'entrée de M. Laffitte leur chef au collège de France, le rang de religion officielle conquis par leur église dans la révolution du Brésil, avaient rafraîchi cet espoir, et confirmé l'alliance avec la république, pour l'amour de laquelle on leur vit embrasser le parti de Dreyfus, sans le moindre souci du crime de « sédition de l'individu contre l'espèce » que Maurras, en termes irréprochablement positivistes, y signalait.

Baumann, contraire à ce parti, goûtait vivement ce qui s'offrait à lui de communauté d'idées chez nous. Nul doute que, si le projet d'alliance de son école avec les catholiques eût rencontré le champ pour s'étendre, des hommes de sa sorte y eussent puissamment aidé. C'était un esprit sage, une intelligence fine, et qui, sous des dehors paisibles, cachait beaucoup de constance et d'intrépidité. Il nous amenait quelquefois M. Ritti, déjà sur l'âge, dont le zèle ardent et le bon cœur saluaient, dans ces amis imprévus de la doctrine, un renouveau qui ne vint pas.

En général, ce qui attirait nos hôtes était le désir de mieux connaître les idées qui nous inspiraient, d'en pénétrer tout le détail, de suivre leur application dans les domaines variés où les connaissances acquises par nous, chacun dans sa branche, les portaient. Car notre réforme, qui consistait dans le renversement des idées de Rousseau, étendait ses effets partout où ces idées avaient semé la ruine, en littérature, en histoire, en pédagogie, comme en politique. Sur tous ces points, quoique étrangers en apparence au retour du prince exilé, il y avait donc des idées d'Action Française, qu'on souhaitait de voir exposées. C'était matière d'enseignement régulier. La pensée d'où devait sortir notre institut venait, en conséquence, à tous ceux que ce désir nous amenait.

Des cours en règle, une suite de leçons partagées suivant les sujets, remises à ceux que leurs connaissances désigneraient pour les traiter, devaient jeter de bien autres lumières que des entretiens remis au hasard. La revue avait été jusque-là le seul organe qui s'en chargeât. Ce n'était pas la coutume aux partis politiques de se faire maîtres d'école ; mais nous ne nous piquions de faire comme les autres en rien, moins encore le devions-nous en un point où nous pouvions faire autrement et mieux.

M. Catténat mettait à nous en presser une insistance particulière. C'était un tout petit homme rasé, cérémonieux et susceptible, aux cheveux gris, au teint jaune, Péruvien de naissance, d'une extrême obligeance, avec des nerfs ardents. Il avait trouvé Maurras et Amouretti au *Soleil*, et m'avait engagé moi-même quand je fus rentré à Paris, dans ce journal, qui n'était plus que l'ombre de ce qu'il avait été sous Hervé, quand, attaché en politique à la doctrine orléaniste, il attirait des milliers de lecteurs à l'opinion conservatrice moyenne, qu'il avait l'art d'exprimer sur toutes choses.

Hervé de Kérohant, son frère, qui succéda, l'avait précipité de cette grande fortune à la ruine, en l'enrôlant dans le parti Dreyfus. Les lecteurs désertèrent en foule. Ce fut le signal de sa chute, dont les actionnaires alors essayaient de le relever, sous une direction qui, tirée de leur sein, apportait l'avantage de relations mondaines, mais point de pratique professionnelle. Deux ou trois ans suffirent pour ruiner cet essai même. On le vendit à Renault, des mains duquel ayant passé à l'ancienne rédaction de la *Vérité*, il a enfin cessé de paraître.

De ses origines orléanistes, M. Catténat gardait l'horreur de l'empire, et une peur excessive de voir restaurer ce régime. Cependant, la dictature que respirait notre action n'avait rien qui l'effarouchât. Maurras l'avait conquis. Un moment, il pensa créer, seul avec ses amis, l'organe d'enseignement qui nous manquait. Quand enfin en fut jeté le programme, il fut de nos premiers auxiliaires.

D'abord, nous avions ignoré jusqu'où, en fait de parole publique, notre capacité s'étendait. La première épreuve en fut faite dans une réunion publique tenue pour Jeanne d'Arc, que présida M. Longnon, à la honte d'un certain Lésigne, dont le livre, enseignant que la défaite de l'Anglais n'avait rien dû à la Pucelle, avait encouragé contre cette héroïne tout un tapage républicain. Après M. Longnon, Vaugeois, Montesquiou, quelques autres de chez nous parlèrent. J'en étais. Peu de jours auparavant, nous regardant les uns les autres, on avait demandé : « Qui sait parler? » Cela réussit. Une autre réunion, qui fit bien plus de bruit, suivit. Comme j'y fus acteur principal, j'en rapporterai le détail complet.

Entre les auteurs dont nous avions coutume de citer les écrits à l'appui de nos doctrines, Fustel de Coulanges tenait un premier rang, à cause de son patriotisme historique, et de sa réfutation des théories germanistes touchant l'origine de nos institutions. L'opinion même instruite ignorait ces deux points, car on ne le lisait pas ; de ses *Institutions de l'ancienne France*, Hachette ne vendait pas dix exemplaires par an. A beaucoup de ses élèves il avait inspiré une admiration qui faisait secte, mais avec peu de résultat, plusieurs n'en ménageant pas moins à cause de son influence Gabriel Monod, qui le détesta ; les autres n'allant pas au delà, dans leur éloge, du pur mérite professionnel. Les partisans que le régime avait dans l'université, attachés au germanisme et ennemis de l'ancienne France, n'avaient garde d'aider à le mieux connaître. Ainsi se prolongeait l'effacement dont nous résolûmes de le tirer.

Fustel était mort depuis 89 ; le 18 mars 1905 tombait le soixante-quinzième anniversaire de sa naissance. J'eus l'idée de prendre ce jour pour fêter sa mémoire. On formerait un comité, on tiendrait une séance, on prononcerait son éloge public, qui répercuté par la presse ferait un effet merveilleux. La renommée de Fustel s'avancerait, nos idées s'avanceraient du même coup ; en même temps, le succès de l'entreprise nous signalerait.

Il y avait une difficulté dans le laps de soixante-quinze ans, qui, n'ayant jamais donné lieu à un pareil anniversaire, faisait supposer des intentions ; un autre embarras venait de ce que, aux yeux du monde où la renommée de Fustel se conservait obscurément. rien ne nous qualifiait pour nous en entremettre. Deux de ses élèves, MM. Jullian et Paul Guiraud, à qui le soin de sa mémoire devait revenir comme occupant des situations, n'auraient pas envisagé cette commémoration comme nous, supposé qu'ils eussent voulu en être ; il fallait donc les laisser de côté, ce qui donnait au projet l'apparence d'une menée de parti. Comme il n'était rien moins, cela ne nous arrêta pas.

Présenté par un ami commun, j'eus l'honneur d'être reçu par Mme Fustel de Coulanges, veuve de l'historien, dans le modeste appartement qu'elle occupait Place Royale. Il ne nous fallait en fait d'aveu que le sien. Elle connaissait l'Action Française à cause des permissions qu'il avait fallu lui demander pour les extraits que nous imprimions de son mari. Elle ne me parut en peine ni de Paul Guiraud, ni de Jullian ; le chiffre de soixante-quinze datant l'anniversaire ne l'étonna pas davantage. Tout ce qu'elle voulut ne fut qu'une assurance touchant le caractère de la réunion : Fustel n'ayant été ni fidèle catholique, ni royaliste, elle devait ce respect à sa mémoire que sa pensée ne fût pas altérée. Je répondis que, pour souhaiter que cette pensée triomphât, nous n'avions pas besoin qu'un mot y fût changé, que le but que nous poursuivions était d'un caractère à la souffrir telle qu'elle était.

Nous ne prenions sa mémoire en mains que parce que personne n'y songeait, que parce que nous croyions être mieux placés que personne pour la faire connaître et admirer. L'un de nous devait faire le discours. Autrement, le comité que nous comptions former réunirait les hommes de toute sorte de partis. Mme Fustel fut rassurée. Elle me dit :

— J'y consens, au moins soyez prudents.

Hélas ! j'omis de l'être en un point. A un des élèves de Fustel, géographe et catholique, mis au fait de notre projet, je crus faire plaisir de signaler un portrait familier du maître, auparavant paru de la main d'Amouretti dans la revue d'Action Française. Il me le demanda, je l'envoyai, sans prendre garde qu'à la suite, dans le numéro de la revue, commençait un article où Maurras justifiait le colonel Henry du papier forgé contre Dreyfus. Le géographe était dreyfusard ; je l'avais ignoré. L'article sur Fustel le laissa indifférent ; l'attaque à Dreyfus le rendit fou. Les cris que m'apporta sa réponse n'auraient pas été plus aigus si j'avais menacé de l'égorger. La connaissance entre nous ne faisait que naître ; cela y mit fin incontinent. Mais l'imprudence était commise, et je devais la payer bientôt.

Le comité était formé. Il comprenait Barrès et

Paul Bourget, Jules Lemaître, M. Longnon, M. Fagniez, Léger, du collège de France, Schlumberger, des Inscriptions, Rambaud, ancien ministre de l'Instruction publique, Daumet, de l'Académie des Beaux-Arts, Forain et plusieurs autres. Gebhart, de l'Académie française, en était président, et devait ouvrir la séance.

J'avais fait moi-même la plupart des visites. Dans quelques-unes, j'avais encouru un refus, qui me peina chez Albert Vandal pour la singulière obstination qu'un homme de son mérite mit à défendre contre la pensée de Fustel plusieurs idées de la Révolution ; qui me fit rire chez Eugène de Vogüé, à cause de la stupeur parue sur son visage quand je lui dis que nous ne voulions pas d'hommes compromis en faveur de Dreyfus. Je ne l'avais jamais vu ; il avait l'air stupide. Son œil dilaté regardait le mur, dans lequel je crus qu'il allait entrer ; mais il se retourna soudain pour me demander ce qu'en pareil cas j'eusse osé faire de Taine, « notre grand Taine », dit-il, s'il avait été dreyfusard. Il ajouta d'un ton de mépris que, dans notre comité, M. Lavisse eût mérité une place au moins autant que Forain. Je répliquai que, pour le talent, je trouvais Forain bien supérieur, et que, quant aux idées professées, il n'y avait pas de comparaison.

Jaurès dans la *Petite République* fut le premier qui nous dénonça comme accapareurs des morts. Par la plume de M. Albert Petit, le *Journal des Débats* fit écho. Une opposition d'école normale, passant par-dessus les partis, s'accusait dans cet unisson. Nous faisions de Fustel un tremplin, nous allions détourner ses textes. Non contents de pratiquer le raccolage des vivants, nous allions remuer pour des besoins de parti la cendre des écrivains défunts. Et de quel parti? Royaliste, auquel jamais celui-là n'avait appartenu. De quel droit portions-nous là nos mains? Vains reproches, car, s'il y avait une gloire de Fustel toute formée dont nous étions les larrons, d'où vient qu'il n'en était jamais question chez eux? Et si cette gloire était à naître et que la matière en fût à eux, pourquoi n'en prenaient-ils pas le soin? Mais non ; leurs idées dans le fond étaient opposées à Fustel, leurs intérêts dépendaient de ses ennemis. Qu'ils laissassent donc faire à d'autres. Autrement, leurs cris ne signifiaient qu'une chose, c'est qu'ils s'accommodaient de l'étouffement du maître, et ne voulaient pas qu'on y mît fin.

Le bruit, cependant, allait croissant, renforcé de vingt journaux jusque dans les provinces, tendant à débander par l'intimidation les hommes d'études, peu amis du tapage, dont se composait le comité. Le *Journal des Débats* pouvait beaucoup pour cela. Gebhart le premier m'écrivit que, en dépit de la présidence promise, il ne pourrait paraître à la séance. Il ajoutait que je l'allasse voir. J'y fus.

C'était un gros homme au cou court, à la tête ronde, à la voix rauque, avec les manières d'un vieux garçon. Il avait été mari de Séverine, et n'avait pas renouvelé cet essai de vie conjugale. Longtemps adonné dans ses écrits à la veine sceptique, railleuse des choses d'Église, quand elles s'y rencontraient, il avait éprouvé depuis peu l'attrait du monde conservateur, et il y prenait sa retraite. Aucune crainte pour lui-même, me dit-il, ne le retenait d'être à la commémoration ; il y avait lieu seulement de ménager les scrupules soulevés par une campagne de presse. Nous n'aurions qu'à nommer un vice-président, par lequel on ferait lire une lettre qu'il enverrait, et qui tiendrait lieu de son discours. Il ajoutait que le mal tenait à sa personne, laquelle, depuis quelque temps, d'agréable qu'elle avait été aux hommes du gouvernement, était devenue si suspecte, qu'il devait craindre de compromettre Mme Fustel de Coulanges elle-même, s'il présidait la séance en personne.

J'eus le tort de me fier à des propos dénués de sens,

et qui ne marquaient que l'agitation. Je crus ce qu'il me disait. A un mot des *Débats* qui annonçait sa démission en règle, je répondis qu'on se trompait, qu'il n'y avait pas de démission de sa part, ajoutant, fondé sur la lettre qu'il avait promise, que, dans la séance qui se tiendrait, on entendrait M. Gebhart. Le lendemain, par une lettre signée de son nom, il me démentait dans le même journal.

C'était passé minuit. J'allais me mettre au lit, quand un mot me parvint adressé par Maurras, avec la coupure des *Débats*. Il m'offrait le *Soleil* pour répondre dès le matin. Je n'étais pas en peine de retourner le démenti, et même de faire rire aux dépens de celui qui me l'adressait. Je crus préférable d'avoir égard à son âge et à ses talents, et en même temps de ménager mon collège, où je l'avais vu, aux derniers prix, sous l'habit vert et le tricorne qui lui donnaient l'air d'un général, enseigner le courage civique à la jeunesse. Je pris le parti de le voir avant d'écrire. Il était une heure du matin. La lumière brillait à ses fenêtres. Par des coups répétés frappés contre sa porte, j'obtins qu'elle fût ouverte enfin.

Mon arrivée ne le mit pas de bonne humeur. Il commença par me faire reproche d'avoir mal orthographié son nom, qu'effectivement j'avais terminé par *dl*, quoique il n'admît que le *t* seul. L'Académie était alors en grand tracas de la réforme de l'orthographe, que la Sorbonne voulait imposer pour des raisons qui ne valaient pas grand'chose, à l'encontre d'un rapport Faguet qui ne valait rien. Il partit là-dessus contre les novateurs, qui, sans souci des convenances, prétendaient supprimer l'*h* de rhinocéros, ce qui eût été, dit-il, comme lui ôter sa corne. Puis il demanda d'un ton haut comment j'avais pu écrire qu'on l'entendrait, après qu'il avait annoncé son absence. Je lui répondis par sa lettre promise, par sa présidence maintenue en principe, par ses précautions, par ses excuses, qui m'avaient invité à couvrir sa retraite.

Ces articulations le calmèrent. Je l'amenai à composition. Enfin nous arrangeâmes ensemble les termes d'une réponse à paraître, qui, sans le maltraiter, me donnât satisfaction. Il maintenait cependant sa démission complète. Elle ne fut suivie d'aucune autre, en sorte que nous crûmes n'avoir plus d'autre peine qu'à le remplacer comme président.

On était à huit jours de la cérémonie. La salle des Sociétés savantes était retenue, les annonces prêtes. L'opinion, remuée par tant de controverse, nous présageait un auditoire nombreux, qu'il ne tiendrait qu'à nous d'intéresser et de convaincre, quand un nouveau coup nous fut porté. J'ai su plus tard qu'il venait de Paul Guiraud, lequel mu d'une part par le mécontentement d'être écarté, de l'autre par l'aversion politique, obtint de Mme Fustel qu'elle nous désavouât publiquement. La lettre de celle-ci parut dans les *Débats*, avec l'effet qu'on imagine.

Cela semblait devoir tout terminer. Car de quel air fêter désormais l'historien, quand sa veuve déclarait repousser notre hommage? Beaucoup de gens, n'ayant lu que le texte du désaveu, annoncèrent la suppression de la conférence. Mais il manquait, à celui qui crut nous arrêter, d'avoir bien connu la parole que Mme Fustel m'avait donnée. Pour tenir tête, je n'avais qu'à m'en servir. Ma réponse était prête. J'écrivis aux *Débats* que la lettre parue chez eux ne pouvait que nous être très pénible, que nous en respections l'intention, mais qu'il n'était plus en notre pouvoir d'en réaliser le désir; que cela avait été possible avant que rien ne fût engagé, qu'alors j'avais obtenu l'aveu qu'on me retirait, que j'avais agi de bonne foi, que, fondé sur cet aveu, j'avais demandé des concours, que je les avais obtenus, que pour rien au monde je ne leur ferais l'injustice de les renvoyer sans emploi, qu'enfin la commémoration était annoncée, que les discours étaient prêts, et que nous la ferions.

Quand le comité vit que nous tenions, il tint. Je ne reçus que peu de démissions : encore ceux qui les envoyaient avaient-ils soin d'ajouter qu'ils n'en avisaient pas la presse. Excepté Gebhart, pas un de ceux que j'ai nommés plus haut ne se retira.

Restait à trouver le président, affaire que la nouvelle attaque avait rendue d'autant plus difficile que, même la séance ayant lieu, l'adversaire pouvait se contenter qu'elle dépouillât l'aspect de sérénité savante pour prendre celui de menée de parti, ce qui aurait eu lieu infailliblement si, dans la personne du président, le renom d'homme politique eût primé le caractère du savant. Avant toute polémique, on y aurait moins pris garde ; depuis que la réunion était rendue suspecte, cette condition devenait essentielle.

Un moment, nous en désespérâmes. La menace d'être mis en échec par de si injustes attaques, nous abreuvait d'impatience et d'angoisse, dont enfin M. Longnon nous tira.

Aucun nom moins que le sien ne prêtait à l'équivoque. On ne le classait d'aucun parti, et l'éminence de son savoir réduisait toute critique au silence. Il lui coûta beaucoup de prendre cette présidence. Mais il aimait l'Action Française. Dans les séductions que le parti Dreyfus avait exercées au sein de l'Ecole des chartes, il estimait que nos arguments en avaient préservé ses fils. Les intérêts de l'intelligence engagés dans notre entreprise achevèrent de le décider. Pour mesurer la fermeté dont il devait faire preuve en cela, qu'il suffise de dire que l'adversaire ne le lui a jamais pardonné.

Sa présence à cette place fut d'autant plus remarquable que rien ne le rattachait à Fustel. Il n'avait été ni son disciple ni son ami, ni même de son école en fait d'érudition, étant de ceux qui découvraient en lui les erreurs de diplomatique. Le désintéressement et l'impartiabilité brillèrent ainsi de tout leur éclat.

Le jour marqué pour la cérémonie arriva. La salle était pleine, on s'y étouffait: La plupart des membres du comité se tenaient dans le salon d'attente. La lettre d'excuses d'un manquant sur lequel on avait compté fit légèrement pâlir le président. Une petite émotion nous tenait. Ce fut l'affaire d'un instant. A peine fûmes-nous assis, à peine M. Longnon eut-il commencé de lire, que les applaudissements éclatèrent. Notre partie était gagnée.

Les discours ont paru dans notre revue, puis tirés à part en brochure ; j'ai réuni le mien au livre des *Préjugés ennemis de l'histoire de France*. Nous pûmes apercevoir dans cette séance une chose : c'est à quel point, au moyen de sujets pris à la science, on pouvait inspirer de passion aux foules, à condition de faire saisir l'idée, dont seule l'absence fait qu'on s'ennuie, malgré tout l'appareil de la solennité. Pas un des écoutants sur cinquante n'avait lu Fustel ; nous le leur apprîmes, et dans l'instant nous le leur rendîmes intéressant. Ce que nous expliquions de sa méthode, de ses doctrines, courait vers les intelligences au milieu d'un silence passionné ; ce que nous citions de ses ouvrages déchaînait l'ovation.

Le succès de l'enseignement dont nous formions le dessein pouvait être préjugé par là. Il n'y fallait que des maîtres, dont nous pouvions jouer le rôle, une salle que nous louerions, et de l'argent, que nous trouvâmes enfin. Une société d'inspiration royaliste, qui donnait alors des conférences sous le nom de Tradition-Progrès, et que dirigeaient M. de Parseval et le général Récamier, nous procura des souscripteurs qui, joints à ceux que nous réunîmes dans une assemblée tenue exprès, nous mirent à même d'avancer. En plus petit comité, chez la comtesse de Courville, un plan d'enseignement fut arrêté.

Elle comptait parmi nos plus fidèles amies, et l'intelligence qu'elle avait de notre action rendait son assistance précieuse. Une imagination vive, beaucoup de lumières, un cœur ardent, la rendaient propre à vaincre toutes les difficultés que ces commencements rencontraient. Elle portait dans les relations mondaines, avec le charme d'une grande beauté, une extrême droiture et beaucoup de résolution. En un moment, notre institut devint l'affaire de son existence. Relations anciennes et récentes, autorité de l'intelligence, ascendant de l'amitié et des services rendus, liens d'actions religieuse ou sociale auxquelles elle avait été mêlée, tout fut mis au service de notre entreprise nouvelle, chez elle et au dehors, dans son salon et chez les autres, auprès du premier venu, pourvu qu'il fût capable de la comprendre et de l'aider.

Notre programme fut tracé sous ses yeux. Elle disait, quelques jours après, qu'elle en avait vu s'élever les murs et la coupole. Il comprenait politique, science sociale, relations extérieures d'abord, puis nationalisme et régionalisme, ce dernier consistant dans un enseignement de l'histoire des provinces, puis diverses matières suggérées par des égards particuliers.

Il fallut, dans ce plan, que nous eussions égard au sentiment de plusieurs de ceux que notre projet avait ralliés. En fait de science sociale, nous ne pouvions aller au delà des idées de M. de La Tour du Pin, empreintes, comme celles de Le Play, d'un sentiment patriarcal fort propre à gouverner ces matières en général, mais dénué de contact actuel avec les questions qui s'agitaient. Nous donnions des noms à nos chaires : à celle du nationalisme, le nom de Maurice Barrès ; à celle des provinces, le nom de Louis XI, etc. Le nom de Descartes, proposé pour l'une d'elles, rencontra une opposition où se donnaient rendez-vous toutes les haines inspirées au monde catholique contre ce philosophe par les mennaisiens depuis cent ans. Il fallut y renoncer. Maurras n'y eut aucune peine. Il regardait Descartes comme fauteur de raison abstraite et de rationalisme chimérique. En revanche, il poussa de grands cris quand le nom de Sainte-Beuve encourut l'opposition des mêmes personnes, à cause du saucisson mangé le vendredi saint chez le prince Napoléon par l'auteur des *Lundis*, qui fit autrefois un tapage dont ils gardaient le souvenir.

Mais quoi ! Maurras tenait à Sainte-Beuve. Il allait répétant que sa jeunesse avait trouvé en lui son « maître d'analyse ». Tout devait céder à cela, et nous fîmes sur ce point une résistance invincible. Dans la chaire Sainte-Beuve, lui-même prit place, enseignant ce qu'il appelait, d'un nom populaire alors parmi nous, l'*empirisme organisateur*, à savoir le terrain moyen où se rencontrent en politique la raison pure et l'expérience, à l'écart des vains systèmes d'une part, et, de l'autre, des courtes vues et des pratiques aveugles. Dans la brochure de *Chateaubriand, Michelet, Sainte-Beuve*, que tous nous sûmes par cœur, lui-même a exposé ce point de vue. Il ne fit ce cours qu'une année, devant le petit nombre d'assistants que sa voix basse pouvait atteindre, avec un succès qui, dans cette quasi-solitude, au milieu du profond silence, se rendait d'autant plus saisissant.

En marque d'indépendance à gauche, nous eûmes une chaire de positivisme avec le nom d'Auguste Comte, lequel passa sans difficulté, l'opinion catholique n'en prenant pas d'ombrage, vu qu'elle ne le connaissait pas. Cependant, on ne se contenta pas d'y enseigner la politique d'Auguste Comte : on y enseigna même sa religion. Un cours y fut donné sur ce que ce grand démarqueur de l'Église catholique appelait ses « sacrements ». Afin d'en adoucir l'éclat, nous les annonçâmes sous le nom de « consécrations de la vie humaine ». Le but que Maurras assignait à l'alliance dont cette chaire faisait les frais aidait alors à supporter cela. Ce but manqué, l'alliance même à vau-l'eau, fait qu'on ne peut se ressouvenir sans un peu d'impatience, d'un enseignement qui faisait de notre institut l'organe d'une secte, et le plus attardé des asiles où Comte se soit vu enseigner tout entier.

Comme la politique catholique était une partie de notre action, elle eut une chaire spéciale, qui, en défi des libéraux, reçut le nom du *Syllabus*, rappelant le document dans lequel, pour avoir condamné ces derniers, le pape Pie IX recueillait depuis un quart de siècle l'invective des républicains. En conséquence de principes politiques qui tendaient au même but, Maurras crut pouvoir assumer dans la revue la tâche d'une apologie du Syllabus à l'usage des libres-penseurs. Il aimait à se vanter de garder en politique la rigueur de la doctrine catholique bannie de son for intérieur. Mais le Syllabus engage le for intérieur même ; ce qu'il édicte en est inséparable ; tout l'essentiel du document resta donc à la porte de cette apologie.

Nous avions résolu de n'admettre dans cette chaire qu'un prêtre, qu'il fallut chercher non sans peine, à cause de la réputation que nous avaient faite les démocrates, et qui détournait les évêques d'en donner congé, soit à Paris, où avaient lieu les cours, soit en province dans le diocèse d'où le professeur serait tiré. Cet embarras, qui ne devait cesser de nous poursuivre jusqu'à la fin, fut conjuré, pour commencer, dans la personne de M. Appert, curé d'Aigny au diocèse de Châlons, lequel, voué fort obscurément aux travaux de son ministère, n'en allait pas moins semant des vues aussi profondes qu'originales touchant la politique catholique dans un bulletin de paroisse qu'un de nos amis, M. Roger de Felcour, habitant de Vitry-le-

Français, nous signala. Débarqué pour nous à Paris, qui ne l'avait pas vu depuis vingt ans, la dignité simple de M. Appert, ses cheveux blancs, sa franchise, le frappant raccourci de propos qu'il débitait debout, sans geste et sans effet, attentif à la pensée seule, firent sur notre auditoire la plus grande impression.

Il avait une grande expérience du peuple de France. Il savait où le bât le blesse en fait de domination des prêtres, et qui n'est pas l'endroit dont le préjugé libéral nous alarme communément. Que le curé se mêlât de politique au village, qui s'en scandalisait sincèrement? C'est dans le ministère qu'on regimbe à son action. Le gouvernement des consciences, où nos sages le refoulent comme dans un sûr asile, est justement l'endroit où on ne le peut souffrir : non pas à cause du dogme, notre peuple ne fait pas de schisme, il n'a pas l'esprit contentieux, il sent le prix de l'autorité, n'en conteste pas le principe ; mais dans les mœurs, dans la pratique, où nos gens veulent avoir leurs aises, dépendre d'eux-mêmes : c'est là qu'il faut beaucoup céder, intervenir d'une main légère, ménager l'influence plus que la répression. « Les Français, disait M. Appert, sont bons catholiques et mauvais chrétiens. »

Il disait aussi, s'adressant de sa chaire à l'Action Française : « Connaissez ce fond d'indépendance. Que vous le veuillez ou non, votre triomphe sera celui de l'Église. Ce jour-là, attention ! Si le front du curé traversant les villages exprime l'orgueil ou, moins encore, la satisfaction d'avoir vaincu, vous ne tiendrez pas, vous n'aurez rien guéri, les choses iront pis qu'auparavant. »

La chaire Auguste Comte fut tenue par Montesquiou. Sa pensée forte, exigeante de principes solides, auparavant peu cultivée au sein de la débilité régnant dans le monde conservateur, s'était éprise des idées d'ordre, apparemment fondées sur l'observation seule, soudain révélée, que le philosophe expose. Il aimait aussi beaucoup Bonald, dont il devait ensuite expliquer la doctrine.

Lucien Moreau traita le nationalisme dans une série de leçons que nous espérions voir imprimer, et où ceux qui feront l'histoire de notre action auraient puisé de grandes lumières.

Un de nos amis de Saint-Brieuc, Alain Raizon de Cleuziou, donna, dans des leçons sur l'histoire de Bretagne, la forte et agréable idée de ce que serait chez nous l'enseignement des provinces. Il y recherchait, non pas la dissidence, mais la confirmation de l'unité française. Je ne suis pas assuré qu'il ne passât pas pour traître aux yeux de ceux qui composaient le parti des Bardes, et qui je crois réclamaient une *plus grande* Bretagne, séparée de Paris et annexant l'Irlande, les Galles, les Highlands d'Écosse et la Cornouaille anglaise. J'avais entendu dans les cafés Lionel Radiguet, Breton aussi, appeler palais proconsulaire la préfecture de Rennes, et conter la tournée que l'archevêque d'Armagh, Mgr Log, qui détestait la France, avait fait en Bretagne sous sa conduite comme primat des Celtes. Contre ce genre d'extravagance, en donnant au régionalisme des satisfactions raisonnables, l'Action Française pouvait beaucoup.

Tous ces cours avaient lieu aux Sociétés savantes. Beaucoup de monde y venait, les uns par curiosité, les autres par ferme dessein de s'instruire. Quoique l'entrée en fût payante, on souffrait à cette règle quantité d'exceptions, dont la plus notable avait lieu pour les étudiants des facultés. Jusque chez les absents l'entreprise nous servait, comme épreuve de notre sérieux, dont on ne douta plus désormais. On cessa de croire que nous nous amusions ; nous jouîmes du prestige d'avoir, comme on se mit à dire, « une doctrine ». Dans le monde catholique l'avantage fut en outre de limiter la responsabilité de l'Action Française aux traits d'un enseignement dont chacun pouvait s'informer. Quelles que fussent chez ses membres pris en particulier les opinions touchant la foi chrétienne, on ne pouvait faire croire que nos leçons tendissent à l'exterminer. Cela faisait taire la calomnie. Cela rendait plus aisé l'éloge, qui déjà commençait de courir, de nous dans le clergé.

Un de nos professeurs, l'abbé de Pascal, qui enseignait la science sociale, sut profiter de ces circonstances pour frapper un coup imprévu.

Quelques évêques prêtaient à notre action une attention favorable. Au premier rang d'entre eux était celui de Montpellier, Mgr de Cabrières, depuis cardinal. C'était un vieillard fort menu, au teint frais, aux mouvements agiles, doué d'un esprit délicat, éclairé par une grande culture, et qui mêlait dans ses manières une rondeur agréable à la plus fine civilité. De passage dans son diocèse, comme je l'étais allé saluer, sitôt qu'il sut mon nom il me fit fête, m'interrogeant sur Vaugeois et Maurras avec la plus vive sollicitude, ne dissimulant pas l'ardeur dont il souhaitait notre succès. En public son caractère lui imposait plus de ménagement. D'une part le parti décidé que nous suivions en politique, de l'autre les dénonciations dont nous avions été l'objet, semblaient devoir refouler pour longtemps dans le privé toute approbation venue de ce côté. L'institut à vrai dire faisait un terrain paisible où elles eussent encouru moins de critique ; mais tout ce qui tenait à nous excitait tant de rumeur, que nous ne pouvions imaginer que personne, même nos meilleurs amis, voulût s'y exposer.

Un jour que dans la petite salle des Sociétés savantes l'abbé de Pascal faisait son cours, j'étais assis près de lui, l'heure s'avançait, le silence régnait dans l'auditoire, quand la porte s'ouvrit. Celui que nous vîmes entrer, portait les gants violets, le chapeau à cordon d'or, la soutane des évêques. Toutes les têtes en un moment furent en l'air. Le tonnerre en tombant dans la salle n'aurait pas causé plus d'étonnement. C'était Mgr de Cabrières. Seul et sans secrétaire on le vit s'avancer, recevoir le salut du professeur et le mien, et s'asseoir dans la chaire à nos côtés. Il ne venait pas à titre privé, non, ni seulement pour écouter. Promenant sur l'auditoire un visage tranquille, il prit la parole en causant, exprimant son amitié pour nous, son estime pour notre action. « Car, dit-il en souriant, je suis très Action Française. »

Sous ses cheveux blancs, du haut de sa vaste poitrine, l'abbé de Pascal s'épanouissait. Avec quelques amis ardents à nous servir, il avait machiné l'affaire, et son regard en fêtait le résultat. Non moins résolu que M. Longnon l'avait été à la cérémonie d'anniversaire de Fustel, le prélat s'y était rendu, méprisant à l'avance le tort qu'il en recevrait, et qui fut double. Par l'effet d'intrigues menées en France, on lui différa le chapeau, et quand il brigua l'Académie, c'est l'abbé Duchesne qu'on élut.

J'étais chargé de diriger l'institut. J'en avais fait le discours d'inauguration, que présida M. de Lur Saluces.

Les leçons que j'y donnai furent pour commencer une revue des maîtres de la contre-révolution au XIXᵉ siècle, dans une chaire que Vaugeois eut l'idée de nommer du nom de Rivarol, qui convenait parfaitement, puisque ce qui s'y montrait était l'esprit français en réaction contre la brutalité et la sottise. Pendant quatorze ans je ne devais pas cesser d'y porter de nouveaux sujets. Cela me fit voir beaucoup de pays, qui n'étaient pas toujours ceux que j'aurais aimés le mieux, notre action ayant ses exigences, qui obligeaient de courir au plus pressé. C'est ainsi que, dès la seconde année, je fis, à travers les préjugés

répandus sur l'histoire de France, une tournée de redressement dont le résultat pouvait suffire en attendant un ouvrage plus complètement informé. L'apologie de l'ancien régime, décrié par les écrits de la Révolution et défendu avec mollesse par ceux à qui incombait le devoir de le faire aimer, était la plus urgente des besognes, qu'il eût fallu pousser à fond au moyen des études que depuis plus de cinquante ans les élèves de l'École des chartes accumulaient.

Nos amis réclamaient avec persévérance un travail d'ensemble sur notre histoire, en forme de manuel à répandre dans les classes. Tant pour l'information que pour le choix des idées, cela souffrait beaucoup de difficultés, que Maurras pensa réduire en proposant un prix, pour lequel on imaginait que les maîtres de l'université concourraient. Pas un ne s'en soucia. Le concours n'attira que des ouvrages du dernier rang, entre lesquels, pour n'en avoir pas le démenti, le jury, dont je n'étais pas, couronna n'importe quoi, qui n'a jamais paru.

Vaugeois avait gardé toutes nos relations de Sorbonne. L'une d'elles était Pierre Lasserre, alors professeur au lycée de Chartres, travaillé d'idées semblables aux nôtres, occupé à écrire ce *Romantisme français* qui fut sa thèse de doctorat.

Les rapports qu'en faisait Vaugeois faisaient courir chez nous de cet ouvrage une grande idée, que l'événement dépassa. Pour ma part, j'en fus transporté. Tout ce que je pensais de mal du romantisme depuis l'âge de dix-huit ans y était exprimé avec une netteté, une justesse, une méthode, qui remplissaient l'idée de la perfection. Je courus, le livre en main, chez mon vieil ami Riquet, occupé à peindre sur les mêmes échelles d'où il avait jadis entendu mes lectures de la *Légende des Siècles* et des *Burgraves*, saluées de nos communs éclats de rire. En une séance je lui dévorai à haute voix la moitié de l'ouvrage, où tout le souvenir de notre jeunesse passait. Lasserre avait été sensible à la mauvaise humeur que lui avait témoignée la Sorbonne. A la lettre ardente qu'il reçut de moi, il répondit par des paroles qui montraient combien elle lui fut agréable. Vaugeois ménageait autre chose. Il obtint de lui son consentement d'enseigner à notre institut.

Le cours qu'il y donna était sans analogue ; en d'autres temps que ceux que nous traversions, la matière même eût fait défaut. C'était le tableau de l'enseignement de Sorbonne, tel que le zèle de Dreyfus d'une part, de l'autre une investigation faussée par d'absurdes principes, l'avaient récemment transformé. Au temps de mon départ de l'université, j'avais saisi avec vivacité l'effet envenimé de ces deux causes, du mariage imprévu desquelles s'engendrait toute une dogmatique d'anarchie, professée dans les chaires les plus élevées de l'État, par de sots organes qu'il ne fallait que démasquer pour les abattre. Encore fallait-il s'y appliquer. Quelques articles d'essai dans le *Soleil* m'avaient fait voir l'impossibilité de traiter le sujet au pied levé. Lasserre y porta une véritable enquête, et la matière d'un livre qui depuis a paru sous ce titre, *La Doctrine officielle de l'Université*, avec un succès par malheur bien inférieur à son importance, car c'est une page unique de l'histoire de ces temps-là. Les maîtres responsables du mal y figurent, peints de traits ineffaçables, qu'on ne trouvera rassemblés que là, quand on voudra connaître l'aberration inouïe à laquelle fut livré l'enseignement supérieur français sous l'empire des agitations qu'y avait semées la politique.

Pour s'adonner à ces travaux, Lasserre avait demandé de l'Université un congé qui, renouvelé ensuite, le retint parmi nous, et le rendit familier de notre action, dont il a figuré longtemps comme un des chefs. Vaugeois, dont l'amitié l'y avait fait entrer, devait l'y retenir tant qu'il vécut. De tous nos amis il eut le goût le plus exercé en fait de lettres, où par une méthode d'analyse absolument originale, il avait l'art de rendre palpable ce que d'autres expriment par métaphore, pratiquant un grossissement des traits qui donnait à l'imagination la sensation d'un microscope, où l'œil saisissait tout.

Ce mérite, joint aux connaissances dont il donnait la preuve en fait de pédagogie, enrichissait notre institut, en étendant à des matières nouvelles les conséquences de nos idées.

Des cours dont nous tirions des livres, devaient nous faire souhaiter d'avoir une librairie, où nous fussions certains d'imprimer nos ouvrages. Un de nos jeunes amis, Jean Rivain, mit à cette entreprise l'argent qu'il possédait. La librairie s'ouvrit rue de Rennes, et depuis lors nous donna l'avantage de ne plus dépendre d'éditeurs à qui l'Action Française pouvait déplaire. Rivain rassemblait autour de lui, sous le nom de groupe Joseph de Maistre, quelques jeunes gens qui joignaient leur parole à la nôtre dans notre institut, chacun fournissant une séance du plan qu'ils décidaient ensemble. Il régnait de ce côté beaucoup d'activité, et des talents s'y révélaient. On pouvait croire que cette jeunesse, qui se levait à notre suite, nous préparait un secours précieux quand les besognes qui ne faisaient que naître viendraient à dépasser nos forces.

Ainsi tout semblait mis en train pour une action intellectuelle aussi soutenue qu'entreprenante. L'institut que nous avions créé était assuré de tous ses organes. Dès ce moment, nous commençâmes à comparer notre entreprise à celle de l'Encyclopédie, dont notre action aboutissait à défaire l'œuvre.

Bien des choses manquaient à la comparaison. La plus certaine était que les encyclopédistes n'avaient eu de conquête à faire que des salons et des académies, dans une société que ces organes gouvernaient, sous un régime qui laissait faire ; tandis que nous attaquions un régime en défense, où les avenues de l'esprit étaient gardées, dans un temps où toute espèce de cadres étaient débordés par l'opinion. C'est à celle-ci que nous avions affaire, la saisissant où nous pouvions, flottante et désarticulée comme elle était, travaillant à la rassembler jusqu'au point jugé nécessaire pour que la force fît son effet.

Je vais dire comment, en attendant, nous essayant à manier cette force, nous aidâmes par ces essais même au retentissement de nos principes.

CHAPITRE V

Qui ne connaît les Camelots du roi? Leur renommée a volé par-dessus les frontières.

Un jour que j'expliquais à un compagnon de voyage en Angleterre l'Action Française, sans réveiller dans sa mémoire de négociant aucun souvenir :

— Mais, lui dis-je, les Camelots du roi?

Son œil brilla. Sans doute : il connaissait cela ; leur nom retentit sur ses lèvres, parmi les cocasseries de l'accent, qui leur apportaient comme l'hommage de cctte lointaine célébrité.

Ils ne furent jamais institués ; leur corps naquit des circonstances ; leur nom, de l'usage. Des batailles dans la rue livrées soit pour l'honneur du nom de Jeanne d'Arc, soit contre l'absolution de Dreyfus, en furent la cause. L'une et l'autre occasion trouvaient l'Action Française prête non seulement à disputer, mais à agir. L'exécution était à son programme, non seulement pour le coup définitif, mais pour toutes les actions partielles capables soit de l'en rapprocher, soit de l'y exercer, soit de donner à l'opinion confiance dans la manière dont elle s'y prendrait, le jour venu. En toute occasion où les voies de fait seraient propres à servir plus que les écrits, nous étions résolus à ne pas les épargner.

Elles ne sauraient aller sans l'aide de la jeunesse, parmi laquelle nous n'avions pas seulement rallié des individus, mais formé des associations. Il y avait dès lors une société des Étudiants d'Action Française.

Une ligue d'Action Française existait aussi, étendue à tous les âges et à toutes les classes, dont le lien consistait, outre la cotisation, dans une promesse écrite de combattre la république, et de travailler au retour du roi par tous les moyens.

Entre les paroles et les coups, il y a l'action moyenne des manifestations, réunions publiques, cortèges, remises d'insignes, etc., auxquelles devaient aussi servir ces deux organes. L'issue du dernier procès Dreyfus y donna lieu.

L'agitation menée en faveur du traître durait depuis 97. Un groupe de partisans qui le disaient mal jugé, peu à peu accru de tout ce qui dans le pays cédait soit à des inspirations politiques, soit à la malice intrépide d'une cause qui dominait les pouvoirs publics, soit à un instinct d'anarchie qui se plut à voir troubler l'État pour l'innocence prétendue d'un seul, obtint contre l'opinion française que son procès fût recommencé trois fois.

C'était peu, on l'eût recommencé dix, car ce qu'on poursuivait n'était pas la justice rendue sur des informations prétendues nouvelles, mais l'acquittement. Deux jugements le refusèrent, après lesquels le condamné ayant demandé sa grâce, qu'il obtint, le parti n'en continua pas moins, malgré cette grâce qui contenait un aveu, à pratiquer la révision. Seulement, comme il parut douteux qu'un troisième tribunal cédât, il fut question de n'en plus saisir aucun, et de casser sans renvoyer.

On ignorait que la Cour de cassation eût ce droit, elle passait pour ne pas juger du fond. Mais s'il n'y avait pas de fond? On s'avisa que tel était le cas de Dreyfus. Sa cause, trois fois comparue, cessa tout à coup d'exister. Trois fois on avait cru le contraire; trois fois on avait poursuivi, instruit, condamné le néant, que la Cour découvrit enfin. D'acquittement point. Aucun juge ne se trouva pour déclarer une innocence au nom de laquelle le monde était agité et la France mise à sac depuis neuf ans. Mais enfin le parti l'emportait. Il tenait une décision de justice qui faisait de la trahison de Dreyfus une imagination, un fantôme, engendrés dans des cervelles folles et soutenus par des bourreaux.

Ainsi battu après tant d'années de lutte, livré à la dérision et à la menace des vainqueurs, le nationalisme ne fit rien, il n'essaya d'aucune riposte. L'opinion pourtant la réclamait ; mais la lassitude régnait dans le parti, et l'on trouvait l'occasion bonne, puisque la cassation terminait l'affaire, de laisser tout là. L'Action Française fut d'avis de tout recommencer. Quoique elle l'ait fait en vain, quoique son effort à cet égard ait abouti enfin à la renonciation, rien ne fut plus heureux que les démarches que ce dessein lui dicta d'abord.

L'opinion fut conviée à une protestation qui ne prenait pas moins de trois soirées, et que nous appelâmes un *triduum*, car elles eurent lieu l'une après l'autre. Trois jours de suite, dans la salle des Sociétés savantes, nous refîmes le procès de Dreyfus. On disait : « Ils sont fous ; le monde est las de cette affaire, de la part de l'attaque comme de la défense ; il ne viendra pas un chat. » Nous fîmes salle comble. Une affluence énorme démentit ce pronostic de lassitude ; de plus, elle attesta que nous ne manquions pas de l'art de rendre l'affaire intéressante, car, de séance en séance, la presse loin de diminuer s'accrut : tant l'injure ressentie par le pays d'une part, de l'autre les principes d'ordre public que nous y montrions engagés, touchaient les intelligences et les cœurs.

Outre les orateurs de chez nous, nous eûmes Jules Delahaye, M. Lebreton, Xavier de Magallon. Vaugeois y fit merveille par une chaleur qui créait la confiance, et par les vues d'ensemble qu'il sut ouvrir, à la lumière de cet exemple, sur nos buts, nos moyens, notre méthode.

Ce premier éclat surprit beaucoup. L'adversaire eût pu riposter par des poursuites, il n'en fit rien.

Cependant il avait annoncé des représailles, et assailli de sanglantes menaces ceux dont l'arrêt de la Cour venait de réformer le jugement, principalement le général Mercier, sous le ministère duquel le premier procès fut engagé, et qui dans tous les autres avait témoigné à charge. Un procès en Haute Cour l'attendait, disaient-ils. On fut bien étonné de voir que notre offensive, loin de donner lieu à ces menaces de s'exécuter, y mit un terme. L'empire de notre action s'en accrut. En même temps cette campagne nous donnait l'avantage de ressaisir les nationalistes, dont nous prenions en main la cause, quand le parti la négligeait. Toutes les troupes engagées de ce côté se mirent désormais à nous suivre : même les chefs, entraînés par l'exemple, ne nous refusèrent pas leur aide, quand la campagne en eut besoin.

L'anniversaire de la dégradation de Dreyfus survint ; nous le célébrâmes rue d'Athènes, au milieu d'une affluence telle que la moitié ne put entrer dans la salle.

Comme je ne pus entrer moi-même, j'emmenai avec quelques amis ce qui se put de cette foule, dans un café des environs, où nous parlâmes debout sur les banquettes. Je leur rappelai le 27 janvier, jour d'élection de Boulanger dans Paris, leur dis que la cause était la même, qu'elle ralliait les mêmes multitudes, mais cette fois pour une action dont je dépeignais le but comme certain, ne pouvant me figurer alors que l'Action Française restât en route. Cela fut très applaudi. L'idée que le roi légitime pût jouer le rôle vainement attendu jusque-là d'une popularité de hasard ne parut causer nul scandale. On pouvait voir combien l'opinion patriote tenait peu à la république, dans un temps où la crainte d'être cru royaliste mettait le feu au derrière du monde conservateur.

En riposte aux insultes que le général Mercier recueillait du parti Dreyfus, nous décidâmes de frapper en son honneur une médaille avec son portrait et ces mots : *justicier de Dreyfus.*

Baffier la grava. Un déluge de souscripteurs s'offrit. Comme nous ne disposions d'aucun journal capable de donner le retentissement, nous recourûmes à l'*Eclair*, où Judet, alors directeur, nous permit d'imprimer leurs noms. C'est là que, pendant plusieurs semaines, recommençant le défilé autrefois suscité pour le colonel Henry, un nouveau cortège de patriotes parut, narguant l'ennemi au milieu de son triomphe. Pour remettre en cérémonie la médaille au général, une réunion fut tenue aux Ternes, dans l'immense salle de l'avenue Wagram. La foule s'y écrasa. Sur l'estrade figura tout ce qui comptait dans le parti nationaliste. Rochefort, distingué depuis trente ans dans tous les mouvements dirigés contre le régime au nom de la France, y parut, non sans anachronisme, à cause du cynisme narquois qui dans ses discours et dans son geste continuait de marquer l'heure des *Lanternes.* Dans une réunion précédente, le commandant Lebrun-Renaud, qui entendit Dreyfus dire qu'il avait en effet « livré des documents pour en obtenir de plus importants » et dont le parti avait récusé le témoignage, l'avait renouvelé devant six mille personnes. A l'endroit même où cela venait d'avoir lieu, le général Mercier reçut des mains de Vaugeois, la médaille frappée en son honneur, parmi des tempêtes d'applaudissements.

De nouveaux chefs s'étaient joints alors à notre action. Ils nous venaient des inventaires menés dans les paroisses lors de la séparation, pour le service desquels la république avait eu l'audace de requérir la troupe. Des soldats que la conscription lui livre, chrétiens et français, s'étaient vu commander d'enfoncer des portes d'église. Quelques-uns refusèrent. Robert de Boisfleury, alors lieutenant de chasseurs, fut de ceux qui donnèrent ce nécessaire exemple. A Bernard de Vesins, d'autre part, l'église Saint-Symphorien de Versailles avait dû sa défense et les chaises lancées du haut de la tribune de cette église sur le préfet. Tous les deux furent des nôtres, le premier aussitôt qu'il eut quitté l'armée, le second après les longs mois de prison dont on lui fit payer sa vigoureuse attaque.

L'entrée de ces deux hommes dans nos conseils y accrut l'importance de l'élément catholique, non sans avantage dans les répliques que nous devions aux démocrates chrétiens. Ils apportaient aussi l'élément militaire, Vesins, alors démissionnaire, élève de l'école polytechnique, ayant été officier d'artillerie.

Dans la bataille menée contre Dreyfus, cet élément était capital, la vulgarisation de l'affaire que nous portions devant le public ne pouvant suffire à notre action. Il y fallait l'étude technique, conduite par des hommes du métier, sur tous les points où il avait plu à l'adversaire de se réfugier dans le commentaire du bordereau qui démontrait la trahison. Sous le nom de Dutrait-Crozon, la revue d'Action Française insérait des articles qui traitaient ce point-là. A Joseph Reinach, de la façon duquel une histoire de l'affaire Dreyfus s'imprimait, Dutrait-Crozon répondit de point en point, mettant le lecteur à même de suffire à la complète discussion des faits. Cette réfutation a paru en volume, portant en couverture la figure de Reinach couverte de la tiare de Saïtaphernes, en signe de falsification.

Dutrait-Crozon n'existait pas ; c'était le nom d'une

collaboration dans laquelle entraient, avec Maurras, le commandant Corps et Frédéric Delebecque, ce dernier ami de Vésins, sorti de l'Ecole polytechnique comme lui, comme lui retiré de l'armée, protestant de religion, que cette part prise à l'action commune fit à son tour entrer dans nos conseils. Toujours sous le nom de Dutrait-Crozon, il rédigea seul le manuel de l'affaire Dreyfus imprimé par notre librairie, qui mit aux mains des nôtres, sous un petit volume, toutes les preuves dont le nationalisme avait auparavant manqué pour cette campagne.

Le soin de venger l'honneur du nom de Jeanne d'Arc nous fut offert vers ce temps-là.

Au livre où le ridicule Lésigne avait représenté le rôle de l'héroïne comme méprisable, Thalamas, que cette sortie rendit un moment célèbre, fit écho au nom de ce qu'il appelait la science, dans les lycées de l'État, où il enseignait. De la part des écoliers, de leurs parents, du public, cela souleva des protestations, qui montèrent à leur comble le jour où l'on apprit que l'insulteur de la Pucelle était admis à faire un cours libre en Sorbonne. Cet honneur n'est pas grand ; il ne confère aucun titre : celui qui en jouit n'en reçoit d'autre avantage qu'une salle gratuite et le prestige des lieux ; tel quel, ce cours n'en mettait pas moins en vue un homme qu'il eût convenu de cacher. L'opinion patriote se fâcha ; les étudiants de ce parti s'en allèrent siffler le professeur. Tous les huit jours, que les leçons avaient lieu, des bandes parcoururent le quartier au cri de *conspuez Thalamas!* A l'intérieur et dans les rues, la police réprima ces manifestations. On lui tînt tête. Un parti qui soutenait l'intrus fut rossé. La force publique, déclarée contre Jeanne d'Arc, emmena les vainqueurs au poste.

C'était la première fois que des jeunes gens de cette classe sociale montraient une pareille hardiesse, non pas contre les coups, mais contre les répressions qui s'ensuivent, et qui causent dans le monde bourgeois français beaucoup d'alarme.

La moitié des jeunes gens arrêtés étaient assurés d'encourir le mécontentement dans la famille ; dans la rue l'approbation que donnait l'Action Française, l'assurance qu'elle les soutiendrait, sauvaient la honte. Les étudiants d'Action Française faisaient le gros de l'échauffourée. L'interrogatoire du commissaire, les bourrades des agents, la réclusion, furent supportés par eux sans sourciller. D'autres brûlèrent de les imiter ; au lieu de la crainte, ce fut l'émulation qui régna ; de semaine en semaine les huées se firent plus bruyantes, le cortège plus nombreux, les coups plus rudes.

En Sorbonne les premiers tumultes, contenus par un service d'ordre, recommençaient de vingt manières, aisément inventées par des échappés de collège experts aux joyeux chahuts des classes. Interrompre par des cris poussés tous à la fois ayant eu pour effet de les faire mettre à la porte et de purger le cours en un moment, chacun eut soin de ne crier qu'à son tour ; en sorte que, prolongé autant qu'il demeurait d'interrupteurs pour y suffire, le désordre durait jusqu'à la fin. Mille formes ingénieuses servaient à le renouveler, apprêtant au public à rire chaque semaine dans les journaux qui les contaient pour approuver ou pour maudire. Surtout rien n'égala le passe-temps qu'on prit quand, la faculté ayant décidé de n'admettre d'auditeurs qu'avec cartes, et de faire garder les portes de Sorbonne, nos amis s'y glissèrent par des avenues secrètes et gagnèrent l'escalier qui menait au cours de Thalamas, par les toits.

Tandis qu'autour de la statue de Comte sur la petite place qui borde la chapelle, les trognes armées faisaient peur aux chiens et aux enfants, le bruit se répandit qu'au dedans le cours était forcé, la salle envahie, l'auditoire en déroute. Devant ce qui lui restait de public, saisi par quelques étudiants, renversé sur la chaire et solidement maintenu, le professeur était fessé.

En tout endroit, le scandale eût été énorme : en Sorbonne, il monta jusqu'aux nues. On avait ouï parler de cours sifflés sous l'Empire ; mais de professeurs corrigés, jamais.

Les républicains jetèrent des cris aigus. Tout ce qu'ils avaient mené autrefois d'agitations semblables était dépassé. Au prix d'une si fameuse raclée, ce n'était plus que parades d'avocats, tapages de cuistres. Une pièce plus imprévue encore les attendait : à savoir un éloge de Jeanne d'Arc prononcé dans la même Sorbonne où paradait son insulteur, non pas debout, en tumulte, dans une salle prise de force, mais devant un auditoire paisible, par un des nôtres tranquillement assis dans une chaire.

Des manières douces, un discours hésitant, un air innocent dans la personne, auquel la jeunesse du visage répondait, pouvaient faire prendre Pujo pour l'homme le moins entreprenant du monde. Au sang-froid que de pareils dehors exprimaient assez bien pourtant, se joignait chez lui l'invention, mère d'action, excitée par une fantaisie de poète, avec un don d'observation qui, mettant le sel dans ses propos, l'armait de prudence dans la conduite. Tout cela le rendit capable d'un tour qui le signala soudain. Vingt autres à sa place y eussent échoué. Il choisit la chaire de M. Puech, et s'y étant rendu de bonne heure, avant que le professeur parût, il prit sa place et commença, en réfutation de Thalamas, un discours que ne purent interrompre ni les réclamations de celui qu'il mettait à la porte, ni le tracas des appariteurs. Il fallut, pour le déloger, des ordres dont la transmission lui laissa tout le temps d'achever, au milieu de l'étonnement des uns, du courroux des autres, et des témoignages de plaisir qu'une partie si bien jouée tirait du plus grand nombre.

Ainsi l'Action Française allait, joignant le plaisant au sévère, et de ces deux façons imposant si fortement son offensive, que l'adversaire dut céder. Quoique promis à d'autres récompenses, Thalamas, cette fois livra la place. Le gouvernement n'osa le soutenir. Le cours fut fermé. Les jeunes troupes de l'Action Française, que cette échauffourée rassemblait, scellèrent leur formation de cette première victoire.

Les étudiants n'y avaient pas seuls eu part. D'autres jeunes gens, ouvriers ou employés de commerce, joints à eux dans la circonstance, en partageaient la gloire. Avec eux ils allèrent au poste, en prison ; avec eux, ils affrontèrent les épreuves d'une campagne où toutes sortes de tracas et d'ennuis s'ajoutaient aux pénalités. C'était tout un monde différent, dont le caractère devait s'affirmer bientôt dans l'action menée contre Dreyfus, source d'agitations du même genre.

Il faut savoir que dans un considérant l'arrêt de la Cour de cassation qui renvoyait Dreyfus absous maquillait l'article du code d'instruction criminelle, dont il disait s'autoriser. Si l'instruction, disait ce code, menée à l'égard d'un condamné vivant ne laissait rien subsister qui fût crime ou délit, on cassait sans renvoi. On cassait sans renvoi parce que, disait l'arrêt (changeant le circonstanciel de place) l'instruction ne laissait subsister à l'égard de Dreyfus rien qui fût crime ou délit. Ce que visait le code était un cas où la matière imputable manquait ; un cas où l'accusé s'en voyait décharger était ce que désignaient les juges.

Cela ne fut pas remarqué d'abord. Notre campagne commençait à peine qu'un lecteur nous en avertit. Sans retard nous le divulgâmes, au milieu d'une stupéfaction qu'expliquait l'énormité du cas.

L'idée que, dans un jugement public, le plus haut tribunal de France, de qui dépendait la vie et la fortune de tous, eût si impudemment menti, ne pouvait entrer dans les cervelles. Les textes qui l'attestaient ne faisaient cependant pas de doute. Ils avaient l'avantage d'être excessivement courts, en sorte que la preuve se faisait en un moment. Elle pénétra partout, partout faisant succéder l'indignation à la stupeur. La cour en peu de jours devint l'objet de tous les mépris, elle excita toutes les colères.

445 était le numéro de l'article du code falsifié. Nous ne cessions de le répéter. Nous le mîmes dans des affiches répandues à Paris pour dénoncer la prévarication. Il y brilla comme un éclair. Des milliers de bouches, qui le recueillirent, en firent en peu de temps l'objet d'une obsession pareille à celle de l'air d'*En revenant de la revue*, au temps du boulangisme. On le jetait au nez de la police dans la rue, on s'en armait dans la dispute, on en barbouillait les murailles. Au Havre, Peytoureau pâtissier fit un gâteau où le sucre et la crème traçaient le chiffre de 445. Assaillie d'un tel flot d'odieux et de ridicule, on pouvait croire que la cour poursuivrait. Nous n'épargnâmes rien pour l'y contraindre. Non contents d'accuser le corps, nous prîmes les membres à partie ; nous affichâmes leurs noms, celui de Ballot-Beaupré, rapporteur, en tête, comme celui de menteurs signalés, que nous défiions en justice. Mais en vain ; ni le corps, ni les membres ne bougèrent. C'était le meilleur parti qu'ils eussent à prendre pour eux, quoique il eût cet inconvénient d'apparaître comme l'aveu de leur crime et d'en encourager la dénonciation ; mais le parti se flattait que l'opinion lassée nous abandonnerait bientôt.

Des faits d'action directe ajournèrent cet espoir. Pour honorer la part prise par Zola dans la défense de Dreyfus, le corps de cet inepte écrivain fut porté

au Panthéon et honoré d'une cérémonie où le président de la république Fallières se rendit, montant
la rue Soufflot sous un ouragan de sifflets. Dreyfus,
qui figurait en ornement de la fête, paya cet honneur d'une balle de revolver tirée par Grégori, journaliste, que le jury s'empressa d'acquitter. André
Gaucher, que nous avions connu comme collaborateur
au *Soleil*, et que l'admiration de Maurras avait engagé
dans notre action, s'était offert à ce dernier pour cette
besogne, que l'Action Française s'interdit. Gaucher
courut au procès Grégori, où, le juge qui présidait
l'audience ayant eu l'audace de célébrer l'arrêt de la
Cour de cassation, Gaucher l'interrompit en le quali-
fiant de faux.

Proférée à voix haute en dépit des sanctions pro-
mises à un pareil scandale, l'invective mit la salle en
confusion, l'opinion en alerte, et les juges en fureur.
L'avantage d'une action pareille, qui met en présence
les personnes, est qu'elle ne laisse pas le temps, chez
celui qu'on attaque, à la prudence de s'exercer. Les
magistrats cette fois ripostèrent, plus commodément
il est vrai que par un procès où eût paru la Cour elle-
même, mais avec le même inconvénient d'entretenir
la curiosité qu'ils souhaitaient d'éteindre, outre le
souffle de guerre civile que la répression commençait
de faire courir.

Gaucher, jeté en prison, eut bientôt un émule dans
la personne de Maxime Réal del Sarte, élève de l'École
des Beaux-Arts en sculpture. Ce nouvel accusateur
choisit la Cour elle-même, et la solennité d'une séance
de rentrée pour y jeter le propos de forfaiture et de
violation de l'article 445. De nouveau les voûtes du
palais retentirent des noms de magistrats indignes,
traîtres à leur charge et à la vérité. Réal del Sarte
alors nous était inconnu : cette action nous le révéla.
Livré comme Gaucher en représailles à des hommes
que l'outrage laissait sans réplique, et qui n'avaient de

recours qu'à s'en venger, tous deux eurent à subir les rigueurs de la loi. Une dure prison fut le prix de leur hardiesse, que le gouvernement maintint semblable à celle des coupables de droit commun, et qui ne fit place au régime politique que longtemps après et sur nos menaces.

Les partis de nos jours sont avides de statues, de consécrations, d'apothéoses. A peine sont-ils vainqueurs qu'ils s'empressent de couler en bronze leur triomphe. C'est ainsi que, depuis 1879, que la république l'emporta, nous eûmes le monument de la place du Château d'eau, et bientôt après celui du Carrousel. Des Gambetta, des Thiers, des Grévy, des Floquet poussèrent sur toutes les places de France. Le parti Dreyfus triomphant ne manqua pas à ces pratiques.

En même temps que Zola au Panthéon il mit dans la rue les figures de Scheurer-Kestner, de Trarieux, de Waldeck-Rousseau, et à Nîmes de Bernard Lazare, qui l'avaient commandé ou servi. L'avenir rira peut-être de cet empressement pédantesque ; cela n'empêcha pas le présent d'en ressentir l'insulte. Longtemps le parti conservateur s'en était vengé par l'épigramme ; l'Action Française, prenant en main le marteau des briseurs d'images, s'en alla frapper sur ces magots.

Pareille offensive était inusitée. On ne l'avait pas vue depuis la Réforme, à laquelle le fanatisme religieux l'inspirait. Nous la renouvelâmes en mode joyeux, parmi les éclats de rire que causaient les nez cassés, les membres estropiés, les visages pilés, rendus méconnaissables. Jointes à cela, les histoires de fuites mystérieuses, de guets prolongés en cachette dans la nuit, d'ingénieux alibis qui trompaient les poursuites, donnaient à cet épisode, mené par des jeunes gens de dix-huit à vingt ans, un extraordinaire brio. Ajoutez que la violence, épargnant les personnes, ne s'exerçant que sur des réputations, ou plutôt sur un appareil qui prétendait les imposer, esquivait l'odieux. Cela fit un grand effet. Tour à tour on apprit que le Scheurer-Kestner du Luxembourg, le Trarieux de la gare de Sceaux, avaient payé la falsification de l'article 445. A Nîmes, Bernard Lazare fut mis en miettes. Un journal du lieu, qui donnait cette nouvelle, ajoutait que le monument ne pourrait être réparé.

A chaque statue cassée, c'était un fracas dans la presse, dans les partis, dans l'opinion, celle-ci ne montrant que de la faveur, chez les patriotes à cause de la revanche qu'elle prenait, chez les autres pour le plaisir de voir déjouer la singerie des apothéoses officielles de façon si leste et si joyeuse.

Surpris sur un terrain où ils se croyaient les maîtres, bousculés dans leurs cérémonies, dindonnés dans leurs grandes postures, les républicains jetèrent des plaintes auxquelles, par un trait imprévu, le parti contraire fit écho. Qui n'aura pas été témoin des cris poussés par les conservateurs contre les briseurs des monuments Dreyfus, aura manqué un rare spectacle. Ils n'avaient pu souffrir les gifles de Syveton comme tombant sur un vieillard ; on eut beau leur faire remarquer que le marteau cette fois frappait des joues sans âge, privées de sensibilité parce qu'elles étaient en pierre ; c'était autre chose. Les monuments ne ressentant rien, il était fou de les briser, il était lâche aussi, parce qu'ils ne pouvaient se défendre. Besogne inutile, au surplus ; abattre des statues, qu'est-ce que cela prouve?

— Qu'on déteste les originaux.

— On en fera autant aux vôtres.

— Qui cela?

— Le parti contraire.

— C'est le gouvernement. Ira-t-il s'embusquer contre des monuments qu'il doit être maître, quand il voudra, de faire descendre par sa police?

— Il les fera donc descendre.

— Oui-dà. J'attends le décret qui, sous les yeux de dix mille personnes assemblées place des Pyramides, ira déboulonner Jeanne d'Arc.

Quand même des représailles eussent eu lieu, qu'auraient-elles exprimé, sinon l'antipathie de la république pour les gloires historiques françaises, qui est connue? Manifester le sentiment français en dépit du parti vainqueur était d'une bien autre importance. Cette évidence échappait à des gens en qui le libéralisme a chevillé l'idée que la réciprocité est de règle en politique, qu'entre les partis tout est égal.

Un mélange de crainte et de respect, qui les soumet à l'adversaire, ne leur permettait d'apercevoir dans des jeunes gens bravant la prison pour une cause qu'ils avaient en commun avec eux, que des espèces de malfaiteurs. Ils n'en parlaient qu'avec colère, affectant d'y joindre un dédain qui, dans ces bouches poltronnes, asservies à de petits usages, superstitieuses de petites bienséances, faisait pitié. Nos jeunes amis furent traités de morveux. Deux de ces morveux, arrêtés au cours d'une manifestation, étaient les enfants de Camille Bellaigue, qui fut cité en témoignage, et montra devant les juges une figure à faire honte à tout ce qui se donnait le bon ton de vilipender l'action directe. Au nez du président, du haut de sa barbe blanche, il déclara l'approbation dont il encourageait ses fils, ajoutant que rien ne pouvait le rendre plus content d'eux que ce qu'ils avaient fait.

Ainsi se formait autour de l'Action Française une troupe d'hommes en qui la doctrine s'accompagnait de l'exécution. Quand le journal d'Action Française fut fondé, ils se chargèrent d'en crier et d'en vendre le numéro du dimanche dans les rues. Une licence obtenue pour cela de la police, et qui les qualifiait de

Camelots, fut cause que nous les nommâmes ainsi, puis quand il s'agit de les désigner aux étrangers le nom de camelots du roi naquit. Il n'en était pas de mieux trouvé, on le répéta partout. Partout il apporta l'image fraîche et brillante d'un renouveau de la cause royaliste.

Pour en combattre l'heureux effet, les républicains s'avisèrent d'en écrire par *y* le mot de roi, sans beaucoup de succès, car, outre l'amitié ressentie pour eux dans le public, la crainte qu'ils inspiraient ne laissait pas de place au ridicule.

Pujo les commandait ; il avait en sous-ordre Plateau et Réal del Sarte. Une parfaite camaraderie, beaucoup de discipline, un entrain pour les coups d'audace, une accoutumance sans cesse accrue pour les rencontres de rue soit avec la police, soit avec les partis républicains, leur valurent en peu de temps un extraordinaire prestige. Jusqu'en 1914, qu'ils furent sur pied, toutes les batailles qu'ils livrèrent furent gagnées, tous leurs traits d'audace réussirent.

En province, des sections se formèrent, une émulation s'établit.

Comme à Paris, le faux de la Cour de cassation servit d'armes contre l'insolence des célébrations officielles. Comme une statue de Hoche fut élevée à Quiberon en défi de la piété que réclament les victimes d'un massacre fameux dans l'histoire, le préfet et le ministre ne furent pas peu surpris le jour de la cérémonie, au lever du voile qui couvrait la statue, de voir briller sur le piédestal cette inscription placée par une main secrète autant que hardie : *Vive le roi* 445.

L'audace, l'ingéniosité des camelots du roi allaient aux nues ; leur bonheur était à proportion. Quelques-unes de leurs réussites paraissent aujourd'hui incroyables. Pour quelques partisans de Dreyfus exécutés en effigie, l'un d'eux, Jacques de Baleine, purgeait de la prison à Clairvaux. A Paris, Pinochet, autre camelot du roi, entre dans un café, demande au téléphone le premier ministre. C'était Briand. Tissier, son secrétaire, le reçoit.

— C'est, dit Pinochet, M. Poincaré, président de la République, qui vous parle.

— En effet, dit Tissier, monsieur le président, je reconnais votre voix.

Là-dessus Pinochet commande de mettre Baleine en liberté. La dépêche arrive à Clairvaux. Baleine était en chemin quand la fraude se découvre. Il était trop tard pour y parer. Au milieu des rires de la presse et du pays. Briand déclare que son intention était d'accorder la grâce de Baleine, et que Pinochet n'avait fait que le devancer.

Tel était l'état de notre action en ce moment de son histoire, quand elle fit en Léon Daudet la plus importante de ses recrues.

Nous l'avions connu au *Soleil*. Il n'avait d'idées politiques qu'une indifférence pour les partis, et l'antisémitisme pratiqué quelque temps sous Drumont à la *Libre Parole*, où il avait écrit. Elevé dans le monde républicain, où son père s'était laissé classer parmi les renommées littéraires dont Gambetta voulait faire briller le régime, on ne trouvait cependant en lui aucun préjugé de ce monde-là. Il n'en conservait que des relations. Il n'avait pas davantage, en fait de lettres, ceux de l'école où Alphonse Daudet avait vécu mêlé. Il regardait Zola comme un sot, Maupassant comme un tâcheron de la plume, *Salammbô* comme une gageure stupide, *Mme Bovary* comme un roman manqué. Dans la rhétorique de Médan, il démêlait avec raison un purisme encore pire que la brutalité qu'on reprochait à ces écrivains.

Il avait prodigieusement lu, et rapporté de partout des impressions, auxquelles un sens profond des lettres, qui s'exprimait avec chaleur, donnait d'autant plus d'intérêt que ce goût n'abondait pas chez nous, Vaugeois se moquant de la littérature, et Maurras n'y portant que des jugements convenus, écho du collège ou des coteries.

Au physique le personnage de Daudet était tout santé et bonne humeur, quoique il eût soin envers le premier venu de la couvrir de froideur, de peur d'être ennuyé, ce qu'il craignait sur tout au monde, en partie par tempérament, en partie je crois par suite des mœurs de presse, où tout lecteur curieux de connaître et d'entretenir l'auteur d'articles dont il se nourrit, et qu'il aime, est traité de « raseur » et mis à la porte. Une voix haute, dont le timbre semblait sonner le dédain, et qui n'exprimait que la sympathie, produisit un effet surprenant quand il parut sur nos estrades. Ses discours mêlaient l'assurance qui subjugue, à un comique jailli de source, totalement étranger à ce qu'on nomme bons mots, fait de verve joyeuse épanchée, comme celui de Rabelais, où l'ordure mise à part, on ne trouve pas une invention, pour grotesque qu'elle soit, qui ne fasse rire. C'est que l'auteur lui-même s'y divertit : le plaisir qu'il prend cause le nôtre.

Quand nous parlions avec Daudet et que son tour venait de se faire entendre, à peine s'était-il levé qu'on voyait l'attention de la salle se rafraîchir, un mouvement courait l'assistance. Les regards et mille signes semblaient dire : Voilà celui que nous aimons.

La dialectique de l'Action Française ne fut pas ce qui l'intéressa le plus ; ce qu'il y donna d'attention fut tôt fait. Ainsi Descartes voulait qu'on comprît une bonne fois les preuves de sa métaphysique, et qu'ensuite on n'y pensât plus, content de se tenir aux conséquences. Maurras lui ayant démontré la nécessité de la monarchie, il s'y rangea et n'en bougea plus.

Chose curieuse : ce dernier converti fut celui sur qui nous comptâmes pour faire applaudir des foules qui nous suivaient, la profession de royalisme. Devant de très grandes assemblées, nous ne l'avions jamais essayé. Convoqués uniquement au nom de la cause française, dans le même but qui depuis dix ans fixait le parti nationaliste, nous doutions si la cause royale où l'on nous savait attachés serait admise par tant d'hommes rassemblés. La propagande que nous menions par la revue, par les entretiens, mettait cette cause au premier rang ; devant le grand public on différait. Le succès était chanceux. Il y avait si longtemps que dans ces réunions-là la critique du gouvernement avait soin d'épargner le régime. Cela rendait comme sacré le nom de république. De quel air, sur quel ton, par quel geste, devant une assistance qui au fond n'y tenait pas, mais que l'attaque sur ce point devait désorienter, faire sauter ce préjugé ? Nous en étions en peine. Cependant il fallait y venir.

Daudet finissait de haranguer cinq ou six mille personnes salle Wagram. Son discours s'achevait dans les applaudissements. « Voulez-vous libérer vos esprits ? leur dit-il. Cela tient à sept mots, à sept mots que vous répéterez après moi. » L'auditoire dressa les oreilles ; un silence impressionnant régnait. Comme on n'attendait de l'orateur rien que d'agréable, on souriait.

— Ecoutez-les bien, dit-il, les voici : A bas la république, vive le roi.

Cela tomba comme la foudre. Mais l'écho fut plus prompt encore. La salle entière se leva en criant *vive le roi*. Daudet se rassit et dit :

— Voilà l'opération faite.

Il eut moins de succès dans le monde ouvrier, que nous entreprîmes de conquérir par des conférences menées dans les faubourgs. Comme je ne fus à pas une, je ne parle que des effets.

Elles ne nous conquirent personne. Quelques-unes furent troublées par des cris. J'avais entendu Daudet définir la campagne comme assez simple en somme. Il s'agissait de dire aux ouvriers : « Nous vous donnons les Juifs, donnez-nous le roi. » Je doute que, ainsi offert, le pacte eût été souscrit. Le petit bourgeois de Paris est antisémite; l'ouvrier, non. Le Juif n'est pas son concurrent, il est souvent son employeur, et employeur aussi sortable qu'un autre. De plus il manque à l'antisémitisme le tour abstrait et général où le monde ouvrier se complait en fait de théories politiques, et auquel ses chefs ont eu l'art d'intéresser sa vanité. Selon le mot de Fournière, je crois, l'antisémitisme est à leurs yeux « le socialisme des imbéciles ».

Il n'y avait pour les séduire, chez nous, que le tour doctrinaire de Vaugeois et de Maurras, lequel fit en effet des recrues, mais en petit nombre, parce qu'on omit toujours de montrer comment cette doctrine s'articulait aux intérêts de la profession. On se bornait à répéter que la monarchie donnerait l'essor aux syndicats de métier, ce qui était vague, et d'appeler Philippe le roi du travail, ce qui sentait la poule au pot, et de plus rappelait fâcheusement le tapage autrefois mené dans le monde catholique sur l'encyclique de Léon XIII, dont tout l'effet palpable fut de couronner le pontife du nom de pape des ouvriers.

Faute de doctrine on vacillait. Maurras aima d'abord à se dire socialiste ; puis il fit retraite dans l'éloge du syndicalisme grandissant. La discussion de ces matières eut lieu pour commencer avec Georges Deherme, rédacteur de la *Coopération des Idées*, curieux d'idées, esprit solide, mais dépourvu de toute influence sur ceux qu'on voulait conquérir. Le monde conservateur tout entier était alors en peine de la manière de faire sa cour aux ouvriers. Jamais il n'y eut de plus belle époque pour les intermédiaires en ce genre. Jamais on ne leur fît plus d'accueil. Par malheur, il n'est pas un seul de ces gens-là qui ne fût détesté du gros de la profession, qui n'y passât pour transfuge et traître.

Tel fut le cas fameux de Biétry.

On en parlait beaucoup chez quelques-uns de nos amis. Son prestige succédait à celui de Lanoir dans l'histoire des syndicats jaunes, dont il passait pour être le chef. Les usines Japy le patronnaient. Les Capucins, qui vivaient à Paris mêlés à l'action populaire, et dont l'établissement de Montparnasse composait un centre d'influence, furent quelque temps ses partisans. Enfin il nous rechercha. Il nous fit aborder par M. de Guigné, oncle de Jacques de Guigné d'Annecy, mort glorieusement dans la dernière guerre, dont il avait conquis la bienveillance, et qui me fit l'honneur de venir me voir. Je reçus Biétry, et fus frappé de l'insistance qu'il mit à me répéter que nous avions une doctrine. En fait d'économie sociale, c'était justement ce qui nous manquait. Mais enfin on raisonnait chez nous, on ne tentait pas uniquement le coup de main ou les urnes, et il avait assez d'esprit pour comprendre l'importance de cette sorte de prestige dans le monde auquel il s'adressait.

Nous lui fîmes une salle. Il parla. Il était bel homme. Le type et l'accent comtois donnaient à sa personne un air de franchise et de simplicité qui plaisait. Sa tenue, qu'il avait l'art de composer dans le style de l'ouvrier rangé, s'accordait à l'effet cherché, qui fut très grand.

Il houspilla les conservateurs qui font la surenchère sociale, vanta je ne sais quelle panacée de participation ouvrière aux bénéfices, qu'il appelait le *propriétisme*, et termina par l'appel à la race, aux provinces, toujours assuré d'être applaudi. Tout ce qu'il avait de partisans parmi nos amis étaient dans la salle, qui battaient des mains. Ils nous voyaient déjà pourvus de l'organe social qui nous manquait, et dont cette soirée scellerait l'alliance. Mais quelle illusion ! Aucune cause sérieuse ne pouvait être servie par une action sans consistance, sans profondeur, comme celle qui nous était offerte ; et de notre côté nous n'étions en mesure de profiter d'aucune alliance, si forte qu'elle fût, à cet égard.

Peu de temps se passa sans que Biétry essayât, à propos de je ne sais quoi, de trancher du maître chez nous. Nous l'envoyâmes promener, et il n'en fut plus question. Ce qu'il put réaliser quelque temps d'ambitions dans la bagarre électorale eut lieu sans que nous y prissions part.

Cet épisode de notre action sociale avait un inconvénient. Il nous rangeait parmi les jaunes, dissidents de la cause générale. Mais cela fut confondu dans la diminution d'ensemble que nous valait la cause monarchique, réactionnaire sur tous les points. Ce qui porta davantage et fut je crois efficace, fut le soin qu'on prenait chez nous de soutenir les revendications syndicales, quoique rejetant décidément la métaphysique socialiste. Probablement le parti n'y vit qu'une manœuvre dirigée contre le radicalisme ; cela n'empêchait pas d'en apprécier l'effet, d'autant plus que, ne briguant aucun siège dans les chambres, nous n'alarmions chez eux nul intérêt.

En conséquence on nous ménagea. Dans la bataille qu'on nous voyait mener contre la république, le monde ouvrier ne prit pas parti. Il vit tomber les monuments Dreyfus, siffler les ministres, les mains dans les poches, en spectateur que ce grabuge divertissait. En 1898, quand les coups de canne de M. de Christiani tombèrent sur le président Loubet, des bandes étaient allées piller le pavillon d'Armenonville. Nous n'eûmes pas l'équivalence de cela. Séraphin Mattis du Fornet en Tarentaise, garçon limonadier à Paris, et qui suivait de loin notre action, étant allé frapper Fallières en promenade aux Champs Elysées, le fait n'encourut nulles représailles. Le président fut laissé sans consolation, en proie à la frayeur que cette agression lui causait.

Des rapports certains montrent qu'elle était extrême. Les Camelots du roi étaient très craints alors, la terreur marchait devant leur nom. Le bruit courait qu'ils avaient dessein d'enlever le président dans une automobile, de le dépouiller tout nu, de le peindre moitié blanc moitié rouge, et de le lâcher en cet état par la campagne. Si Fallières y crut, je ne sais ; mais il est sûr que son entourage s'en méfia.

A l'honneur de l'action conduite à cette époque, il convient de rappeler de plus importants effets. Le gouvernement prenait l'alarme. Il a toujours beaucoup redouté la violence, que les conservateurs disent ne servir à rien. Celle qu'encoururent les inventaires avait fait dans l'instant composer Clemenceau. En Bretagne, des paysans armés qui se levèrent en 1903 pour défendre les religieux qu'on chassait, causèrent de pareilles craintes, qui ne furent conjurées que par l'empressement que mit M. de Mun à déconseiller la résistance à la prière du gouvernement. De tous côtés, dans les sphères officielles, on ressentait ce nouveau danger.

Un jour, le baron de Baye, que je rencontrais à la société des Antiquaires de France, me conta que, ayant été la veillé à un dîner où se trouvait Sembat, celui-ci après table n'avait eu à la bouche que les Camelots du roi, la menace qu'ils apportaient. « Au temps où vous faisiez votre droit, disait-il à chacun, entendiez-vous parler de rien de semblable ? C'est un signe. »

Mais rien à cet égard n'égale la confession que les circonstances arrachèrent au premier ministre, accusé par la chambre de tiédeur républicaine. Il déclara tout net que les violences commises avaient obligé le gouvernement à tempérer la persécution dont il vivait. Des magistrats bravés dans les prétoires, des monuments publics détruits, la personne du premier dignitaire de l'État servant de cible aux voies de fait et à l'insulte, avaient commandé la conduite qu'on lui reprochait. Voyant le régime menacé, il avait usé de prudence. Ainsi parla Briand. Quelle leçon n'était-ce pas pour les gens distingués qui traitèrent les Camelots du roi de morveux ! Ces morveux leur valaient un relâche dans ces mauvais traitements dont ils ne cessaient de se plaindre, fatiguant le pays de cette récrimination. Sans tant de jérémiades, eux avaient abouti.

J'avais alors deux petits garçons que tout ce bruit tenait en haleine. Une petite figure grotesque de Fallières en terre cuite peinte, que l'on vendait chez Danielli, et qui ornait leur étagère, leur donnait beaucoup de divertissement. Vaugeois me disait :

— Vous enseignez l'irrespect.

— L'irrespect, répondais-je, de ce qui ne mérite rien davantage.

Je découpai pour eux le discours de Briand dans les journaux, et le fis encadrer avec le portrait du prince. Ils le mirent aux murs de leur chambre. Longtemps il y est demeuré en signe de notre confiance de réussir. Il est aujourd'hui décroché.

CHAPITRE VI

La vie de province que j'avais menée m'avait
privé de deux choses, que Paris me rendit, les relations et les moyens d'étude.

Ceux-ci sont de bien des espèces. Il y a les livres
dans les bibliothèques, il y a les entretiens, d'où
mainte idée jaillit, il y a les livres dans la rue, aux éta-
lages de neuf et d'occasion. Faute de ces secours
l'esprit languit, il n'est bon qu'aux travaux d'archives,
dont je n'ai garde de médire, ils sont une des sources
de la science, mais qu'est-ce que la science sans l'invention? L'aiguillon de la conversation, l'imprévu
des rencontres, la sollicitation d'une expérience variée
sont les conditions de celle-ci. Aussi les idées neuves
ne poussent-elles qu'à Paris. Seulement, les causes qui
les font naître tendent à les rendre stériles, à cause
de la dispersion où la pensée qu'elles réveillent est
jetée.

Ajoutez l'inconvénient de mettre la nouveauté à
la mode, qui fait que des gens nés pour répéter les
autres (c'est le plus grand nombre en tout pays)
encombrent Paris de cent mille sottises mises en
avant comme des raretés.

Une presse bien avisée ferait justice de cela. C'est
le propre instrument pour une police pareille. Au
contraire elle sert à les répandre, quoique ordinairement le mal ait sa cause hors d'elle, ce qu'on ne distingue pas toujours. On la tient responsable des
erreurs qu'elle répète, et qui le plus souvent sont

l'œuvre de personnalités de lettres, et forgées dans les académies.

Pour en conjurer le prestige, il faut des lumières qui ne sauraient venir que de l'étude. Ainsi c'est en réagissant contre la dispersion où tant d'avenues engagent, qu'on peut se mettre en mesure de secouer le joug des charlatans.

L'histoire des beaux-arts faisait mon application. J'en poussais les recherches à fond. Après mon livre du Primatice, je mis au jour une histoire complète de la Peinture française au XVIe siècle, écrite pour l'Angleterre et qui n'a paru qu'en anglais, comme partie d'une collection publiée chez Duckworth, de Covent Garden, et dont Arthur Strong, bibliothécaire de la chambre des lords et secrétaire du duc de Devonshire, était le conseiller.

Mes travaux me l'avaient fait connaître, quoique son application maîtresse vaquât fort à l'écart des miennes. On l'estimait comme hébraïsant. Sa santé était faible, son apparence chétive, il est mort prématurément. Sa voix lente semblait un cristal près de se briser ; mais son âme était intrépide. Il prit parti contre Dreyfus. En Angleterre cela fit scandale, d'autant plus que, allant droit au fait, il n'hésitait pas à en donner pour cause le respect du patriotisme chez les Français, *vicarious patriotism*, expression qui fut citée partout comme une curiosité, dont on essayait de rire ; mais la réputation de l'homme tranchait le sifflet. Comme un membre de l'Institut de Paris, israélite de nation, demandait son sentiment sur les phases de l'affaire en plaisantant, il répondit tout net que volontiers il le dirait à un Français, mais qu'il n'en devait pas de compte aux Juifs.

Je l'allais voir aux environs de Londres, à Putney Hill, dans une maison studieuse et silencieuse, où sa mère vivait encore, vaquant aux soins de son ménage. Plus tard, il épousa Mlle Eugénie Sellers, adonnée avec éminence aux recherches d'archéologie grecque et romaine, qu'elle avait apprises sous Furtwaengler à Munich, poursuivies ensuite à Paris, où se perpétuait le souvenir de son intelligence et de sa beauté. Elle avait l'esprit le plus vif, l'imagination la plus ardente, la conversation la plus enjouée, qu'Anglaise ait jamais possédés. Jamais mariage n'unit deux êtres plus différents de figure et de caractère. Pour qui les approchait cependant, aucun ne fut mieux assorti. L'étranger y goûtait le commerce d'une unique droiture d'âme et d'esprit, embellie d'une mutuelle estime et d'une déférence réciproque. La mort qui le rompit laissa Mme Strong bibliothécaire du duc de Devonshire à Londres et à Chatsworth. Elle a pris depuis la direction de l'Ecole Britannique d'archéologie à Rome, logée pour commencer au palais Odescalchi en face des Saints-Apôtres, aujourd'hui transportée dans la Valle Giulia.

A Paris, je fus quelque temps avant de forcer la porte des éditions de vulgarisation. Les avenues en étaient gardées par des gens qui, ne trouvant que là d'emploi, n'avaient garde une fois installés de faciliter l'accès aux autres. La voix des compétences pourtant n'était pas sans percer quelquefois cette croûte de routine et d'ignorance. Dans une série où devait figurer une description de Fontainebleau, André Pératé m'ayant fait l'amitié de dire à l'éditeur que ce numéro ne devait échoir qu'à moi, je fus prié de le rédiger. Pour un autre éditeur, je fus chargé de choisir et de publier les planches du même château. Cette commission déposséda quelqu'un, qui s'en vengea en écrivant que, lui mis à part, tous les historiens de Fontainebleau n'avaient fait que recopier d'anciens guides. Il ignorait que j'avais mis cinq ans à en renouveler toute la matière.

A côté de ces études de fond, je donnais beaucoup à la curiosité. Je m'étais mis à sentir vivement une chose à laquelle je n'avais pas pris garde auparavant, à savoir combien des livres de peu de renom, à cause d'un sujet mal connu qu'ils traitent, ou d'un heureux point de vue omis ailleurs, ou autrement, apportent quelquefois d'instruction sur des points importants de l'histoire.

De temps en temps, dans les journaux, quelque bibliophile traite des livres d'occasion rencontrés sur les quais dans les boîtes à bouquins. Il donne un pleur aux superbes trouvailles qu'on y faisait et qu'on n'y fait plus, jette quelques traits pittoresques sur la personne du bouquiniste, et annonce en se rengorgeant que, malgré le malheur des temps, il a été assez heureux pour découvrir au bas du quai Conti un Térence de Casaubon de 1600 et tant. Dans quel état, il ne nous le dit pas. Mais non. J'admire que, pour ces amis des livres, le texte ne compte jamais. Depuis vingt ans j'ai fait sur les quais des trouvailles ; mais elles n'étaient pas d'éditions, elles étaient d'auteurs trop peu recherchés pour que les libraires d'ancien les missent sur leurs catalogues, en sorte qu'on ne les trouvait que là. J'ai puisé dans ces livres des faits et des idées qui jamais ne me seraient venues sans cela.

Taine, qui s'est malheureusement trompé sur les origines de la pensée contemporaine, et qui n'a rien connu à l'action de l'Encyclopédie, l'aurait mieux débrouillée, sans doute, s'il avait eu la chance de rencontrer comme moi certaines *Lettres sur l'Encyclopédie*, petit in-8° 1764, où se trouve mise dans un jour cru, sans phrases, par un érudit de profession, l'extraordinaire ignorance des auteurs de ce dictionnaire, en trois sortes : mythologie, géographie, bibliographie. Cela fait juger du reste.

Aux prétentions de savoir universel qu'affichaient les encyclopédistes, j'avais cru comme tout le monde que quelque effet répondait. A des erreurs inévitables j'imaginais qu'un fonds de science était joint, et que le reproche essentiel de l'ouvrage était le but auquel il tendait. Pas du tout. La méchanceté de ce but n'est rien au prix de la nullité du fond. Conduit par ce guide imprévu, je m'attachai à cette matière, et m'assurai en peu de temps que le fameux dictionnaire des sciences n'avait été que l'entreprise de publicistes ignares, entièrement séparés de la science de leur temps, pour éblouir le grand public et confisquer l'autorité. Pur mensonge, pure mascarade, à laquelle, sans le prestige de Voltaire qui leur donnait son patronage, le succès eût certainement manqué. Le caractère de conjuration littéraire apparaissait clair comme le jour, avec tous ses effets, conquête des académies, des salons, des places, si bien que, à la veille de la révolution, la coterie usurpait le nom de l'esprit français.

Les amis des bons vers savent-ils que l'inepte école descriptive n'a dû qu'à ce complot son triomphe, que Saint-Lambert était leur poète de choix, que les Delille, les Lemierre, les Dorat ont été fabriqués de leurs mains?

Grande conséquence. Les romantiques en 1825 eurent affaire non à la tradition classique, mais aux épigones de l'Encyclopédie. Tout cela se développait peu à peu sous mes yeux. Un livre sur Buffon, que j'ai imprimé depuis, en rend compte. Tout cela partait de mes précieuses Lettres, dont j'ignorai quelque temps l'auteur, car l'édition est anonyme. Ducros, ancien doyen de la Faculté d'Aix, auteur d'un travail fait exprès à la louange des encyclopédistes, n'en souffle mot. J'écrivis à Tourneux, qui me le révéla. Les *Lettres sur l'Encyclopédie* sont de l'abbé Saas, curé de Darnétal en son temps, bibliothécaire du chapitre de Rouen, l'un des premiers bibliographes du siècle. En lui s'exprime parfaitement le niveau du savoir d'alors, autant au-dessus de celui de l'Encyclopédie qu'est au-dessus de Camille Flammarion celui de l'Observatoire de Paris.

Le livre de l'abbé Saas est rare. Depuis vingt ans je n'en ai retrouvé qu'un exemplaire, aujourd'hui possédé par M. Bateson, biologiste de renom en Angleterre, qui, l'ayant vu cité dans mon *Buffon*, m'avait prié de le lui retenir quand je le verrais passer ; j'ai payé le mien dix sous. Je suppose que, passant demain en vente publique, il irait former avec vingt autres un lot de trois francs.

Je payai cinq sous un livre de Ferdinand de Lasteyrie, grand-père de notre ministre des Finances, formé en 1866 d'articles parus à l'*Opinion nationale* de Guéroult, et critiquant les démolitions opérées alors par Haussmann dans Paris. Les *Travaux de Paris*, tel est le titre.

Quelle cause rend ce livre rare? Tirage restreint, gaspillage causé par l'indifférence? Je ne sais. C'est un des plus remarquables qu'on ait écrit là-dessus. Familier de l'ancien Paris, je maudissais le résultat de ces travaux, qui l'ont aux trois quarts anéanti. Pourtant je sentais fortement la nécessité des transformations d'une ville. J'avais seulement le sentiment que celles-là avaient été mal faites, et procédaient de mauvais principes. Communément blâmées du point de vue de la conservation du passé, j'imaginais que, considérées en soi, elles encouraient les reproches de la simple voirie. Le livre que j'abordais me débrouilla tout cela. Il n'envisage que le tracé, la circulation, les effets pratiques, et prouve qu'on les a méconnus.

J'avalai l'ouvrage en un moment. J'admirais les vues nettes, la modération de fond ; j'étais ravi de voir plaider une cause qui prenait forme ailleurs de récrimination chimérique, sur le terrain fécond du sens commun. Car il ne s'agit pas de faire de la ville un musée, de conserver ce qui gêne pour l'amour de la curiosité, mais de garder dans les avenues nouvelles les égards aux vraies commodités, qui sont dictées comment? par l'état de la ville, c'est-à-dire par son passé. Ainsi le changement n'a lieu que par degré, toujours en harmonie avec ce dont l'histoire souhaite de garder la trace. Comme on n'a pas cessé de suivre les principes d'Haussmann et de s'inspirer de son esprit, le livre de Lasteyrie restera longtemps actuel. Dans ce que j'ai écrit du sujet, j'en ai suivi l'inspiration. Comment les sociétés d'études parisiennes n'ont-elles pas soin de le réimprimer?

C'est ainsi que je furetais. On pourra le faire longtemps. La recherche des livres ainsi menée durera je suppose quand toutes les éditions princeps, tous les veaux, tous les maroquins auront disparu du marché.

Car le champ des lettres est trop vaste pour que tout ce qu'il y a de bon soit classé. Nombre de découvertes restent à faire. Maint ouvrage utile tombe au rebut, ignoré des bibliophiles, qui n'ont garde de le découvrir, car ils ne lisent pas. Ils collectionnent. A un passant qui entre dans sa boutique, le libraire bien stylé demande : « Quelle sorte de livres collectionnez-vous? » Pour l'enquête des lettrés, elle a trop de routine, ou, si elle vise aux dénombrements complets, trop d'encombrement, qu'on ne peut débrouiller sur le vu des titres seulement. Rien ne saurait remplacer l'examen du livre même, dans le tas où le chercheur fait son butin, servi par le seul hasard ; et c'est pourquoi le bouquin est l'outil de la science.

L'excès de curiosité est l'écueil de ces recherches. Hélas ! je ne l'ai pas évité.

Pendant quinze ans je lus de tout ainsi. Littérature, critique, linguistique, politique, économie, histoire des mœurs, histoire des sciences, histoire des provinces, biographie, archéologie, archives, mythologie, voyages, géographie, histoire naturelle, folklore, patois, philosophie, exégèse, théologie, polémique en tout genre, il n'est pas de volume, pas de brochure à bas prix, de quelque sujet que ce fût, dont je ne m'emparasse et que je ne lusse, pourvu qu'ils m'apportassent fait ou idée nouvelle. En dépit de la rareté relative, cela faisait un tas considérable, dont il a fallu me débarrasser enfin. La vie est courte et ne saurait se prendre à tout. Il faut choisir. Je rendis aux libraires mon butin, épargnant les auteurs, et ce qui touche aux beaux-arts, ne conservant du reste que ce qu'il aura plu à ma mémoire d'en retenir.

En ce dernier genre au moins je garde une information que seule cette méthode pouvait fournir, à défaut d'étude régulière, qui aurait pris dix fois plus de temps : celle qui concerne l'histoire des idées catholiques dans le siècle écoulé.

Quantité de brochures de controverse, emportées pour deux ou trois sous, où tour à tour mennaisiens, traditionalistes, fidéistes, ontologistes, gallicans, libéraux, rendaient l'écho de leurs querelles, m'ont valu je crois l'idée complète des agitations dont le modernisme et le Sillon devaient lancer le dernier éclat. Ces courts ouvrages, lus en une heure, mettaient en courant sous mes yeux la figure des Gerbet, des Montalembert, des Bautain, des Bonnetty, des Maret, des Gratry, des Broglie, tous armés contre la simplicité de la tradition catholique, et, quand on y regardait de près, contre le bon sens qu'un témoin comme Sainte-Beuve, étranger à la querelle qui divisait l'Église, n'en revendiquait pas moins contre eux, mettant ce qu'il put avoir d'estime pour des croyants dans Maistre et dans Veuillot, qui combattirent ceux-là. Beau privilège de la raison. L'auteur athée des *Lundis* a jeté des regards plus justes sur l'absurde secours que Chateaubriand et vingt autres prétendirent apporter à la religion, que je ne sais combien d'apologistes aveugles quoique bien intentionnés.

Dans le train de ces polémiques, en 1870, s'interpose soudain le concile du Vatican, et sa déclaration de l'infaillibilité. Quel événement ! Les uns applaudissent, d'autres se soumettent, quelques-uns se séparent. Chez tous le dogme proclamé crée de nouvelles dispositions, inspire une conduite nouvelle. Crise soudaine, réactif puissant, passe étroite où toutes les idées du siècle, en fait de dogme et d'obéissance, viennent se coudoyer, s'éprouver, s'entrelacer quelque temps, et prendre un nouveau cours.

Là se consomment les défections célèbres d'un Loyson, d'un Doellinger, celle d'un abbé Michaud, plus obscure et plus corrosive ; là se produisent des retours soudains d'une part, de l'autre des ajournements, des feintes, mille accommodements, diversions, dérivations, métamorphoses, dont les effets lointains, semés dans les chemins actuels de l'apologétique, ne s'expliquent que par ces origines. Sur ce mouvement soudain précipité, sur le flot rapide et tournoyant d'une pensée la plus tourmentée que les siècles chrétiens aient jamais vue peut-être, un grand esprit, celui de Dom Guéranger, jette son extraordinaire lumière : vrai successeur, en ce temps, des grands docteurs d'autrefois, agile et puissant dans la dispute, net et décisif dans la doctrine, plein comme Bossuet de la notion de l'Église, y ramenant comme lui toute la théologie, et par là débrouillant pour les hommes d'aujourd'hui la matière entière de la foi.

C'est une fameuse histoire, que j'aurais aimé écrire. Quelqu'un l'entreprendra peut-être. Plus on y regardera, plus on s'assurera, je pense, que toutes ces agitations ont leur source dans Lamennais ; en sorte que, une fois bien saisi ce point de départ, tout s'enchaîne et s'explique sans peine. Il est la clef de toute cette matière. Mais on l'a mal connu jusqu'ici, on a négligé le vrai sens des condamnations qui le frappèrent, lesquelles visent son mépris de l'intelligence, la folle prétention qu'il eut d'anéantir en nous la faculté de juger, mettant l'autorité en tête non pas de la foi, ce qui est l'enseignement catholique, mais de la raison, ce qui n'a pas de sens.

Ceux qui vivent adonnés aux lettres manquent à Paris d'un lieu de réunion où, se rencontrant aisément, ils puissent causer de ce qu'ils aiment. L'Académie française n'est que pour quarante personnes, celle des Goncourt pour dix, et il n'y a plus de salons. Au contraire le secours ne manque pas à ceux qui pratiquent l'érudition. Je le trouvai à mon retour dans la société des Antiquaires de France, où je me fis recevoir.

L'intention de ceux qui la fondèrent avait été l'étude des monuments celtiques ; le cours des âges l'avait étendue à des recherches de tous les temps. Toutes les sciences auxiliaires de l'histoire y étaient cultivées sans acception d'époque, jusqu'à la fin de la Renaissance. On trouvait là des héraldistes, des épigraphistes, des archéologues, des paléographes, des juristes, des généalogistes, des bibliographes, des hellénistes, des numismates, même des liturgistes, formant en ce genre le répertoire le plus varié de compétences qui soit peut-être dans toute l'Europe. Un bon nombre appartenaient à l'Académie des Inscriptions, d'autres aspiraient à en être ; plusieurs, exempts de cette ambition, n'en montraient pas moins d'éminence dans l'étude qui les occupait.

Un nombre limité de membres élus, illimité de correspondants, composaient la société. Comme les correspondants assistaient aux séances et que leurs communications, admises au même titre que celles des membres élus, étaient également imprimées dans le bulletin de la société, on ne pouvait imaginer d'endroit plus digne de recherche, ni plus facile d'accès, pour tout ce qui vaquant à ces études, souhaitait d'en donner le témoignage et d'en obtenir le renom.

Les séances avaient lieu tous les huit jours. En fait de discipline, une grande tolérance régnait. On n'y était astreint ni à s'asseoir, ni même à garder le silence pendant les communications, quoique la sonnette du président ne manquât pas de le réclamer ; mais aucune sanction n'était prise, et les mœurs autorisaient ce bruit, sauf pendant les rapports et les éloges funèbres. Cette facilité faisait qu'on s'y rendait en foule, attiré par l'attrait de fréquentations sans contrainte entre gens dont la conversation aidait aux recherches communes. Comme les applications y étaient fort diverses, chaque branche n'avait que peu d'adhérents, si bien qu'on ne pouvait se flatter, quand on parlait, d'être écouté que d'un petit nombre, qui, forcés de tendre l'oreille dans le murmure des conversatons, n'en avaient que plus de goût à ce qu'ils entendaient, et en disputaient avec chaleur.

Au sein de ces petits noyaux d'hommes voués aux mêmes objets, chacun suivait les travaux des autres, annonçait les siens, empruntait des lumières, enrichissait ses vues, ou rectifiait ses conclusions. On se prévenait du jour où l'on devait parler, afin, que le cercle fût au complet. Celui de l'histoire de l'art était le plus resserré de tous, il n'y avait pas longtemps qu'on l'avait admis à côté de l'archéologie. J'y avais pour confrères le comte Durrieu, commentateur fameux de tout ce qu'il y a de manuscrits peints célèbres en Europe, et Maurice Roy, conseiller à la Cour des comptes, dont le loisir se passait à fouiller sans relâche les minutes de notaires de Paris et de la province, ramenant au jour par morceaux, dans une moisson de textes, l'histoire perdue de je ne sais combien d'artistes.

A lui est due la découverte que le fameux Jean Cousin de Sens, dont la biographie jusqu'alors avait paru brouillée sans remède, n'était pas un peintre, mais deux ; ce qui mit le monde savant en rumeur, et la ville de Sens en désarroi, à cause d'une seule et unique statue qui y solennise cette gloire locale. Comment la tenir à jour des progrès de la critique? La couper en deux ne se pouvait. Fallait-il la retirer et en faire deux nouvelles? Par bonheur, les traits de Jean Cousin père sont aussi inconnus que ceux de Jean Cousin fils, en sorte que, la statue ne portant la vraie ressemblance d'aucune sorte de Jean Cousin, n'étant qu'un visage supposé, on pouvait en faire celui qu'on voudrait. La garder pour le père, en dresser une au fils, dénouait la difficulté. Maurice Roy vit à cet effet le maire de Sens, qui refusa.

— Contentons-nous d'un seul Jean Cousin, dit-il, l'opinion en ville se le figure ainsi.

Non content de dédoubler Jean Cousin, Roy devait dédoubler la Léda de Michel-Ange. Il prouva que le tableau qu'on avait cru de sa main, et que François Ier gardait à Fontainebleau, était une copie du Rosso, tandis que l'original courait en Italie. Comme quantité de papiers provenant du cardinal de Ferrare ambassadeur à Fontainebleau et conservées aux archives de Modène, se rapportaient à son étude, je le pressais d'aller s'y enfermer pour deux mois. « A Paris, vous ne pêchez qu'avec peine des poissons trop rares, lui disais-je ; de Modène vous reviendrez vos nasses pleines. » Comme Caton allait répétant qu'il fallait détruire Cathage, *delenda Carthago* (c'était son propos), je ne cessais de même de redire à Maurice Roy, à chaque séance des Antiquaires, qu'il fallait aller à Modène. Je l'avais mis en latin : *Eundum Mutinam*, mais sans pouvoir le persuader.

Au public détaché des recherches d'érudition, ces menus faits semblent méprisables. Il s'étonne qu'on s'y attache, et même s'en divertit. La vérité de l'histoire pourtant est à ce prix ; faute de s'y conformer, de grandes sottises ont eu cours.

Chez ceux qui les pratiquent, ils ont cet avantage de faire régner la bonne foi et de conjurer l'envie. Car, comme l'érudition ne trafique que de faits, la part qu'y met chacun se fixe avec certitude, tandis que le débat reste plus ou moins ouvert quand il s'agit d'apprécier des idées, un don poétique, des talents. De là vient que l'Académie française est toujours en représentation, chacun craignant de laisser s'affaiblir un prestige qui ne peut se passer de l'opinion. Aux Antiquaires, chacun se mesure sur la matière de ses travaux ; en conséquence, chacun sait sa portée, son rang, du moins autant qu'il est en l'homme. Aussi était-ce le lieu le moins pédant du monde, celui où la science apparaissait le moins entachée de tapage ou de présomption. Les amours-propres s'y tenaient en repos, parce qu'ils y étaient rassurés.

Quant au plaisir pris par l'intelligence, le terre à terre des recherches n'y faisait pas obstacle. C'est qu'on peut mettre autant de vigueur d'esprit, déployer autant d'invention, dans la poursuite d'un petit objet, que d'un grand. Beaucoup d'esprits communs besognent sur cette matière, où tant de compétences mécaniques sont réclamées par l'inédit. Mais il y en a d'autres en qui brillent les lumières sans lesquelles rien ne s'achèverait. Dans combien de communications, quoique je ne susse du fond que ce qu'elles m'en découvraient, n'ai-je pas admiré une vue nette du problème, le sens délicat des probabilités, la mesure exacte des objections, un classement parfait de l'expérience ! Ainsi Maurice Prou traitait l'épigraphie ; Max Prinet, le blason ; Henri Martin, la miniature.

On voyait là tous les caractères : la timidité qui n'offrait que d'un ton doux, hésitant, écho persistant des habitudes de classes chez un homme parvenu au penchant de la carrière, le trésor ordonné d'observations sans nombre ; la lenteur compassée de celui qui, sûr que les écoutants, s'ils sont de sa branche, prendront patience, dédaigne d'abréger et d'orner son discours ; les pas comptés de l'esprit qui lit en soi, surveillant les parties délicates d'un objet dont il craint de voir échapper l'image ; la marche dégagée de l'homme à qui des synthèses bien faites, des mesures sues par cœur, ôtent la crainte de broncher ; la lecture pressée, monotone, de celui que parler en public sans écrit épouvante ; le boutoir du savant à qui tant de sottises qu'il a dû lire pour y répondre inspire un sarcasme habituel, en sorte qu'une verve amère à la fois et plaisante traverse tout son propos : grand contradicteur au surplus, praticien de l'objection, à laquelle, si l'on cède, il se donne le plaisir de répondre lui-même, valétudinaire, enfoui dans vingt foulards, où l'œil en embuscade semble prendre ses avances d'une controverse imaginaire ; l'air suppliant de celui qui ne peut se figurer que quoi que ce soit qu'il dise intéresse personne, et qui se prolonge à proportion de la crainte qu'il a d'ennuyer ; le bouillonnement de l'érudit bien portant, que le plaisir de sa trouvaille soulève, et dont le discours peint le goût et l'ardeur de le faire partager aux autres.

Je prenais beaucoup d'intérêt à ce que disait M. Martroye, remarquable au dehors par une parole fort lente, qu'il ne se souciait de varier en aucune sorte. Sans être professeur nulle part, sans nulle attache dans les bibliothèques, dans les archives, dans les musées, sans rien en un mot qui consacrât le savoir qu'il exerçait dans une branche si spéciale, il faisait du droit byzantin. Il en faisait par vocation, par goût, en amateur spécialisé. L'histoire législative et administrative de Léon l'Isaurien et de Nicéphore Phocas est, en soi, douée de peu d'attrait. Comme

M. Martroye en faisait des communications fort longues, que son débit allongeait encore, personne n'aurait dû être si ennuyeux. Pas une fois cependant je ne me suis appliqué à suivre ce qu'il disait, sans que mon esprit se mît en mouvement à sa suite : tant ses positions étaient claires, ses raisons sûres, tant une science toujours prête se mouvait avec aisance chez lui sur le tracé du sens commun. Quelle vanité que l'éloquence ! Ainsi remplies, les minutes volaient. D'un sujet dont je ne savais rien, j'étais ravi de me voir instruit de la sorte. Quand venait la discussion, j'avais envie de parler. Ses contradicteurs m'impatientaient. Comme il n'était que correspondant, je m'indignais qu'il ne fût pas membre élu. J'aurais voulu, dans quelque élection future, être son concurrent pour lui céder la place.

La destinée me servit à souhait. Ensemble nous fûmes candidats. Hélas ! je ne cédai pas la place, et comme ce fut lui qui fut élu, j'en fus piqué. Quelle chute ! Ce serait le sujet d'une fable. Le moment venu, le propre intérêt étouffait le zèle de la science.

Il faut dire que cette fois n'était pas la première où j'eusse essayé l'aventure. Comme les visites étaient de règle, qu'il y avait quarante membres et de plus dix honoraires, l'insuccès répété pouvait paraître fâcheux. Je m'en ouvris à Héron de Villefosse, un jour qu'il sortait de l'Institut. Ce qui rendait mon cas difficile, c'est que, par mes études, je n'étais d'aucun parti. Il y en avait deux, les Romains, et les archéologues aidés de l'École des chartes, qui tour à tour faisaient passer leurs candidats. Héron de Villefosse eut l'obligeance de me dire qu'on désirait que j'entrasse. Mais il fallait, ne fût-ce qu'un moment, suspendre le va-et-vient de prêtés et de rendus échangés entre un camp et l'autre.

Il le pouvait. Son conseil prévalait chez tous nos confrères. Érudit de grand talent, les fonctions qu'il faisait de conservateur des antiques au Louvre ajoutaient à son importance. Je révérais en lui le souvenir de la génération de savants conservateurs qui publia les Archives de l'Art Français : Reiset, Chennevières, Montaiglon, Laborde, Barbet de Jouy, qu'il avait connus et dont il gardait le culte. Un membre de l'Institut s'étant permis d'écrire que cette époque avait été celle des dissentions dans la conservation du Louvre, il m'en parla avec indignation. C'était un homme de grande droiture, de manières simples et de prestance aimable ; une taille droite, un teint frais, des yeux clairs, dissimulaient en lui l'âge qui s'avançait. Nul ne mettait plus de naturel dans ses communications. Tenant entre ses mains quelque petit bronze antique dont il commentait le temps et l'usage, il semblait causer au coin du feu. Nous le perdîmes soudain. Il quitta la conservation du Louvre, et, peu de temps après, sa mort fut annoncée. Mon élection fut un de ses derniers actes au sein de la société. Aussitôt qu'il s'en fut mêlé, tous les obstacles tombèrent, et je passai sans difficulté.

Je succédais à Louis Passy, dont l'éloge, auquel m'obligeait le règlement, me fit l'effet d'une pénitence. Il avait été député, président de comices agricoles, sous-secrétaire d'État, toutes choses qui, s'écartant de nos propos communs, me rendaient l'entreprise importune. Seulement, quand j'eus lu son histoire, œuvre de M. Régnier, qui me l'envoya d'Évreux, mes dispositions changèrent, tant je sentis de curiosité pour une figure en qui s'accusait le type des ministres du maréchal, grands propriétaires, érudits, hommes du monde, administrateurs intègres autant qu'habiles, aveugles en politique et qui payèrent cette faute de la défaite la plus retentissante dont la bataille électorale ait gardé le souvenir. Mon discours était fait. Je l'écrivis en courant, et le lus avec plaisir, recueillant le succès attendu d'un sujet qui sortait de l'ordinaire et captait l'attention.

Dans le temps ou environ de mon retour à Paris, tomba l'exposition des Primitifs Français. Comme elle a fait du bruit, je suppose qu'on s'en souvient, quoique vingt ans aient passé dessus. De plus, comme elle fait date dans l'histoire des idées, et que j'ai pris part à ce qui s'ensuivit, je ne crois pas inutile d'en porter témoignage.

Depuis trente ans, tout ce qui tenait une plume dans le monde de la critique d'art travaillait à déconsidérer les disciplines de la Renaissance. Ce qui n'avait été longtemps que le fait d'un cénacle catholique imbu du paradoxe allemand des Schlegel et des Overbeck, était devenu général. La tradition grecque et romaine, dont les Montalembert firent honte au XVIᵉ siècle comme d'un paganisme renouvelé, désormais honnie au nom de la naïveté vantée dans l'art du moyen âge, subissait un nouvel assaut. Un nationalisme en ces matières, qui est l'abolition du goût, comme en fait de philosophie il est la négation du vrai (car vérité et goût sont chose universelle), se joignait à cette dénonciation. Une fureur de ne louer en fait d'ouvrages de l'art que ce qu'on réputait ne rien devoir à l'imitation d'aucun peuple, se ruait à la diffamation de ce qui s'était fait depuis trois siècles. Comme la France avait connu l'antique par le magistère de l'Italie, la même furie se donnait carrière dans le décri de l'art italien.

A quelqu'un qui m'interrogeait sur les origines de l'école française de peinture, comme je répondais que c'était un fruit de longue culture et rien de proprement national : « Bon! me dit-il, en tout pays, il n'y a que la barbarie qui soit nationale. » Cela m'était dit par le conservateur du musée royal de Suède, M. Upmark, mort à présent. Au temps que mon Primatice parut, il fallait aller à Stockholm pour entendre cela. A Paris le propos eût fait scandale.

Palustre, qui faisait autorité dans l'histoire de l'architecture, admettait un éloge de la première Renaissance, à condition qu'il fût avoué qu'elle tenait tout d'elle-même. Les motifs de Blois et de Chambord avaient beau être copiés sur ceux de l'Italie, il fallait que cette rencontre fût l'effet du hasard. Tout était né chez nous, de nous ; nos artistes n'avaient connu qu'eux-mêmes ; les Italiens attirés par nos princes n'avaient enseigné personne, communiqué avec personne, et étaient morts sans avoir rien produit.

Courajod vint, qui tint une autre gamme, plus convenable à la science étendue, à l'abondance d'observation, au travail minutieux d'archives, qui lui ont valu la renommée.

Je ne l'ai connu que par ses écrits. Ceux qui ont reçu ses leçons ne cessent de faire l'éloge de la chaleur qu'il y mettait. Les Antiquaires, dont il fut membre, avaient gardé le souvenir de disputes où son humeur ardente l'entraînait contre Muntz, défenseur de l'art italien, et qui finissaient de sa part par les gros mots. Des témoignages reçus de plusieurs côtés me font croire qu'il était un peu fou ; mais il y a du génie dans ce qu'il a laissé. Malheureusement ce génie s'était laissé prévenir d'erreurs dans l'ordre général, qui, en dépit des faits exacts, faussaient les conclusions d'ensemble, comme des finances où tous les chiffres seraient justes et les sommes fausses, faute d'une répartition qui portât chaque partie à la colonne qu'il faut.

Il s'était mis en tête qu'imiter la nature était une idée des Pays-Bas, que l'Italie ne s'était avisée de ce rare projet qu'à leur suite, que les égards tenus envers l'antique étaient quelque chose de différent, dont la Renaissance n'empruntait que des dehors, qu'au contraire ce dont elle subsistait était la copie de la nature, en sorte que la Renaissance était d'essence flamande, non italienne, comme on croyait. Suivant le faux vocabulaire en usage dans ces discussions, il appelait cela *naturalisme*, supposant au surplus ce que ce mot suggère de rudesse et de trivialité, qu'il prétendait trouver en tout ouvrage où vaquait sa démonstration.

Ce paradoxe opérait à la fois la déchéance de l'Italie et celle de l'antique ; il inculquait le mépris du style noble, dont la Renaissance emporte l'idée. C'était trois gains pour la barbarie. Tout cela est oublié. Je ne sais si à l'époque beaucoup l'ont parfaitement saisi ; mais les effets en furent beaucoup ressentis. Ils seraient encore dans toute leur force, sans l'aventure des Primitifs Français, que je vais conter.

La grande faiblesse de l'art français au moyen âge, c'est la peinture. Aucune apologie ne souffre plus de difficulté que celle de cette partie-là. Supposé qu'on en vînt à bout, l'éloge qu'on proposait de l'art du moyen âge en décri de la Renaissance et de François Ier serait achevé. Aussi tentait-on ce tour de force, mais sans nul effet décisif.

Car comment assurer l'existence d'une école à une époque qui n'a laissé chez nous presque le souvenir d'aucun peintre, et presque aucun ouvrage dans les musées ? Depuis trente ou quarante ans, la lecture des archives avait jeté dans ce grand vide quelques noms et quelques mentions d'ouvrages. L'espoir s'était formé d'en trouver davantage et de mener l'affaire au point de réformer l'histoire. Mais cet espoir était déçu ; le terme où l'on tendait paraissait éloigné, et les thèses historiques sont pressées d'aboutir. A cet égard elles sont comme les partis. Remplacer la preuve qui traînait par une affirmation du fait, annoncer une exposition de ce qu'on n'était pas sûr qui eût jamais existé, fut le parti qu'on prit enfin. De nos jours, les peintres du moyen âge ont reçu le nom de primitifs. De primitifs flamands, de primitifs italiens, il est question depuis que ce nom est dans l'usage. On fit donc savoir à grand bruit qu'on allait exposer les primitifs français.

J'ai beaucoup connu Henri Bouchot. C'était un homme solide aux travaux de l'esprit, d'un jugement sain, ardent à concevoir, modéré dans l'exécution, auquel il n'a peut-être manqué, pour marquer sa place davantage, que de ne pas vivre au temps où se heurtaient les exigences de la critique d'archives et celles de l'examen des styles.

Victime en partie de ce conflit, on l'a vu passer tour à tour du trop d'exigence au trop de facilité, parfois demeurer incertain, et donner enfin dans la chimère. Mais ses recherches de détails étaient des plus exactes, et l'histoire du portrait en France au XVIᵉ siècle, matière auparavant difficile entre toutes, lui doit ses progrès décisifs. Comme je m'étais attaché moi-même à ce sujet et que je l'y regardais comme mon maître, c'était l'occasion de nous rapprocher. De la carrure, une voix forte, une rondeur volontaire du geste et du maintien, allaient en lui avec un fond de timidité qui tenait en partie à de la délicatesse, en partie aux difficultés de fortune, qu'il n'avait je crois surmontées qu'avec peine. Sa carrière était celle de bibliothécaire. Adjoint au cabinet des Estampes de Paris, il en devint conservateur après la mort de Duplessis. Sa position était considérable quand fut émue la cause des Primitifs Français.

Il en était le principal auteur ; l'exécution du projet l'eut pour chef. Pour expliquer comment une thèse si faible l'avait séduit, je ne trouve que le sentiment, qu'il eut toujours très vif, de la résistance aux insolences de la critique étrangère envers nous. Un jour, dans son cabinet, il m'avait fait voir des gravures sur bois anciennes dont les Allemands se disaient auteurs, parce qu'on y voyait les insignes de l'Empire, lesquelles au vrai ne signifiaient autre chose que les empereurs romains représentés dans ces planches, dont le Saint-Empire passait pour successeur. Cela le faisait rire et l'allumait. L'affirmation des Primitifs Français fut à ses yeux, je pense, une réplique du même ordre, contre les prétentions de l'Italie et de la Flandre, seules célébrées en ce genre avant lui.

Le parti qu'il prit sacrifiait l'une et l'autre. Des ouvrages réputés flamands parurent à l'exposition comme français ; une prétention de réformer l'histoire de cette école tout entière s'afficha ; le tableau de l'Agneau, qui est à Gand, fut contesté aux frères Van Eyck. Sur le mépris de l'Italie, sur les ruines de la Flandre, tout un édifice d'école française fut dressé, avec production continue, charges de cour, décorations murales, tableaux, écoles provinciales et le reste.

Le public applaudit. Les gens du monde, priés, firent à l'exposition beaucoup de succès. Pourtant il ne fallait pas y regarder de fort près pour voir qu'elle ne dressait qu'un fantôme. Le peu qu'on y voyait de certain était connu et, sauf deux ou trois pièces, dénué de mérite. Le surplus n'y était joint qu'en vertu de conjectures sans consistance. Le commentaire du catalogue nageait dans l'hypothèse et dans la fantaisie. Dans le public savant l'outrance fut ressentie, mais on se gardait d'en mot dire, car le préjugé allait de ce côté. Je ne le partageais pas, je brûlais de répondre : la crainte de déplaire à Bouchot me retenait.

Cependant il s'agissait d'autre chose que d'un point de fait ; de grands intérêts de l'esprit étaient en jeu ; le monument qu'on essayait de dresser allait au décri de toute la culture française. Dans les productions de nos arts il renversait toutes les valeurs, rabaissait les siècles suivants, de François Ier à Louis XIV, au profit d'un petit lot honteux de pièces contestées ou médiocres. Dans le pays de Poussin, de

Lesueur, de Claude Lorrain, voir prôner cela faisait pitié. Ainsi, quelques années plus tôt, par la grâce des Gautier et des Gaston Paris, d'illisibles épopées françaises s'étaient vu sacrifier la tragédie de Racine. Après tout, j'avais pris position avec de précédents ouvrages. N'était-ce pas le cas pour moi de parler?

Pour de tout autres raisons, j'avais à corriger plusieurs erreurs du catalogue concernant des portraits de l'école des Clouets, joints à cette exposition. A quelques pages que je publiai là-dessus, je ne pus me tenir d'ajouter, sous le nom de *Difficultés d'un ignorant touchant l'exposition des Primitifs Français*, quelques fortes bourrades sur le reste. Je m'y divertis un peu, car le sujet prêtait ; cependant rien d'offensant n'y envenimait la franchise. Sous forme de questions seulement, que j'avais faites courtes et nettes, l'absolue misère de la thèse qu'on nous proposait s'étalait.

L'avantage de pareils écrits, c'est que leur effet ne dépend pas de leur retentissement actuel. Le mien fut tiré à tout petit nombre, les visiteurs qui faisaient le succès de l'exposition l'ignorèrent ; mais les érudits le lurent, et le fait devint public, qu'une opposition appuyée de preuves s'exprimait au rebours de l'opinion. Je n'en attendais pas davantage. Du côté des personnes j'aurais voulu que la chose allât doucement, mais il ne dépendait pas de moi de modérer les sentiments que les hommes joignent à leurs idées. La brochure avait à peine paru, que je reçus de Bouchot une lettre de rupture.

J'en eus beaucoup de chagrin, pour la vivacité de la blessure dont elle témoignait. Le ton était triste et ulcéré, l'aigreur de la riposte était sans proportion avec le sujet qui la causait. Dans d'autres circonstances mes notes devaient passer. Mais Bouchot s'était engagé à fond dans cette affaire ; il n'écoutait plus la prudence, un secret sentiment qu'il ne pouvait

éviter de la fragilité de son ouvrage ne lui permettait
pas le sang-froid ; il allait le vent dans les oreilles,
fanatisé de l'espoir qu'il allait tout changer de l'ancienne histoire de la peinture, convaincre de faux les
vieux auteurs. L'accueil du public donnait des ailes
à ce rêve. Un fauteuil à l'Institut, qu'il eut, s'annonçait comme sa récompense. Le choc ressenti de ma
brochure fut décuplé par cet élan.

Je n'avais rien à retirer ; mais je pouvais expliquer
peut-être. Les égards que j'avais pour lui me faisaient souhaiter d'y réussir. Rien ne me défendait
cette démarche. Il était mon aîné par le talent et par
l'âge. J'allai chez lui.

Il me reçut en colère. L'instant d'après il se plaignit, d'une manière dont je reste touché après vingt
ans. Cette plainte découvrait le trouble où la contradiction encourue en plein essor de renommée
pouvait jeter une âme généreuse, mal assurée, dans sa
timidité, des forces que le monde savant était una-
nime à lui reconnaître. J'avais mis en échec des
chances qu'il regardait comme faibles et peu nombreuses.

— Vous vous défendez, vous, me dit-il, de vingt
manières, les humanités, les langues, que sais-je?
Moi, je suis tout là.

Il ajouta :

— Je n'attendais pas cela de vous.

Je répondis, le plus doucement que je pus, qu'il ne
pouvait ignorer que je défendais la Renaissance, que
son exposition tendait à abîmer ; que, de quelque
faveur qu'il crût sa thèse digne, il avait trop de critique pour ne pas voir lui-même que les preuves qu'il
en donnait soulevaient les questions que je mettais
par écrit ; que la déférence de ma part envers un
homme comme lui ne pouvait faire de doute ; qu'en
fait de défense, assez de travaux achevés lui composaient une figure dans le monde à ne pas craindre

les contretemps d'une nouvelle entreprise. Enfin, comme il me dit que, étant du comité, je n'aurais eu qu'à lui faire mes objections avant l'imprimé, je répondis que personne ne m'avait communiqué la moindre épreuve du catalogue, et qu'en fait de réunion je n'en avais vu qu'une, de soixante à cent personnes présidées par M. Aynard, qui n'était certainement pas le lieu où l'on pût discuter des textes.

Il était vrai, Bouchot avait voulu faire seul. Son œuvre avait tous les défauts de l'improvisation, de la hâte et de la fantaisie individuelle. Je le quittai apaisé, j'évitai la rupture, mais notre amitié était finie.

Un supplément au catalogue de l'exposition, qui contenait les démonstrations, parut. On y relève l'erreur à chaque page ; c'est un chef-d'œuvre de méprise et d'illusion. Digne expression de l'imprudent essai où trente ans de préjugés avaient jeté la critique ; il en restera, pour ceux qui voudront le lire, la pointe avancée et lointaine, le paradoxe, dans le sens exact du mot.

Les idées ont changé depuis. Le préjugé a perdu de sa force. La Renaissance a recommencé de briller. On a cessé de poser l'impertinente question, si François Ier n'avait pas mieux à faire de tirer de chez lui des artistes, qui n'existaient pas, que de faire venir des étrangers ; on n'ose plus écrire que cette époque marque un recul du goût et un asservissement de l'esprit français ; on n'est plus aussi sûr que la vraie naïveté ait été le partage des arts au moyen âge et la corruption celui de ces temps-là. Sans préjudice de l'éloge réclamé à diverses époques par des œuvres longtemps enfouies ou mal connues, on revient tout doucement aux idées d'autrefois sur le bienfait du renouveau qui prévalut par toute l'Europe. Si l'on demande où commence ce retour de l'opinion, à quel moment le discrédit de la Renaissance a cessé de croître, quand ont commencé de s'insinuer les idées qui sont en train de le remplacer, c'est 1904 qu'il faut dire : l'année de l'exposition que je viens de conter.

On comptait tout soumettre, et l'on a tout perdu. Le dernier excès d'une erreur demi-séculaire a démontré son absurdité. L'école flamande a recouvré ses titres. Dans l'exposition belge récemment tenue aux Tuileries, ont figuré plusieurs tableaux dont celle des Primitifs Français s'était ornée. Il n'est plus question de contester le retable de Gand, et, comme on le vit imprimer alors, de poser la « question des Van Eyck ». Les vieilles autorités, les anciens historiens, ne sont plus traités de menteurs et de visionnaires. Le retour du bon sens, porté sur plusieurs points, répare en plusieurs sortes le méfait d'une illusion dont seules les salles du Louvre retiennent encore la marque. Encore le catalogue avoue-t-il que des pièces qui y figurent à l'école française, n'en sont pas.

Autant que je l'ai pu, j'ai aidé à ce changement. Je ne connaissais qu'en gros, lors de l'exposition, la question des Primitifs Français. Je l'étudiai. J'eus soin de voir tous les ouvrages, de lire tous les textes, qui s'y rapportaient. Je fis en sorte que pas un de ceux que je combattais n'en sût plus que moi. Même je connus des sources qu'ils avaient ignorées, et un tableau de main française, conservé aux Pénitents noirs de Nice, délaissé par leur exposition. Quelques mois ne s'étaient pas passés que Manzi, qui dirigeait les *Arts*, me pria d'y traiter le sujet. J'en étais plein. J'y exposai la contre-thèse avec une évidence complète. Grâce à un petit ouvrage, les *Primitifs Français*, qui me fut demandé par Laurens, la démonstration a gagné le grand public. On n'y a jamais répondu.

En Belgique on me sut gré de ce secours apporté contre une attaque dont ce qu'ils ont de plus cher était victime. Ailleurs je recueillis des éloges auxquels il me fallut répondre. Conrad de Mandach ayant

loué en cette affaire le désintéressement de mon
patriotisme, je fis remarquer que le patriotisme
consiste à se faire une idée juste des vraies gloires
de la patrie, à ne pas souffrir de querelles qui les
rabaissent, à maintenir les valeurs sanctionnées par
les siècles, contre les redresseurs dont l'œuvre ne vit
qu'un jour.

CHAPITRE VII

Bouchot me louait de savoir les langues ; je m'y suis beaucoup adonné il est vrai, pour plusieurs raisons, dont la première est que je ne pouvais souffrir les traductions ; manque peut-être d'une chaleur ou d'une souplesse d'esprit qui répare ce que la traduction mutile, qui remet en place ce qu'elle dérange. Je ne puis croire que tant d'hommes de talent, qui les prisent, donnent leur suffrage à ce que j'y ressens. Il faut donc qu'ils les lisent mieux que je ne fais. Cependant toutes sont infidèles, et je m'étonne qu'un auteur étranger fasse son chemin dans l'opinion française, sans que quelques-uns au moins des critiques qui le présentent, sachent sa langue.

Ainsi vîmes-nous pousser Ibsen.

Le dimanche soir dans le *Temps* nous lisions l'article de Sarcey, qui bouffonnait sur le *Canard sauvage* ou *Maison de poupée;* le lundi matin dans les *Débats* celui de Lemaître, qui suait à les expliquer, puis quelque autre part tout d'un coup, un article de Becque, où Sarcey était traité de vieille bête, Lemaître de serin, et Ibsen de demi-dieu, dont les oracles ne se révélaient qu'à Becque. Becque cependant pas plus que Lemaître ou Sarcey ne lisait Ibsen dans le scandinave, ni même dans la version allemande, qu'Ibsen avouait. Je soupçonne que ce peu de soin, de la part de la critique moderne, aura causé de grandes erreurs de jugement. L'ancienne était plus attentive. Tous ceux qui louaient le roman anglais au temps de Marivaux n'en savaient pas la langue, ils le lisaient en traduction ; mais quelques-uns, qui la savaient, soutenaient et corrigeaient le jugement ainsi formé.

Appuyées de la sorte, les traductions arrivaient à leur but plus sûrement qu'elles ne font aujourd'hui. L'esprit national en profitait ; de nos jours, elles ont aidé plutôt à le détruire.

Après tout, le mieux est de tâcher de s'en passer. Comme elles m'ennuyaient, comme je n'en essayais pas une seule, que le livre ne me tombât des mains, je recherchai la connaissance des langues, afin de n'en pas moins lire les auteurs étrangers. D'autre part, c'était pour mes études un instrument indispensable, car combien de sources ne sont pas traduites, ou le sont mal ! Puis dans les difficultés de texte, il faut confronter l'original. Enfin le goût des voyages poussait du même côté.

Il faillit m'égarer. Je m'imaginai d'abord de ne pas visiter de pays, des habitants desquels je ne susse me faire entendre. Cela menait loin. De ce vol pris trop haut, quelques ailes brisées me demeurent, dictionnaires ou grammaires abandonnés bientôt. Bref, en fait d'instruments de voyage je n'ai su presque me fixer qu'à ce que l'étude me rendait nécessaire, ou la littérature agréable.

Cela visait surtout la lecture. Cependant l'exercice oral me plaisait. Plier le gosier à des sons nouveaux, quelquefois rares et difficiles, contentait ma curiosité, et piquait mon émulation. J'aimais la phonétique en acte, et la prosodie pareillement, qui n'en est qu'un usage plus curieux et plus beau. Que de plaisir causé par les vers en toute langue ! Il y a la syllabe, il y a l'accent, dont les effets, séparés ou unis, produisent toutes sortes d'enchantement. Comment supposer que, sans l'éprouver, on puisse sentir ce que le vers exprime ? Le sens et l'harmonie ne font qu'un. Voltaire estimait que toute poésie traduite avait le devoir de l'être en vers. Il avait raison. On s'y appliquait de son temps. De nos jours Sully-Prudhomme l'a fait pour le premier chant de Lucrèce. D'autres ont imaginé que, en marquant dans leur prose la chute des vers par un tiret, ils rendraient quelque chose d'un rythme faute duquel cette suspension demeure inintelligible. Il n'y a pas de plus grande illusion.

La pauvre prose calquée sur des vers plus grands qu'elle achève d'en être aplatie, en dépit des efforts de gorge des ronrons et des trémolos dont j'ai vu des gens se mettre en frais pour la redresser ; ce qui marque un goût médiocre, car le vrai vers chante seul. Rien ne le remplace s'il est absent. Le vers dicte à la voix ses pauses et son débit. La poésie est un milieu entre l'écriture et la parole ; tout ce que la déclamation y ajoute est postiche, et sonne creux.

Il y en a à qui ce creux plaît pourtant. Qu'il sonne sur quelque froid mot-à-mot d'un auteur comme Dante ou Shakespeare, les voilà au fait de ses écrits. C'est assez pour qu'ils l'apprécient, pour qu'ils publient sa gloire, pour qu'ils prennent en pitié ceux que ces rogatons de littérature assomment. Telle est la parade dont on nous rend témoins, à l'imitation des romantiques qui feignaient, en fait d'étranger, de tout connaître, d'avoir tout lu, de puiser partout l'inspiration. Les épigraphes de leurs poèmes se promènent à travers toutes les nations connues, du grec moderne aux dialectes de l'Écosse. Cependant ils savaient peu de langues. Il ne faut qu'ouvrir le *William Shakespeare* d'Hugo pour voir que son auteur lui était inconnu, différent en cela de son fils François, de qui la traduction de Shakespeare est certainement la meilleure qu'il y ait.

Tel est le profit, l'attrait, des langues modernes ; elles ont de moins séduisants aspects : je veux dire ceux des sots livres dans lesquels il faut les apprendre, grammaires et dictionnaires, qui comptent pour la plupart dans ce qu'il y a de plus vide, de plus inopérant, de plus ennuyeux, en fait de pédagogie : les dictionnaires surtout, compilations informes, auxquelles manque, en même temps que l'idée même du langage, la connaissance de la langue étrangère qu'ils traitent, et la pratique éclairée de la leur. Aucun des mots qu'une pensée lettrée réclame n'y est avec son propre sens ; les équivalents sont faux: les termes en soi, mal entendus ; la revue des sens dérivés, faite au hasard ; quelques-uns y mettent les métaphores, dont l'intelligence va toute seule, pendant qu'ils omettent les locutions-proverbes qui changent d'une langue à l'autre.

Les humanistes auteurs des premiers dictionnaires latins ou grecs qui aient paru ont fait de ces ouvrages des chefs-d'œuvre de judicieuse philosophie, dont la tradition a passé jusqu'à nous, non sans s'enrichir. Dans les langues modernes, au contraire, la production, longtemps mêlée, a fini par aboutir à des monstres, dont j'ai changé quelque temps, vendant et rachetant avec l'espoir de tomber mieux ; à la fin je me suis contenté du dernier venu, sûr de n'avoir jamais affaire en ce genre qu'au rebut de l'esprit humain.

Elwall, qui fut professeur en Sorbonne concurremment avec Beljame, disait à ceux qui passaient l'examen devant lui : « M. Beljame veut qu'on sache la littérature anglaise ; moi je veux qu'on sache l'anglais. » En effet son dictionnaire prouve que l'anglais qu'il savait (comme Anglais de naissance) était sans littérature, sans réflexion et sans bon sens. C'est un exemple de ce que j'expose, et qui devrait faire réfléchir ceux qui pensent remplacer, dans l'éducation, les langues anciennes par les modernes. Voilà les guides auxquels ils confient les enfants, au lieu des Quicherat, des Lebesgue.

J'étais au milieu de ma carrière ; ce que j'avais appris en fait de langues devait suffire à mes besoins, d'autre part je ne me sentais plus de cœur aux efforts que cette étude exige, quand un hasard m'y fit retourner.

Je n'avais jamais lu *Don Quichotte.* J'en trouvai au parapet du quai un exemplaire que sa beauté et le prix médiocre me firent acheter. C'était le texte espagnol, dont je ne savais pas un mot. Le livre une fois acheté me sollicita de le lire. Des rayons où je l'avais placé, je crus entendre ses reproches. Un meuble inutile se conçoit comme concourant à l'ornement ; un livre qu'on omet de lire, non pas ; il ne fait qu'encombrer, c'est chose plus sotte qu'un timbre-poste, qui du moins ne tient pas de place.

J'hésitais cependant. Faudrait-il me remettre à des efforts dont j'étais las, rouvrir une grammaire, épeler de nouveaux verbes, refaire tout l'obscur et fastidieux passage au bout duquel point la lumière des langues? L'idée me vint d'une gageure que je doutais de gagner. Je l'essayai pourtant. Je me jetai dans le texte, au hasard des lumières que les racines latines d'une part, de l'autre un faible souvenir de quelques anciens essais menés en cette langue, me vaudraient. C'était une énigme, un casse-tête dans le genre de ceux que les vieux magazines proposaient. Je trouvai à celui-là moins de difficulté que je n'aurais cru. Au bout d'une semaine ou deux, j'eus fait assez de chemin pour me donner goût aux leçons des grammaires. Je savais où ouvrir la mienne, quelles questions précises lui poser. Le superflu était évité. En un mot j'appris l'espagnol, tout comme ce courtisan à qui Louis XV disait : « Vous lirez *Don Quichotte* dans l'original », sauf que, quand je le sus, cette lecture était faite.

Le goût de l'esprit comme celui du corps s'éveille par l'exercice. Tout près de l'espagnol, une langue d'aspect bizarre, où la racine latine se déguise curieusement, et dont le peu de débit accroît l'air de mystère, m'avait laissé dans une indifférence qui cessa quand je m'en vis rapproché. On disait le portugais difficile ; l'envie me vint de m'en assurer. Je tirai de l'armoire une vieille grammaire en cette langue, héritée de je ne sais qui, précieuse par des extraits d'auteurs, sur lesquels je m'exerçai en même sorte que j'avais fait précédemment, le succès m'ayant encouragé.

Je crus nager d'abord dans le turc ou dans le chinois. Bientôt je perçai l'enveloppe hétéroclite, et le latin se mit à briller. Il a des résidus plus entiers dans cette langue que dans toutes celles qu'il a formées, et l'on a composé des sonnets portugais où tous les mots sont des mots latins. Les boîtes des bouquinistes me fournirent à propos les *Légendes et nouvelles* d'Hercolano, sorte de Walter Scott en sa langue, dont je lus l'ouvrage d'un bout à l'autre. Au rebours de feu Elwall, comme je ne séparais pas les langues de leur littérature, je tirai de chez Chevillet, rue de la Banque, une histoire de celle du Portugal, dont, Camoëns mis à part, je n'avais nul soupçon. Ce que j'y trouvai de nommé, je m'efforçai de le connaître. Je fis venir quelques livres ; le hasard m'en fit rencontrer d'autres ; bref l'information de fait aidant à la lecture, dont elle recevait à son tour l'aiguillon, je m'avançai assez pour me faire une idée d'une langue abordée de façon si imprévue et si scabreuse.

Comment peindre le plaisir et l'étonnement que j'en reçus ? Je découvris un nouveau monde, dont, après dix ans écoulés, je n'ai pas épuisé l'intérêt.

Le peuple portugais a mené dans l'ordre politique l'entreprise la plus signalée des temps modernes, à la fois par la majesté du dessein, l'économie de l'exécution, l'éclat des épisodes, et le prix des résultats. Je ne sais si la route des Indes enfin ouverte par le Cap de Bonne Espérance occupe dans le souvenir de l'Europe la place dont elle est digne, si Vasco de Gama y a le rang qui lui convient.

Je l'avais toujours admirée. Surtout les longues préparations dont elle avait été l'objet, les conseils du prince Henri le navigateur, les travaux de l'observatoire de Ceuta, les tâtonnements d'expédition au Cap noir et au Cap vert, en ajoutant à cette histoire le sérieux des calculs et des préparations, la revêtaient à mes yeux d'un prestige sans égal. Elle unit toute la gravité de la science à tout le brillant d'une aventure. J'en étais resté là. Jamais je n'avais songé aux témoignages que les lettres pouvaient porter de ces événements, au lustre qu'elles en pouvaient tirer, au ton que pouvait prendre, sous une inspiration pareille, une grande littérature d'Europe. Quand je fus en mesure de la lire, cela me fut révélé.

Pour commencer, je fus ébloui de trouver dans les *Lusiades*, un poème de la mer, où tenaient à la fois les vastes horizons, l'horreur de la tempête, les météores apparus sur les flots, le prestige de l'aventure, le zèle de la conquête, les privations du bord, l'espoir du gain, l'avidité du repos, jusqu'aux manœuvres des ports, qui donnaient au tableau une réalité si parfaite qu'on croyait mener avec ses équipages la vie de misère et de splendeur des eaux.

Les mêmes sujets reparurent en prose, dans certain *Voyage aventureux*, sous la plume de Mendès Pinto, soldat, corsaire, marchand, dont les courses dans l'Inde et jusqu'en Chine offrent une incroyable variété de tableaux, peints de couleurs si vives, semés de traits si frappants, jetés dans un mouvement si naturel et si rapide, qu'il n'y a pas de conte inventé à plaisir qui le lui dispute à cet égard.

Ces sujets n'étaient pas les seuls dont m'entretinssent les lettres portugaises. A mesure que j'abordais de nouveaux auteurs, les genres les plus divers m'étaient offerts, traités en perfection. C'était des pastorales, des mystères, des poésies légères comme celle du *Goupillon* de Diniz, sorte de *Lutrin* récrit par Voltaire, des pièces de moralistes, comme la *Cour au village* de Rodriguès Lobo, où l'observation la plus fine, la satire la plus ingénieuse se donnent carrière dans des entretiens de société. Mais ce que j'admirai le plus et dont la beauté n'a pas cessé de m'étonner, ce sont les *Décades*, où Jean de Barros, qu'ils ont surnommé leur Tite Live, conte la conquête des Indes depuis ses commencements, avec une ampleur, une variété, une aisance majestueuse dont certainement il n'y a pas d'autre exemple.

Si l'histoire est la peinture des mœurs et des institutions des hommes, le récit de leurs guerres et de leurs révolutions, si sa perfection se mesure à la naïveté de cette peinture, au naturel de ce récit, quel ouvrage en ce genre dépasse celui-là? Les nègres, les Maures, les Indous, les Malais paraissent dans cet immense tableau déroulé en plus de vingt volumes, avec leurs caractères, leurs mœurs, leurs gouvernements, leur religion, décrits d'après les sources. Tantôt nous les voyons du dehors dans les guerres, dans les transactions menées avec leurs conquérants, tantôt du dedans dans les intrigues dont la cour de leurs princes est le théâtre. Avec les effets, l'historien montre les causes. Victoires et revers de sa nation sont expliqués de la manière la plus sobre et la plus solide. Le commentaire politique est fort; la réflexion morale courte et substantielle; la description géographique étendue. Il n'est pas jusqu'au régime des vents dont la nette exposition ne figure en commentaire de ces expéditions maritimes.

Dans une trame monotone en somme, puisque ces expéditions infinies en nombre s'y suivent les unes les autres, comme dans des annales, l'auteur ne laisse pas de faire sentir le progrès de l'établissement et de la puissance, où réside l'unité de l'ouvrage ; en même temps l'anecdote, le trait individuel, la biographie, la curiosité de race, de religion, de site ou de production ne cessent d'amuser le fond neutre du récit. Son art à cet égard va si loin que, malgré le peu d'éléments capables de les distinguer les uns des autres, quantité d'engagements militaires apparaissent avec des traits propres et divers. Il y a du pathétique dans les batailles, dans les contagions, dans les naufrages ; de l'intérêt dans les négociations ; du dramatique dans les conspirations, dans les guet-apens, dans les intrigues. Tous ces événements arrivés en vingt points du littoral de la mer des Indes, de Mozambique à Singapour, réclament chacun son train de récit particulier. L'auteur obligé de passer de l'un à l'autre, afin de n'en pas laisser en retard, sans que ce va-et-vient nuise à l'exposition, en a tiré les fils avec un à-propos qui rappelle l'art avec lequel l'Arioste mène vingt récits dans son poème.

Nulle part le pittoresque n'est recherché pour lui-même. Cependant il abonde partout, sortant non de la grimace des mots, comme chez les Loti et les Chateaubriand, mais de l'objet peint avec franchise. Tout le long de la côte de Guinée et à la suite, c'est le nègre sauvage, sa ruse grossière et sa férocité, le clinquant et l'enfantillage empreints dans ses cérémonies ; tourné le Cap des tempêtes, le monde mauresque apparaît. C'est Mozambique, c'est Mélinde, c'est Mombaze, le luxe musulman, l'activité marchande, l'intrigue tortueuse et meurtrière, que seul l'excès de crainte peut dompter. Le Maure peuple la mer des Indes par ses comptoirs, par son trafic. Dans la guerre livrée pour la chasse aux épices, dont il paie les frais de son entreprise, le Portugais se fortifie contre lui de la jalousie de l'Inde, qui se découvre avec sa police, ses armées puissantes, ses bramanes, dans un tableau d'une parfaite majesté.

Le zèle de l'Église s'ajoute et s'impose à tout cela. La conquête est menée comme une croisade ; on plante partout la croix, on fonde des églises. Les vestiges de chrétientés détruites ou séparées sont relevés : au Malabar, les chrétiens de saint Thomas ; en Abyssinie, le Prêtre Jean, et la fabuleuse origine que le prince que l'Europe nommait ainsi prétendait tenir de Salomon. Le roi de Portugal le faisait rechercher ; de son côté un ambassadeur du Prêtre courait les mers après la flotte portugaise. Rien n'égale en pathétique et en magnificence le tableau de la rencontre et de l'accord enfin scellé entre le gouverneur des Indes Diègue Lopez de Sequeira au nom du roi Emmanuel, et le ministre du Prêtre, à Massaoua dans la mer Rouge. Ainsi, à l'intérêt de la nation portugaise, s'ajoute en plusieurs sortes dans cette histoire un intérêt plus général. C'est la chrétienté, c'est l'Europe, dont les destinées sont en jeu. Bien au-dessus de la geôle des partis, où les Macaulays se claquemurent, on respire dans Jean de Barros ce qu'il y a d'essentiel à l'histoire, l'œcuménique, l'universel.

Comment de si nobles ouvrages plongent-ils aujourd'hui dans l'oubli? Par suite de quelle éclipse et de quel abandon, cette littérature, aussi grande que l'italienne ou que l'anglaise, de beaucoup supérieure à l'allemande, et que l'ancienne Europe connut et célébra, est-elle comme rayée de la carte du monde? Elle a suivi la décadence de la nation qui la vit naître. D'autres ont pris sa place à nos yeux. L'hommage qu'on lui devait s'est égaré ailleurs. Cependant les ouvrages sont là. La faveur de la France leur reviendra peut-être. Il n'y aura pas de marque plus certaine d'un heureux retour dans les esprits.

Quand je repasse en idée l'usage que j'ai fait des langues, que je compare les buts auxquels elles m'ont servi, les plaisirs que j'y ai pris, les progrès que j'y ai faits, je suis frappé d'une chose, c'est que, sans cause signalée, sans prédilection qui m'y portât, sans nécessité pour m'y contraindre, sans supériorité absolue sur les autres, sans convenance accidentelle, une a fini par l'emporter.

On demande quelquefois quelle est la plus utile. Aux marchands, dit-on, l'anglais et l'espagnol; aux érudits l'allemand; pour l'étude des beaux-arts l'italien. Je n'ai pas fait le commerce, j'ai vécu dans l'étude, celle des beaux-arts principalement, j'ai su avant toute autre et mieux que toute autre l'allemand, j'ai préféré le portugais et l'espagnol ; cependant la langue dont j'ai fait le plus d'usage, dont la pratique après des années m'est devenue le plus familière, c'est l'anglais. Il faut qu'il y ait à cela des raisons générales.

Les Anglais vivent dans notre voisinage. Cela multiplie les rapports d'eux à nous. Il y a antipathie, dit-on, entre leur humeur et la nôtre. Je le crois, mais deux choses rapprochent les deux nations : nous estimons leur caractère, et de leur côté, tout doucement, sans le dire, ils rendent hommage à notre esprit. Ajoutez comme troisième raison la curiosité qu'ils nous inspirent. Pour quelques Français c'est du prestige ; il y a longtemps que ce n'en est plus un pour moi, mais la sympathie de l'intelligence reste. Une quatrième cause est plus profonde encore, on la méconnaît le plus souvent, c'est le latinisme de leur culture.

Nul pays plus que l'Angleterre n'a reçu sa façon de l'humanisme. Comme leur langue fut longtemps inconnue au dehors, plus longtemps que d'autres ils ont écrit le latin. Pas un seul grand auteur français ne doit à des ouvrages en cette langue sa renommée ; au contraire une œuvre exclusivement latine recommande à la postérité trois des plus beaux génies anglais : Thomas More, Bacon et Hobbes. Cela les met dans un premier rang entre les nations issues de la Renaissance ; cela fait que, dans l'instant où se répandit leur langue, leurs auteurs eurent en France un immense succès. L'italien, l'espagnol eurent le même accueil en leur temps ; mais cet événement est ancien ; au contraire on croit toucher de la main le temps où l'anglais fit son apparition chez nous. C'est le XVIIIe siècle, où tout ce qui prit naissance semble se prolonger encore, et nous avoir pour contemporains. Les Anglais sont les derniers en date avec qui le commerce de notre génie s'établit. Autour de nous quand les autres nations subissaient l'effacement, la leur grandit. Nous nous trouvâmes en face d'eux seuls. Quelque temps, en Europe, l'activité pensante semble avoir tenu dans le dialogue qu'échangeaient la France et l'Angleterre. L'Allemagne y mit soudain le prodigieux nuage d'où devaient sortir surtout le vent et la tempête, et derrière lequel, en s'abaissant, l'esprit français qui s'examine, ne se connaît de dernier profit notable que celui qu'il a tiré de l'anglais.

Pour le mérite en fait de peinture, personne ne voudrait comparer l'école anglaise avec celles d'Italie par exemple. Cependant elle est proche de nous, ses succès sont d'hier, le plaisir qu'elle a causé, les exemples qu'on lui doit, semblent toucher à nos générations. En tout domaine prévaut ce voisinage des temps. Rien ne l'ayant supplanté, son écho dure encore.

Comme instrument d'éducation, les langues anciennes omises, aucune ne vaut certainement l'anglais.

Dans celle de mes enfants, où je pris beaucoup de part, je m'en servis pour les filles avec des avantages, qui tenaient pour commencer à l'abondance de littérature enfantine chez nos voisins. Les choses de la campagne entre autres y sont traitées avec une précision et une simplicité dont nous n'avons pas l'équivalent. Puis, il y a les chansons de nourrice *Nur-*

sery rhymes, traditionnel recueil de plaisants enfantillages, dont chacun à son chant, qui firent beaucoup d'usage, car nous commençâmes dès l'enfance, sitôt qu'on sut bien lire, sans nulle méthode directe, par le livre et la plume, avec un succès à faire honte à tous les Berlitz du monde, car au bout de trois ans nous écrivions à des petites filles en Angleterre, sans laisser de lire avec facilité ce que Shakespeare contient de propre à un esprit d'enfant. *Gulliver* venait ensuite. On refusa *Robinson*. La *Case de l'oncle Tom* fut dévorée trois fois, à mon corps défendant ; le sentiment n'en vaut rien ; je pliai cependant, en recommandant bien fort de n'en pas croire l'auteur pour le fond.

On avait beaucoup de goût pour les contes de fées. Je retirai les français. Tout ce que contient en ce genre la collection anglaise d'André Lang, soit dix ou douze volumes, fut lu avec avidité. A quinze ans je donnai le *Spectateur* d'Addison, où la vieille Angleterre défile dans le train journalier de ses mœurs au milieu de réflexions dignes d'un La Bruyère ; puis pour l'instruction littéraire, les *Vies des poètes* de Johnson, qui fut le Sainte-Beuve de son temps. En poésie Milton fut lu d'un bout à l'autre. Tennyson ennuya. Les tragédies de Shakespeare plurent médiocrement ; au contraire ses comédies enchantèrent.

Enfin la langue fut sue, la parlée et l'écrite, sans avoir jamais vu le pays, avec une provision de lecture qui, en ornant l'esprit, débrouillait au surplus le français par comparaison, et ouvrait à l'intelligence tout ce qui tient, dans l'horizon anglais, de pensée solide, de mœurs antiques, de nouveautés heureuses, de rare et lointaine information. Dans les effets, je n'ai eu qu'à m'en féliciter.

J'allai beaucoup en Angleterre. J'ai revu Londres à mainte reprise. Sans y faire jamais de longs séjours, la grande répétition et les courses par la ville m'en ont rendu l'aspect si familier que j'oublie, quand j'y suis, que je suis en voyage, le fil des impressions s'y renouant d'une fois à l'autre. J'en aime la variété, le mouvement, j'apprécie le caractère que donne à la ville l'habitude d'en maintenir l'ancien tracé, de ne percer que peu de rues nouvelles, dans une démolition des maisons continuelle.

Paris est plein de vieilles maisons et de rues neuves ; Londres n'a que des maisons neuves qui bordent des rues anciennes. La construction y est éphémère et fragile, au milieu de l'antiquité des lieux. Imaginez une foire dont le tracé invariable verrait tout les cinq ans dresser des échoppes neuves autour de quelque antique beffroi, d'une maison commune séculaire ; telle est Londres, cité de quelques jours, campée sur un sol où l'histoire se fait entendre du haut de vingt monuments : Westminster, Saint-Paul, Whitehall, la Tour. Au milieu de l'air commun et précaire des demeures, d'autres moins anciens plantent leur magnificence : le palais Sommerset, Mansion House, les Enfants Trouvés, Saint-Martin des Champs, Sainte-Marie au Strand.

Le commun des visiteurs passe sans les regarder, personne n'ayant pris soin de leur dire que, en fait d'architecture, le XVIIIe siècle anglais est une des grandes époques de l'art. Il est vrai cependant, c'est une des beautés de Londres. Les petits exemples en sont nombreux : plus de quarante églises semées dans la Cité, deux fois autant aux alentours, en multiplient les traits charmants. J'avais soin de les rechercher dans l'entassement du neuf, du chétif, de l'indifférent, qui fait le principal des quartiers, parmi le flot d'une foule dix fois plus ignorante que celle qui bat le pavé de Paris, qui n'en a pas le moindre soupçon. Cependant une élite veille sur elles. Il y a trois ans l'évêque de Londres ayant fait le projet d'en raser une partie, l'opinion informée réclama, recueillit des signatures, agit par les bureaux, et gagna.

Quelques-uns de ces édifices remontent au moyen âge, Saint-Barthélemy le vieux, le Temple, la Chartreuse.

A l'écart de quelque rue bruyante, au fond de petites cours ombragées, semées des restes de l'ancien cimetière, leur mur sombre aligne sous le feston du lierre, tantôt l'ogive tantôt l'arceau roman. A l'intérieur gisent les tombes des chevaliers. La solitude des lieux y fait un grand contraste avec l'encombrement voisin. L'oiseau qui chante, le pas d'un survenant, à qui le passage abrège le chemin, sont les seuls bruits qu'on y entende. Quelquefois cette antiquité, ce calme, ce prestige des arts bordent la rue. Du pavé retentissant de Queen street, on entre tout droit au Sceau, que les Anglais nomment *College of arms*, où est enregistrée la noblesse des familles, et sont jugées leurs prétentions. La façade est de Wren l'architecte de Saint-Paul. A l'intérieur je ne sais si un seul meuble a changé depuis la reine Anne. Les tables, les chaises, les coffres du temps garnissent les chambres, où, sur la boiserie de noyer brun à l'antique, brille seulement le coloris de Reynolds, dans quelques portraits moins anciens. Ce mélange d'impressions n'a lieu qu'en Angleterre.

Les musées de Londres préparent au visiteur un spectacle unique, dans les marbres d'Elgin et les cartons d'Hamptoncourt, œuvre de Phidias et de Raphaël.

Les premiers, vingt fois revus, m'ont convaincu que jamais les Grecs n'avaient eu le dessein qu'on leur prête, de sacrifier l'expression à une beauté ennemie de l'agitation des membres, laquelle au contraire est extrême dans le fronton qui représente Minerve disputant le nom d'Athènes à Neptune. C'est que le sujet le requiert ainsi. L'agitation est moindre dans l'autre, où s'expriment de douces passions. L'expression vraie, une action naturelle, c'est la loi unique de cet art et de tous les arts. Dans les trois Parques de la naissance de Minerve, il n'y a pas un pli de l'étoffe qui ne témoigne du mouvement tombant, abandonné, de ces figures. Le mérite est de même dans les cartons de Raphaël. Les bras d'Elymas tendus devant son visage expriment toute l'inquiétude d'une cécité soudaine, et les deux mains au ciel du saint Paul à Athènes, le corps posant sur les deux jambes, composent la magnifique attitude du zèle, de l'enthousiasme et de l'autorité.

Au musée britannique, j'ai beaucoup fréquenté l'ancien cabinet des Estampes, depuis changé de place, que gouvernait M. Sidney Colvin, doux et s'exprimant en français avec une aisance agréable, formé aux lettres encore plus qu'aux arts, adonné au préraphaélisme, et croyant sérieusement que dans l'histoire du goût Rossetti et Tennyson feraient époque.

L'Angleterre vivait alors en proie à la séduction du primitif, et à l'illusion que ses artistes en renouvelaient le principe dans leurs œuvres. L'enseignement de Ruskin y était dans toute sa force. Un amateur comme M. Benson environnait d'un soin presque religieux la prédelle du tableau de la cathédrale de Sienne, œuvre de Duccio de Buoninsegna, conservée auprès de mythologies de Burne Jones, qu'il louait à l'égal de Duccio. On ne pouvait aller dans quelque maison riche sans y trouver les *Idylles du roi*, imprimées in-folio avec bois d'Anning Bell imitant le xve siècle, dont l'exemplaire coûtait mille francs.

Cette ardeur a passé, mais en faisant des ruines. L'extrême finesse de goût des amateurs anglais s'était formée à rechercher les ouvrages des écoles les plus avancées, des Vénitiens, des Hollandais ; elle a en partie péri dans la contemplation des xive siècles à fond d'or, et de l'imagerie de l'école moderne. Les temps où l'expert Smith dressait son catalogue, où le comte de Hertford formait la collection héritée par Richard Wallace, ne sont plus.

J'en ai connu l'un des derniers exemples, dans Georges Salting, dont la vie se consumait à regarder des tableaux chez les marchands de Bond Street, et sa fortune à les acheter. Ce qui lui restait d'argent payait le loyer de deux chambres au Conservative Club, dans Saint-James, où ses tableaux trouvaient asile, et où ce qui restait de place servait à le loger. A chaque voyage je l'allais trouver au club, où il prenait pension. Après le déjeuner nous montions à sa chambre, puis il m'emmenait chez les marchands. C'était un grand vieillard à la barbe blanche, à la voix douce, à la tenue méticuleuse, couvert d'un chapeau de soie en toute saison. Il ne sortait pas un mot de sa bouche qui ne touchât à la peinture, dont il possédait le discernement exquis, fait d'un don naturel et d'une grande expérience. Le plaisir qu'il y prenait ressemblait au jeu de l'amour. Quelque temps il tournait autour de sa conquête, disant : « J'achèterai celui-là » ; le tableau se refusait à son goût, il y revenait, s'en éprenait encore, retournait à l'incertitude ; enfin dans un élan dernier il l'emportait.

Le choix était toujours juste. Posant contre le dossier d'une chaise son dernier achat : « Qu'en dites-vous ? » disait-il. Tantôt c'était une tête de Gainsborough, petite nature, que les Anglais nomment *kit-kat*, à peine touchée de bleu et de chair dans un camaieu délicieux ; tantôt une Bethsabée de Rembrandt, avec des eaux brillantes d'un effet surprenant ; tantôt une Anne de Clèves en miniature d'Holbein, dont le couvercle d'ivoire ancien, fermant à vis, faisait une rose, pièce unique en son genre, emportée dans une vente publique sur les enchères du roi lui-même. Il ajoutait les prix : cinquante, quatre-vingts, six cent mille francs, toutes sommes considérables, dont il n'était pas une à laquelle l'objet ne répondit pourtant, comme chacun peut s'en assurer maintenant que tout a passé aux musées de Londres.

Plusieurs des collections fameuses que la noblesse conserve dans cette ville me furent ouvertes en divers temps. La qualité et l'abondance en sont célèbres dans toute l'Europe ; cependant, ce n'est qu'une partie de ce que le pays renferme, et que seul un voyage dans les châteaux de province peut révéler. Waagen, conservateur en son temps du musée de Berlin, en a tracé, dans ses quatre volumes des *Trésors d'art en Angleterre*, un tableau dont peu de gens ont vu l'original, car ces châteaux ne s'ouvrent que sur présentations, qu'il est malaisé d'obtenir en nombre suffisant pour une pareille revue. Outre que la province anglaise, peu fréquentée, si ce n'est des Anglais mêmes, manque pour tout autre de plusieurs facilités propres à conseiller le voyage.

Je l'entrepris pourtant, muni de lettres d'introduction en plusieurs lieux et de la résolution de forcer l'accès des autres ; en quoi j'eus le plaisir de réussir partout, grâce aux négociations menées au débotté avec l'intendant, le bibliothécaire, la femme de charge des châteaux. Parfois le maître étant là, la chose se rendait facile après que j'avais tant fait que d'obtenir de le voir. Ainsi je visitais Chatsworth, Longford, Welbeck Abbey, Hamilton Palace, Wilton House, Castle Howard, Knole, Knowsley, Woburn Abbey, d'autres encore, montant à près de vingt-cinq, qui n'épuisent certes pas le trésor des résidences anglaises : tous endroits du moins où j'étais adressé par la nécessité de l'étude, en sorte que mon but fut atteint.

Quant au train du voyage comment le peindre ? Il n'y a pas de pays en Europe moins fréquenté des étrangers. Sait-on que, celui de Londres excepté, il n'y a de guide d'Angleterre qu'en anglais. Dans les villes où je passai, il n'y avait pas de changeur ; tant qu'à Peterborough je dus aller chez le consul pour obtenir de quoi payer. Mon ami Esquirol m'accompagnait. Ensemble nous composions, partout où nous passions, une curiosité si singulière, un spectacle si rare, un événement si insolite, que dans les auberges les servantes venaient auprès de la chambre nous contempler par la porte entr'ouverte. En entendant parler français les gens se retournaient dans les rues. A deux lieues des eaux renommées de Matlock, dans un hôtel des plus courus, l'hôte me disait ne pas voir un Français en un an. Cela donnait l'impression d'être au bout du monde, quoique la vie y fût aisée et confortable, répondant à l'abondance des tours que les Anglais font dans leur pays.

La campagne abonde en délicieux aspects.

Le premier que j'abordai fut le chemin de Chatsworth, station de Rowsley, où par un soir d'été le chemin de fer me déposa. Le vert des prés brillait d'un éclat dont je ne puis comparer le charme qu'à celui du ciel bleu de l'Italie. C'est la même surprise pour l'œil français. Le long de la rivière de Derwent, sur une vaste étendue, je traversais les herbages et je longeais les bois, qui composent le domaine du duc de Devonshire, en proie à l'équivoque agréable de lieux dans lesquels l'exploitation rurale épouse la figure d'un jardin, en sorte qu'on doute si le château commence, ou si la campagne continue. Tel est le prestige auquel le XVIIIe siècle français céda, quand en dépit de Lenôtre il traça les jardins d'Ermenonville et de Morfontaine. Des miracles de propreté dans le travail des champs font cet effet. A Chatsworth, quatre-vingts gardes parcourent incessamment les bois pour en ôter les branches mortes, et le bétail y est lavé, peigné, comme celui d'une bergerie de Trianon.

Le même spectacle s'offrait partout, partout montrant la vie rustique embellie par l'opulence des grands. Vingt petites villes, cent villages, m'apparurent dans ce voyage. Dans ces derniers un air d'antiquité se mêlait au train des champs, les cabarets gardaient l'ancienne table à trois pieds ; au-dessus de la porte une cage de verre protégeait de la pluie et de la poudre l'enseigne du cygne ou du cheval blanc. Le sol était balayé, les murs nets, il y avait partout des rosiers grimpants.. Les villes offraient leur petite place déserte décorée du gothique anglais de quelque église Saint-Magnus ou Saint-Edmond. Les abords épousaient l'aspect de faubourgs de Londres, grandes affiches et vitrines neuves. Les chats couchés devant toutes les portes nous voyaient passer sans alarme. En France ils auraient détalé.

L'Anglais ne taquine ni ne pourchasse les bêtes : cela leur donne une familiarité qui fait que sur les haies, dans les champs, les oiseaux demeurent posés longtemps avant de s'envoler quand on passe. J'en avertis mon compagnon, qui se moqua d'abord et se rendit ensuite.

Les châteaux que nous vîmes sont de trois sortes. Il y a le château de grande tournure, tel que Castle Howard, bâti par Vanbrugh, décoré par Pellegrini : une noble architecture, des pilastres, des coupoles, des mythologies dans les voûtes et sur les cheminées. Il y a la résidence d'aspect riant et riche, volontairement réduite à des lignes simples, quelquefois établie dans un reste d'abbaye, comme Bowood et Woburn Abbey, ouvrage moins ancien, d'une époque où l'Anglais, sûr de son ascendant désormais, dédaigna d'éblouir l'Europe par les ornements copiés de Versailles ou de Poggio Imperiale. Il y a l'ancien manoir comme Hardwick Hall, où la frugalité des temps apparaît, quand le pays, peuplé de cinq ou six millions d'âmes, n'entretenait encore qu'une petite monarchie et une noblesse dénuée de moyens de paraître. L'essor de la nation est du XVIIIe siècle. Auparavant l'épargne se fait sentir, même dans les châteaux de Charles II, à Hamptoncourt, où la grande galerie n'a pour parquet que du sapin. A-t-on remarqué, dans Shakespeare, combien *Macbeth* par exemple porte inscrite cette médiocrité de vie, dans le festin royal où il n'est pas un trait qui n'accuse le rustique, le pauvre, le mesquin, d'autant plus sensibles que l'énergie du poète élève davantage son ouvrage au-dessus de cette ambiance ridicule. N'en doutons pas : tels étaient les galas d'Elisabeth et de Jacques Ier.

J'y songeais en battant le plancher du château de Knole, où des meubles précieux, ébène, argent, albâtre, semés parmi les chambres, ne font que rendre plus sensible l'indigence d'un fond réfractaire à toute magnificence. Quel fouillis ! quel fatras ! parfois quel enfantillage ! Au bout d'une enfilade de pièces, je trouve la dernière occupée. Bonjour, monsieur ; bonjour, madame. Mais non, ce sont des figures peintes sur deux ais dressés, et découpés pour produire l'illusion et tempérer la solitude.

Quantité de portraits pendent aux murs des galeries, costumes de Henri VIII jusqu'à Elisabeth, mines refrognées, faces plates, peintures médiocres. Mais que de personnes illustres à peindre dès ces temps-là, témoignage d'une vie politique et d'une fécondité sociale dont les effets devaient paraître enfin !

Les cabinets de tableaux prennent place dans des endroits moins encombrés, moins sombres, où la fortune renouvelée ou accrue a permis de les rassembler. Quoique en partie réduits depuis le temps que Waagen imprima ses *Trésors*, leur abondance est telle qu'on ne peut s'empêcher de regarder l'Angleterre comme une mine inépuisable en ce genre.

Loin de venir en second des collections de Londres, celles-là les surpassent presque toujours. Dans ce que le propriétaire possédait d'œuvres d'art, la maison des champs a eu ordinairement le meilleur. Il a voulu que le charme de la vie rurale fût uni à celui que donne la peinture. Selon l'humeur du propriétaire, plus ou moins enclin à prêter pour des expositions publiques les pièces de son cabinet, ces collections causaient plus ou moins de surprise. Lord Spencer à Althorp a prêté très souvent ; le duc de Bedford à Woburn Abbey, jamais. Soit qu'elles ne fussent jamais sorties, soit que j'en eusse manqué la rencontre, vingt pièces célèbres m'apparurent pour la première fois dans ce voyage : le Moulin de Rembrandt à Bowood chez lord Landsdowne, la Naissance et le Déclin de l'empire romain de Claude Lorrain à Longford chez lord Radnor, le Livre de Vérité du même à Chatsnorth, les Sept Sacrements de Poussin de la seconde série à Belvoir chez le duc de Rutland, la Vierge de Richard II à Wilton chez lord Pembroke. Puis c'était les Reynolds et les Gainsborough, ouvrages moins anciens, mais plus rares, car combien y en a-t-il de bons hors d'Angleterre ? Même dans les collections publiques de ce pays, avant que celle de Wallace le devînt, quelle peine n'avait-on pas à se faire l'idée complète de leurs talents ! Là je les trouvais en abondance. A travers vingt portraits de gentilshommes, de femmes et d'enfants, nous allions, du coloris ardent et de l'effet magique de l'un, à la douceur argentine, à la teinte aérienne de l'autre.

Nous prenions ce plaisir après des courses menées, non seulement par la campagne, mais à travers les parcs, au fond desquels la résidence anglaise se cache, à la différence des nôtres, dont la cour d'honneur ouvre sur les villages, sauf Corsham Court à lord Methuen, où nous goûtâmes cet air de France, d'autant plus que les manières du maître, qui se trouva là, joignaient leur obligeance à ce simple aspect des lieux. Le général nous mena partout, montrant familièrement ce qu'il dit être apprécié dans sa maison, manœuvrant des deux mains les roues de la chaise où le tenaient attaché les blessures reçues dans la guerre récente du Transvaal.

Quantité de daims courent à travers les parcs. C'est le luxe de ces propriétaires. A Woburn le duc de Bedford entretenait en outre des lamas, des autruches, des casoars, que les Anglais nomment *émus*, qui se promenaient par les allées et entre lesquels il nous fallait passer. C'était une réduction de paradis terrestre, rappelant les ménageries de ce nom, peintes par Breugle du velours de mille couleurs brillantes semées dans le feuillage vert, ou, si l'on veut, le tableau de Milton :

All beasts of th' earth since wild and of all chase.

Ainsi dans ce voyage se mêlaient mille impressions, émanées tour à tour de la nature et des arts, et composant le plus curieux tableau dont jamais peuple saisi dans sa vie plus reculée et plus intime ait régalé les regards d'un étranger.

De tout cela naissaient pour moi des amitiés nouvelles. Les portraits de Marie Stuart abondent dans les châteaux, vrais ou faux. Les Anglais voient Marie Stuart partout, comme les Français Diane de Poitiers. L'iconographie de l'une et de l'autre compose de chaque côté du détroit un chaos égal par la fantaisie, qui va jusqu'à l'extravagance. En Angleterre quelques érudits essayaient de mettre l'ordre dans celui de la reine d'Écosse, en classant les pièces authentiques. Je fus mêlé à cette recherche ; cela me fit connaître André Lang, auteur du *Mystère de Marie Stuart* et d'autres ouvrages sur cette princesse, connu un peu plus tard chez nous par la défense qu'il prit de Jeanne d'Arc contre le livre d'Anatole France.

André Lang était Écossais. C'était un homme de beaucoup d'esprit, amoureux de la controverse, où il portait la vivacité, le mordant des hommes de sa nation. La colonie écossaise de Londres n'avait pas une personne qui ne lui fût connue, de sorte qu'on respirait chez lui moins l'air de Londres que celui d'Édimbourg, où il passait une grande partie de l'année dans des travaux d'aimable érudition. Sa femme, Anglaise de race, n'avait pas moins de goût et d'imagination que lui. Je sus par leur entretien qu'à elle revenait le mérite, quoiqu'il les signât, des compilations de contes de fées où les prédilections de l'enfance sont si parfaitement ménagées. Tous deux étaient en réaction contre la pédagogie anglaise qui condamna longtemps les contes fantastiques comme des mensonges. « Quand on en défendrait, écrivait André Lang, la lecture aux petits garçons et aux petites filles, petits garçons et petites filles les inventeraient tout seuls, les contes de fées le jour, et de revenants la nuit. »

Certain portrait de Marie Stuart nous tenait en contestation. Il voulait qu'il eût été peint en France, j'en mettais l'époque après le retour de la reine dans son pays. L'ouvrage appartenait à lord Leven et Melville, chez qui nous l'allâmes voir ensemble à Roehampton. Comme cette visite ne put nous accorder, Lang m'engagea à donner mes raisons dans la *Revue écossaise d'histoire*, où il était chez lui :

— Vous me traduirez, lui dis-je.

— Nullement, répondit-il. Écrivez en anglais.

— J'en suis incapable.

— Du tout. D'ailleurs s'il y a des fautes, je vous promets de les corriger.

Je me rendis et fis l'article, où Lang ajouta ses réponses en note. Je l'ai joint en traduction à un recueil publié sous le nom de *Critique et Controverse*, avec mes répliques à ses réponses.

Telles étaient nos relations, auxquelles malheureusement la mort est venue mettre un terme. De tous

mes amis d'Angleterre, Lang après Arthur Strong
est celui que j'ai le plus regretté.

Dans la galerie de Woburn, quand je la visitai, se
tenait un familier du duc de Bedford. Il se nomma.
C'était Frank Bennett Goldney, aussi mort aujour-
d'hui, fils de Sébastien Evans, renommé pour la
science des langues romanes, cousin d'Arthur Evans
qui fit les fouilles de Gnosse, et découvrit le Laby-
rinthe de Crète. Nous fîmes connaissance ainsi. Il me
présenta à son père, qui demeurait à Cantorbéry, au
milieu d'une bibliothèque qui, joint les témoignages
d'amitié de mes hôtes, en faisait un séjour charmant.
Sébastien Evans s'adonnait à traduire tantôt saint
François d'Assise, et tantôt Guillaume de Malmes-
bury, qui fit depuis le roi Arthur l'histoire de l'île
de Bretagne. Il se divertissait à m'appeler son fils, et
sur certains éloges que je lui fis de ses auteurs, me
jugeait digne d'être franciscain. Le soir nous avions
de longues contestations au sujet de la guerre des
Boërs, qui durait encore. Il me répondait : « C'est
notre route des Indes ; il nous la faut et nous l'au-
rons. »

A table, à ma pension de Londres, j'avais entendu
un représentant de commerce dire que les Boërs,
vainqueurs par l'Angleterre des nègres qui autrefois
les avaient assaillis, manquaient à la justice en
repoussant son joug. Je préférais le propos de Cantorbéry.

Mais que pensez-vous de ces manières différentes
d'assurer l'unité de volonté nationale? Quelle sage
économie intellectuelle d'un peuple où, selon les
classes sociales auxquelles l'État s'adresse, les raisons
changent, et le même intérêt reste !

CHAPITRE VIII

Longtemps l'Action Française s'était considérée comme devant réussir par les faibles moyens qui furent d'abord en son pouvoir, la vertu des idées multipliant l'effet de la petite revue qu'elle imprimait, la décision et l'ingéniosité donnant à ce qu'elle possédait de forces une efficacité indéfinie. Les conférences tenues devant de grandes assemblées furent le premier trait de la commune méthode à laquelle elle se rangea enfin. La fondation d'un journal en fut un autre.

Un parti ne peut rien faire sans cela, sans le commentaire quotidien des faits, sans la part prise aux controverses en cours. Quoique cheminant à l'écart des partis et dédaignant d'avoir une opinion sur le train d'événements que nous jugions en principe, encore nous convenait-il d'informer de ce point de vue un plus grand nombre de lecteurs, et d'en montrer l'avantage à propos de ce qui se passait. Aux attaques que nous essuyions, le journal offrait en outre plus de moyens de répondre, que la revue ou la brochure. Puis notre action manquait du retentissement que la presse seule donne aux réunions publiques. Celles que nous tenions étaient à peine comptées ; les journaux les plus vains de leur information omettaient celle-là. Le silence gardé par les journaux sur des assemblées de cinq ou six mille personnes, où la Cour de cassation était accusée de faux et réclamé le retour du roi, prouvait que nous ne pouvions être servis que par nous-mêmes.

Pour commencer, fonder parut trop onéreux ; il fut question d'acheter un journal déjà fait. Quelques pourparlers, entamés par Daudet du côté de la *Libre Parole* sans résultat, changèrent ces dispositions. Nous quêtions non sans peine l'argent pour aboutir. Avec une somme si faible, que nos meilleurs amis nous reprochaient notre imprudence, nous lançâmes enfin le premier numéro d'un journal à nous, fondé par nous, et qui portait le nom de notre action.

Nous nous logeâmes Chaussée d'Antin, dans deux étages dont l'un servait aux rédacteurs, l'autre aux bureaux. On n'y était pas fort à l'aise, mais quantité de journaux à Paris ne sont pas mieux partagés. Il fallut tout créer, avec peu d'expérience. Vesins prit l'administration, Boisfleury le secrétariat, Vaugeois fut directeur, comme il l'avait été de la revue, laquelle continua de vivre sans plus paraître qu'une fois par mois. Il fallut dresser les rubriques, assurer les nouvelles, engager des rédacteurs, ce qui n'allait pas sans peine, à cause du choix restreint que nous offraient nos amis, et de l'inconvénient d'en rechercher ailleurs. L'article de fond appartint à Daudet et à Maurras à tour de rôle, le dimanche était à Vaugeois. Bainville eut la politique étrangère, Lasserre une chronique des lettres, un peu plus tard j'eus celle des arts. Une revue de la presse fort étendue, avec commentaires de chaque extrait, fut signée Criton par Maurras.

Nul de nous jusque-là n'avait fait un journal, toute connaissance en ce genre nous manquait ; sur quelques points en outre notre dessein s'opposait aux règles communes du journalisme ; la controverse enfin de Maurras, qui prenait le premier rang dans cette besogne nouvelle, ne convenait au genre qu'en partie, et quelques-unes de ses habitudes y étaient positivement contraires. Malgré le talent qu'on y mettait, les compétences auxquelles chacun rendait hommage, les organes inférieurs manquèrent et l'ordonnance fut défectueuse. Notre journal parut fait en dépit du bon sens. La presse se demanda quel monstre s'était formé tout à coup dans son sein. Comme l'indulgence était ce qu'il fallait le moins attendre d'un monde où nous avions porté la guerre, les quolibets, les pronostics coururent. On fixait à trois mois la fin de notre entreprise.

Cependant nous ne doutions pas de vivre. Nous vécûmes. Avec des nouvelles tardives et incomplètes, une indifférence du reportage, une abondance de dissertation, l'apparence de bulletin que donnaient les faits de la ligue, le problème était de suffire au public d'un journal. Celui de la revue s'en était contenté. Étendre ce public sans changer de ton, convertir des milliers de lecteurs à des dispositions qui ne sont ordinairement celles que d'un petit nombre de fidèles, quelle gageure ! Mais nous la gagnâmes.

Je ne sais si nos confrères de presse en sont encore bien revenus. Je crois qu'ils en trouveraient la cause dans le peu de soin que prennent leurs journaux de veiller au culte des idées. On en rend le public responsable, on prétend ne s'en priver que pour le satisfaire. Mais non, le public en général est à cet égard au-dessus de son journal, au-dessus des lectures qu'on lui donne, et qu'il juge souvent sans indulgence. L'Action Française fit simplement la preuve que le lecteur français préfère à cette omission l'imperfection professionnelle, et que l'information négligée, le défaut d'ordre dans les matières, l'incontinence de plume qui couvrait toute une page d'analyses et de démonstrations, lui sont plus supportables que le défaut de pensée. Quand je quittai l'Action Française, nos amis n'avaient pas cessé de dire que l'inconvénient de leur journal était qu'avec celui-là il en fallait un autre. Jamais cela ne fut changé ; il réussit pourtant.

Dans le genre que nous avions des raisons d'imposer, la revue de la presse, où Maurras commentait les journaux, fut du moins en ce temps-là quelque chose de parfait. D'autre part l'article de Daudet faisait diversion à la tristesse du dogme : les saillies dont il était plein, donnaient l'élan à la machine. Comme sa grande muse était la joie, et qu'il n'y en a pas de plus sensible que d'écrire dans un journal à soi, l'inspiration ne le quittait guère. Elle lui a dicté des chefs-d'œuvre, qu'on feignit de ne pas apprécier dans le monde qu'ils ravageaient. C'était celui des conservateurs. Alors le bruit courut que notre pensée, paradoxale et rétrograde, intéressante pourtant pour un lecteur instruit, se déshonorait par les violences que le nouveau journal imprimait. « Le châtiment de Maurras, disait-on de ce côté, sera d'avoir embarqué Daudet. »

Mais cela ne fut pas vérifié. L'action de Maurras ne décrut pas. Au contraire le journal fit voir que sa controverse agissait non seulement sur les intelligences, mais sur les personnes.

Il avait l'art de vider la dispute de tout élément capable d'offenser. Le soin d'y maintenir le niveau de la pensée pure, une précaution dans les paroles qui ne sentait ni la crainte ni la complaisance, mais tenait à des égards pour l'esprit, aboutissaient à rassurer si complètement les amours-propres, qu'une sorte de sympathie sortait de ces dialogues : sympathie de tête seulement. Ainsi jadis il avait mené la controverse avec Ranc. Il la reprit au jour le jour avec quantité d'adversaires, notamment avec Lanessan, que, par une ruse innocente qui s'ajoutait au reste, il avait soin d'appeler le comte de Lanessan, ayant appris d'Amouretti, qui l'avait vu dans un vestiaire, que dans le fond du chapeau de cet ancien ministre radical, une couronne de comte étincelait.

Ainsi, malgré les intérêts contraires que nos campagnes trouvaient armés, l'intelligence se déclarait pour nous un peu partout dans les partis. Cela n'allait pas jusqu'à la conquête. Quelques-unes pourtant furent opérées, dont la plus fameuse fut celle de Jules Lemaître.

Il résista longtemps. Quoique nationaliste, son tempérament répugnait à la dictature que l'Action Française offrait au roi. Il n'aimait pas l'absolutisme, que notre politique religieuse professait, aussi bien que notre doctrine d'État. Toutefois il détestait le rigorisme protestant, et le mépris des élections, qu'il avait vues de près, tempérait en lui la préférence d'un pouvoir balancé selon les règles de Montesquieu. Je suppose qu'un parti formé par des écrivains n'avait, au surplus, pas trop de quoi lui déplaire; le prestige de Maurras l'acheva. Il l'appelait le plus grand politique du siècle. En somme, toutes sortes d'impressions que son esprit était fait pour ressentir, et auxquelles il avait cédé tour à tour, l'avaient lassé. Il éprouva le plaisir de se rendre à une dernière, plus solide que les autres, chargée de promesses de durée plus palpables; ce qu'il exprimait en disant: «*Inveni portum,* j'ai trouvé le port. »

L'amour des lettres avait été la plus constante de ses passions. Il les goûtait pour le plaisir qu'elles donnent, non pour la parade, à laquelle il avait peu de goût, évitant partout le ton d'oracle, et ne s'exprimant au sujet de ses talents qu'avec une modestie extrême. A une apparence de vieillesse précoce, car il n'avait alors pas soixante ans, il joignait un air doux et fin, un débit lent, un timbre riche, un discours où l'ironie légère jetait de plaisantes hésitations. « La science manque, disait-il, à ce que nous écrivons. Comment appeler ce genre d'ouvrages? Ni histoire, ni critique, au_fond. Notre sentiment de tout, rien davantage. » Il cherchait. « Polygraphes. Oui, polygraphes, voilà. Je suis un polygraphe. » Mais comment rendre la grâce et le comique du ton?

Un des grands succès de sa carrière avait été les conférences données à la société de ce nom. Le discours qu'il apportait écrit, comme tous ceux qui s'y sont fait entendre, il le lisait en perfection. Cet art fut beaucoup apprécié quand il eut accepté de parler dans nos réunions. De la fortune acquise par ses talents, il avait employé une partie à acheter les auteurs dans les éditions anciennes et rares. Il avait les classiques latins en petit format Lefèvre bien reliés, qu'il mettait dans sa poche et lisait en chemin de fer, entre autres Horace et Juvénal, que deux étudiants d'Action Française achetèrent à sa vente et que je tiens d'eux en don.

Sa conversion fit beaucoup d'effet. Jointe aux sentiments acquis de Paul Bourget, elle procurait à notre cause des garants éclatants parmi les écrivains. Nous invitâmes l'un et l'autre à écrire dans le journal, ce qu'ils firent avec un grand succès. Les *Lettres* de Lemaître *à son ami*, d'abord parues ainsi, puis données en brochure, prirent place dans notre librairie parmi nos instruments d'action.

Pendant que le journal s'avançait, nous eûmes soin de pousser l'action par des conférences en province. J'en fus surtout l'instigateur. Vaugeois me disait : « Partons-nous? » On allait tantôt à Bordeaux, tantôt à Marseille, tantôt à Nantes. Presque toujours les amis que nous y avions réussissaient à former des assemblées considérables qui nous accueillaient avec chaleur. Ce que nous leur portions ne ressemblait guère à ce que d'autres leur avaient fait entendre. Le couplet de la liberté de conscience n'y était pas, car nous étions pour la surveillance des consciences ; pas davantage le couplet sur l'armée, car nous étions contre le service obligatoire. Ainsi les tonnerres d'applaudissements dont l'un et l'autre ont coutume d'être salués nous manquaient.

Nous avions mieux, je veux dire l'applaudissement muet d'une salle que la démonstration tenait longtemps suspendue, laborieuse, attentive, et dont le battement de mains éclatait à la fin comme une fusée involontaire. Notre discours ne tenait rien de l'avocat : c'était celui du professeur. Loin de nuire au succès, cela le rendait plus certain, car en quel temps le métier d'enseigner a-t-il exercé plus de prestige ? L'absolution de Dreyfus avait été enlevée en contant au pays que la Sorbonne l'ordonnait. « Nous sommes, disait Vaugeois, en *pédantocratie*. Il faut parler en maîtres d'école. »

Cela réussit énormément. D'un bout de la France à l'autre, nous portâmes les raisons qui nous avaient faits royalistes. Quelquefois d'anciens comités, reformés à l'appel d'une cause qui sommeillait depuis vingt ans, nous accueillaient avec mille démonstrations. Ailleurs c'étaient des convertis comme nous, dont le zèle nous assurait le succès. Ceux-là ne connaissaient pas la crainte, ne conseillaient nulle précaution. Les royalistes d'origine ralliés un temps, longtemps incertains de leur conduite, montraient souvent moins d'assurance. Les exploits des Camelots du roi, mal notés des salons de province, dont ils subissaient l'obsession, devaient être omis dans nos discours. Nous en vanter froisserait l'auditoire. Nous répondions :

— Y pensez-vous ? L'Action Française marche avec cela. Ces exécutions font son succès.

— A Paris.

— En province.

Nous citions des exemples.

— Bon, disaient-ils, ici c'est autrement. Vous ne connaissez pas la ville.

— Laissez-nous faire.

— Ah ! grands dieux, prenez garde.

Nous disions : « Mesdames et Messieurs, le monde conservateur s'imagine qu'il peut plus par raison que par force. C'est tout le contraire. Il dispose de peu de force, car celle de la police lui manque ; il peut encore moins par la raison, car ce qu'il imprime est arrêté en route. Il y a une presse organisée pour cela. Si, contre le général André, Syveton avait fait un discours, les grands journaux ne l'auraient pas donné, et personne ne l'aurait lu. Mais ses claques ont été entendues de tout le pays. » On riait, on battait des mains. C'était à une autre ville à dire que chez elle cela serait mal reçu.

En pays chouan, dans le Maine, comme en Provence, cet éloge de l'action allait sans objection. C'est que le droit pratique du roi à remonter sur son trône, n'y était pas oublié. Tout semblait bon contre l'usurpation. Ailleurs, même chez les plus fidèles, la légitimité tenait de la théorie. Frapper pour l'imposer semblait un sacrilège. Un royaliste à Paris me disait : « Vous me déflorez la monarchie ; vos violences en souillent le tableau ; je m'y reposais comme dans l'idéal. »

A Chambéry, ville de fidélité, où la maison de Savoie régna huit siècles sans l'ombre d'une révolution, comment n'aurait-on pas eu de peine à unir en pensée le droit monarchique à la violence? En compagnie de Lemaître et de Daudet nous y allâmes fêter le souvenir de Joseph de Maistre.

Lemaître fut parfait, et Daudet excellent, mais ses vivacités parurent extrêmes. Malgré la sympathie qui tient à sa personne, malgré ce que son propos eut d'entraînant, quelque chose dans les écoutants résistait. Il y avait le soir un dîner de cent couverts. Pujo, qui venait de débarquer, y parla. Il parla des Camelots du roi. C'était ajouter des exemples à ce que Daudet avait montré en général : le recours à la force afin de rétablir l'ordre. Le sujet repris ains risquait d'indisposer. Ce fut le contraire qui arriva. Le débit hésitant de Pujo, son tour modeste, le contraste comique que faisaient son air paisible et les aventures qu'il contait, donnèrent à tout le sujet un air si naturel, si débonnaire et si humain, que les convives furent conquis. Tout ce qu'ils avaient du mal à digérer passa.

Des pages de Joseph de Maistre sur le coup d'État pour le roi de France, que Daudet avait lues, ne disaient pas autre chose que ce que l'Action Française voulait et pratiquait ; son commentaire avait exprimé cet accord. Tout le monde le sentit, et le fêta.

Daudet était dans ces voyages le plus agréable des compagnons. Une promenade que nous fîmes aux Echelles, ce même jour, retentit de mille divertissants propos. La veille ses souvenirs littéraires avaient amusé la soirée. Il possédait merveilleusement Zola, dont il redisait les paroles, et qu'il imitait dans sa prononciation, dans son débit et dans ses gestes, au point qu'on croyait l'avoir vu. Je lui disais : « Daudet, imprimez cela. » D'autres le lui disaient aussi. De là nous sont venus ces étonnants souvenirs, où la vérité de la peinture sort d'une hyperbole perpétuelle, constamment réglée sur l'éclat de rire.

Le commandant Cuignet, qui dans l'affaire Dreyfus tint tête au général André, avait alors pris sa retraite. Il écrivit et parla pour nous. C'était un petit homme sec, au regard perçant, au débit saccadé dans un ton uniforme, dont les propos, jaillis comme d'un feu intérieur, luisaient et brûlaient comme un fer rouge. Il occupa dans notre institut une chaire consacrée à l'affaire dont il avait été témoin, et qui portait le nom du général Mercier.

Sans s'y astreindre à l'ordre des événements, il choisit quelques épisodes, et les traita à fond dans autant de séances, où l'assistance courait en foule.

Ce plan anecdotique donnait la vie aux choses. Il disait : «J'étais là », dépeignait les personnes, donnait le sentiment des lieux ; une sorte d'humour, âpre et plaisant à la fois, barbouillait ces scènes odieuses, d'indignation et de ridicule. Un livre qu'il a tiré de cet enseignement oral, est certainement la source la plus vive où l'on puisse recueillir les impressions de l'affaire.

Dans une réunion tenue à Marseille, où je paraissais à ses côtés, je sentis fortement combien ce sujet, qu'on disait à charge à l'opinion, lui était au contraire toujours neuf, pourvu qu'on eût l'art de le peindre. Je parlais après lui. Je traitais de choses générales ; il fallait quelque temps au public pour s'y rendre. Avec Cuignet le contact allait de soi. On courait après ses paroles, ou les supputait, on les devinait, l'approbation éclatait au moment où sa bouche les proférait. L'effort que j'exigeais m'apparut si vivement qu'un moment je désespérai de l'obtenir. Tant le fait individuel a de puissance en soi, tant l'intérêt engagé dans celui dont Cuignet faisait l'histoire en empruntait de force pour captiver l'esprit, émouvoir la passion.

Ceux qui plaidèrent l'innocence le savaient, les autres avaient commis la folie de l'oublier.

Parmi ceux qui parlaient devant ces auditoires, il faut compter Bernard de Vesins, dont la prestance, l'ascendant, une présence d'esprit dans la contradiction à laquelle on conviait entre temps l'assistance, obtenaient le plus grand succès ; Paul Robain ; le marquis de Roux, remarquable par la précision et l'ordre qu'il apportait dans ses discours. De lui ont émané certainement les plus remarquables qu'on ait entendus chez nous. Il était avocat. Le ton de cette profession s'accommodait mal de notre dessein en général, à cause de l'habitude qu'elle donne de solliciter l'approbation, ce qui n'était pas notre style.

De Roux avait l'art de n'en garder que ce qui convenait en l'occurrence, une attention scrupuleuse à l'effet, qui l'enrichissait sans lui nuire.

Vaugeois parlait avec une grande chaleur, en dépit d'un débit souvent embarrassé par l'afflux même des sentiments. La pensée chez lui jaillissait par éclairs, et de toute sa personne sortait la sympathie. C'est lui surtout qui nouait aux quatre coins de la France les amitiés utiles à notre action, d'où sortaient les invitations à parler, les conseils, quelquefois les contributions d'argent. Sans cesse en mouvement pour les faire naître, il les choisissait exquisement, leur donnait le rang qui leur convenait, et avait l'art, toujours désheuré et courant, de les entretenir sans fin. Personne ne sut comme lui mettre le sentiment en tiers des relations politiques ; de la part de tous ceux que notre action rassemblait, c'est à lui entre tous qu'allait le plus d'affection.

Entre les amitiés que nous fîmes dans les rangs de la noblesse française, celle d'une femme a beaucoup compté. C'était la marquise de Mac Mahon.

Elle était veuve, fille du marquis de Vogüé, avec lequel elle vivait seule, ce qui fait que tout son temps était entre ses mains. Elle mit à notre disposition son influence et ses relations ; elle dirigea les Dames royalistes, inspira les Jeunes filles royalistes, toutes associations qui tendaient par nos méthodes à notre but. Dans beaucoup de conférences elle nous accompagnait. Elle recevait les dames des villes où nous passions, portant de ce côté notre influence. Vis-à-vis de la société de province, plus souvent portée à médire de nous qu'à nous souffrir, le patronage de Mme de Mac Mahon était un fameux porte-respect.

Par un paradoxe que je n'ai vu réussir en cette manière qu'à elle, elle parlait dans les réunions. Quelle occasion de disgrâce pour une femme ! que cela communément sied peu ! ou, si cela sied, au prix de quels changements dans les manières, le ton, propres à leur sexe, cette réussite a lieu ! Une femme peut charmer ainsi, mais par des voies qui la reculent du train de la vie quotidienne où nous aimons à la placer. Mme de Mac Mahon parlait sur une estrade en face d'une foule, du même air dont elle aurait parlé dans son salon. Rien de la femme orateur, de la femme conférencière, de la femme d'action politique, ne s'attachait à ses façons. L'impression qu'elle donnait était celle d'une personne que l'urgence de la crise française tirait de chez elle, et qui s'y prêtait simplement. Aussi n'était-elle autre chose. Le plaisir de paraître était aussi absent de sa contenance que l'embarras, quoique l'effort lui coûtât beaucoup, comme je le lui ai ouï dire et en ai vu les signes en plusieurs rencontres au moment d'entrer dans la salle ; mais elle n'en laissait rien paraître.

Elle avait la taille belle, le port noble, un air de tête obligeant et gracieux. Sa voix, qu'on écoutait dans un religieux silence, portait très loin. Elle ne tenait que fort peu de temps l'auditoire, ne développait que des sentiments, ceux qu'elle ressentait pour le prince, pour nous qui préparions son retour, pour les Camelots du roi dont elle aimait le courage, pour la France dont le péril l'amenait là. Cela touchait beaucoup. L'air grande dame imposait, et la bonne foi trouvait l'accès des cœurs.

Ces conférences avaient beaucoup d'utilité. Outre la diffusion de la doctrine, elles procuraient celle du journal. Elles servaient aussi à fonder des sections, soit de la ligue, soit des Camelots du roi, en sorte que quantité d'organes d'Action Française étaient semés peu à peu dans le pays.

Ces organes demeuraient distincts des anciens comités royalistes, lesquels obéissaient à Monsieur le duc d'Orléans. Comme l'Action Française n'était pas royaliste d'origine, qu'elle ne servait la monarchie qu'en conséquence d'une conversion, il était naturel qu'elle fût libre. Cette conversion n'avait pas fait de son journal l'organe du prince, ni de sa ligue son instrument, ni d'aucune de ses créations une dépendance des pouvoirs avoués par lui.

Et cela était bien ainsi. La distribution de ces pouvoirs remontait au comte de Paris. L'esprit de ce prince y demeurait empreint. C'était celui d'un temps où rien ne semblait défendre d'espérer que les chambres rétabliraient le roi. On y pratiquait donc le respect des formes légales. D'autre part l'insuccès encouru depuis trente ans sur ce terrain avait, en licenciant l'action, plongé ces organes dans l'indolence. Ils ne faisaient rien, et ce que nous faisions n'avait pas leur approbation. Dépendre d'eux eût donc été nous condamner à disparaître. Cependant un assez grand nombre prenait ombrage de nos sections, soit jalousie, soit aigreur causée par la différence des méthodes, soit impatience de voir ce qu'il y avait d'esprits plus actifs et de cœurs plus chauds les délaisser pour venir à nous. Ajoutez qu'ils étaient composés de gens du monde, attentifs à de menues convenances auxquelles nos recrues manquaient parfois, et que nous-mêmes, faute de connaître toutes les circonstances des provinces, nous choquions souvent sans le savoir.

De là s'ensuivaient des querelles, dont il convenait quelquefois de rire, que d'autres fois il fallait apaiser.

Un certain nombre de représentants du prince commandaient à ces comités, désignés par son choix et ne relevant que de lui. A Paris il y avait un bureau politique qui gouvernait cette hiérarchie sous un chef nommé également par le prince. Un différend avec ce chef ou avec ces représentants eût eu pour nous des suites fâcheuses. Nous avions soin de l'éviter, ce qui, vu la mauvaise volonté de quelques-uns, n'allait quelquefois pas sans peine. Ainsi nous allions, veillant à ce danger, prévenant les conflits, maintenant les distances, épargnant l'amour-propre de l'un, l'intérêt de l'autre, bref, ménageant de notre mieux la machine royaliste et notre liberté, quand vint fondre sur nous l'orage le plus saugrenu, en apparence le plus dénué de motif, et certainement le plus imprévu qui se pût imaginer en ce genre.

Nous le prîmes comme une affaire de grande importance alors. Il n'est pas possible en le contant de lui garder ce caractère, la suite de notre histoire l'ayant fait évanouir.

L'Action Française alors se disait en travail d'événements qu'on n'a pas vus paraître. Quelle émotion ce serait, si Philippe VIII régnait, d'écrire, à l'heure où je tiens cette plume : « Tel jour, le prince, trompé par de mauvais serviteurs, faillit briser le sûr instrument qui l'a remis enfin sur le trône. » On ne peut pas dire cela, il faut donc baisser le ton, et convenir qu'avec la brochure du coup de force, les faits que je vais dire comptent parmi ceux de cette histoire que le temps aura le plus maltraités.

Il faut savoir que la personne du prince n'était pas seulement chez nous l'objet de la fidélité politique. Tous en des temps divers nous l'avions approché, et cette audience nous l'avait fait aimer, principalement Vaugeois, que nous vîmes retourner de son premier voyage de Londres, les paroles de l'enthousiasme à la bouche. Le duc d'Orléans s'était emparé de son cœur d'une façon si vive et si sensible que Bourget se divertissait à nommer Vaugeois *basiléraste*.

J'eus l'honneur d'être reçu par lui à Londres, dans un voyage tout occupé par des affaires de librairie, si bien qu'il fallut prier M. de Fonscolombe, qui tenait sa maison, de faire que je ne fusse pas compris dans le déjeuner auquel on conviait nos amis. Je ne vis donc le prince que peu d'instants. Ce qui me frappa d'abord, en lui, fut la jeunesse de son visage et la vigueur de sa stature. Il avait alors trente-cinq ans ;

sa figure était d'un collégien ; son corps d'un athlète.
Je songeais au bel Amazan de la princesse de Babylone, visage d'Adonis sur le corps d'Hercule. Les
paroles que nous échangeâmes joignirent à cette impression celle d'un cœur ardent, d'un plaisant enjoue-
ment et de l'horreur des grimaces. Il me demanda
ce qu'on faisait à Paris. Je lui dis qu'on attendait
sa cravache. Cette réponse lui plut. Il y avait en
lui moins de Henri IV (comme on l'a dit) que de
Louis XIV, auquel il est certain qu'il ressemblait de
visage, non moins que son bisaïeul Louis-Philippe.

Comme lui il avait la grâce et la majesté de la personne ; comme lui il aimait le faste : celui qu'il
déploya à Stowe House pour les noces de la princesse
Louise sa sœur avec le prince de Bourbon-Sicile,
avait causé de l'éblouissement. Il en avait aussi la
magnanimité. Dans tout ce qu'on lui a vu faire livré
à son inspiration, jamais il n'y eut rien de petit
ni de mesquin. J'ai connu beaucoup de ses propos ;
vingt témoins m'ont redit l'impression qu'ils rapportaient de sa présence. Je suis certain que ce qu'on a
dit, qu'il n'y avait pas de prince au monde plus capable d'enchanter les Français, était vrai. Il avait ce qui
plaira toujours chez nous, l'éclat, la rondeur et l'autorité.

Par malheur son enfance avait manqué des soins
et des redressements qui trouvent place à cet âge.
Aux princes comme aux sujets c'est une grande infortune. Le colonel de Parseval avait formé son adolescence, mais ses premières années omirent la discipline
qui ne sauraient provenir que d'une mère. Il avait
grandi au gré des penchants, développant l'instinct
d'une nature généreuse au milieu des hasards de
l'habitude. L'affection conjugale et la paternité cor-
rigent dans un homme fait ces inconvénients. Le duc
d'Orléans fut privé de l'une et de l'autre. Un sot
mariage, bâclé par des cousinages, avec une princesse

autrichienne plus âgée que lui, dont on croqua la dot, qui tomba malade et se sépara, l'avait laissé à trente ans seul, célibataire forcé, sans foyer ni enfants. Ainsi rien n'était venu tempérer chez le prince, ce défaut d'éducation du jeune âge, dont s'engendrent chez l'homme fait deux maux : le manque d'égards pour les personnes, et le peu d'application.

Le prince choqua le vieux monde royaliste, celui des amis de son père et du comte de Chambord, par la brusquerie dans les manières ; il donna peu de soins au métier de prétendant. S'il avait été roi, on peut croire qu'il eût réparé ces défauts ; la liberté de l'exil les avait épargnés. Les malins ont écrit qu'il ne voulait pas régner. Cela n'est pas vrai ; ce qu'il ne pouvait souffrir était de pratiquer les lentes approches du trône ; il n'eût pas reculé devant l'assaut. Le prince était brave, aventureux, il ne redoutait aucun danger d'une action brève et décisive, mais tout ce qui supposait de la patience, un effort prolongé, l'ennuyait.

L'exploration des mers glaciales, ses chasses aux Indes, faisaient la preuve de sa valeur ; en politique il n'avait pas plus de timidité. Il avait un sens droit de l'autorité, moins par réflexion que par un tempérament qui lui faisait saisir le néant des simagrées légalitaires. A vingt ans il avait fait le pied de nez à la loi qui le chassait de France, et envahi le bureau de recrutement. Il avait horreur des paroles vaines, des déclarations, des manifestes. A ceux qui lui en portaient le projet : « Encore des discours ! » disait-il. Il ajoutait qu'un prince n'est pas un journaliste. Il avait beaucoup vu, il observait finement et peignait avec sel ce qu'il avait observé ; il ne lisait pas. Sur tout ce qui supposait l'information des livres, le commerce assidu des journaux, il était aisé de le surprendre ; en cela bien différent de son père, qui avait étudié toute sa vie.

Mais cet inconvénient, qui tenait en partie au dégoût des simulacres et à l'impatience de l'action, ne faisait qu'accuser chez le prince le caractère dont la France avait le plus besoin. Plus qu'aucun autre prétendant avant lui, le duc d'Orléans sur ce point essentiel répondait à la situation.

Venons au fait. Le prince avait pour chef de son bureau politique à Paris un ennemi secret de l'Action Française, qui, ayant gardé quelque temps des mesures envers elle, crut, pour je ne sais quelle raison, le moment venu de s'en passer. C'était un homme médiocre, à qui un titre de comte et quelque fortune obtenue par mariage servaient à s'avancer dans le monde, tantôt intriguant dans l'antichambre des princes, tantôt tracassant le terrain électoral. Dans je ne sais quels avis donnés aux comités, il affecta d'étendre jusqu'à nous l'autorité de son ministère. Il ne s'agissait pas d'en tenir compte ; cependant nous apprîmes que le prince s'y intéressait. Le chef du Bureau se disait approuvé ; il ne doutait pas de nous réduire. L'intrigue parut si avancée, que Vaugeois, Maurras, Moreau, Montesquiou, firent le voyage d'Espagne où se trouvait le prince, pour un médiocre résultat : la mine qu'ils nous montrèrent à la gare du quai d'Orsay, où nous allâmes les attendre, marquait assez peu de contentement. Mais enfin le prince les avait accueillis, les paroles qu'ils avaient reçues de lui étaient des paroles supportables ; on nous promettait la liberté.

Hélas ! ce reste d'assurance devait s'évanouir bientôt. Huit jours n'étaient pas écoulés, qu'un règlement officiel paraissait, où malgré quelques précautions de langage, toute action royaliste était incorporée. En même temps un autre événement venait empirer la conjoncture.

C'était sous le ministère Briand. L'auteur de la séparation présidait l'inauguration d'une statue de

Jules Ferry. C'était deux fois la fête de l'anticléricalisme. Un camelot du roi, Lucien Lacour, fils d'un patron menuisier et menuisier lui-même, eut l'art d'être placé au pied du monument, de n'éveiller point de soupçon, enfin d'approcher du ministre, dont le discours ne fut pas plus tôt fini, que deux claques largement appliquées lui en payèrent la récompense. Qu'on imagine la surprise, le désarroi, la colère et les cris. Avant d'être traîné en prison, Lacour fut assailli et frappé jusqu'au sang.

Des faits de ce genre mettaient en fureur le monde auquel appartenait le chef du Bureau ; ils avaient au contraire l'approbation du prince. Le moment parut propre à les lui faire désavouer. La calomnie a dit que par le chef du bureau il se laissait aller à négocier avec Briand son retour en France. Cela n'est pas vrai. La prévention où on l'avait jeté suffit à expliquer ce qui se passa, qui fut que, à notre refus d'obéir au bureau, Monsieur le duc d'Orléans répondit de deux manières : par une condamnation qui frappait nos personnes, et par une phrase où l'emploi de la violence dans le service de sa cause était blâmée.

Un pareil coup devait nous terrasser. Car quelle réplique y faire ?

Deux sont possibles en pareil cas : ou dire qu'on sert la cause sans se soucier de celui qui la représente, ou se défendre en alléguant que le chef s'est laissé tromper. Ni l'une ni l'autre ne vaut rien. Cependant nous ne pouvions nous taire, car nous ne voulions pas nous dissoudre. Nous choisîmes la seconde excuse, comme moins insoutenable, comme réservant en quelque manière l'obéissance, enfin comme laissant place aux accommodements : Du jour au lendemain le journal s'emplit de l'ardente dénonciation du chef du bureau politique, traîné devant l'opinion royaliste comme faux conseiller de son prince, comme artisan de discorde et de destruction.

Hélas ! l'opinion royaliste ne s'étendait pas fort loin, et dans le nombre borné des personnes qu'elle groupait, la plupart nous étaient contraires. Nous avions contre nous le préjugé de tous ceux qui, ne perçant pas les dessous de l'affaire, ne pouvaient comprendre qu'au chef auquel nous invitions la France à se soumettre, nous commençassions par désobéir ; nous avions contre nous ceux qui voyaient avec colère les exploits des Camelots du roi ; dans le vieux parti royaliste, tout ce qui médisait de la personne du prince fut pour lui contre nous, ce qu'on lui reprochait se confondant à leurs yeux avec ce dont nous étions coupables : manque aux convenances, incartades, aventures. Un groupe d'hommes respectables par les services rendus, qui composait comme un conseil du prince, lui envoya ses félicitations. MM. de Lanjuinais, Lamarzelle s'y trouvaient.

Pour soutenir ce choc, nous avions les participants de notre action. Mais dans la conjoncture beaucoup d'entre eux nous quittèrent, l'épreuve dépassant ce qu'ils pouvaient supporter ; et quant à ceux qui, convertis comme nous, ne pouvaient comprendre l'action royaliste qu'à notre mode, comment pouvions-nous espérer que le poids de ces nouveau-venus balancerait celui des anciens royalistes, autorisés par l'habitude ? Convertis de cinq ans, engagés dans la cause pour des raisons qui n'appartenaient qu'à nous, qui hors de chez nous passaient pour une gageure, nous prétendions connaître seuls les règles de cette cause, seuls ses intérêts, seuls son avenir, et là-dessus contredire aux instructions du prince. Quelle folie ! Cette insolence apparente nous aurait anéantis, sans un secours qu'une réalité plus profonde nous ménageait : je veux dire celui du parti chouan, qui faisait notre appoint solide du côté des vieux royalistes.

Ceux-là détestaient dans le prince la descendance orléaniste ; pour les retenir dans son parti il fallait l'argument de la légitimité, il fallait l'exemple révéré de Charette et de ses zouaves pontificaux, qui, en dépit de la répugnance historique et de l'intrigue, avaient salué, quand le comte de Chambord mourut, le comte de Paris comme son successeur ; à quelques-uns il avait fallu les démonstrations de Maurras, et l'adresse qu'il avait à faire briller dans la branche d'Orléans, une fois héritière, la tradition de la maison de France.

Ceux-là n'avaient garde de nous quitter. Quand ils virent que, sans abandonner la cause, leur amitié pour nous les rangeait en bataille contre le petit-fils de Louis-Philippe, il n'y eut plus d'ombre à leur bonheur, leur entrain ne connut pas de bornes. Le parti les regardait comme des énergumènes, mais leur fidélité ne pouvait être contestée, leur ascendant dominait la critique. Des noms comme celui du comte de Damas contenaient le royalisme tout entier. C'était assez pour nous couvrir. Leurs témoignages affluèrent au journal. Pendant un mois ce fut à peine si nous suffîmes à publier les lettres dont ils soutenaient notre résistance. Celles de nos disciples s'y joignaient ; les unes comme les autres abondantes en raisons qui décidaient vingt fois la querelle. Jamais il n'y eut de bon droit mieux démontré, jamais enseignement de royalisme plus judicieux, plus complet, plus pratique ne fut donné. Bref la dignité de notre défense brilla non moins que sa justice. Il ne s'agit plus dès lors que de prendre patience.

Au bout de trois mois des amis négocièrent notre rentrée en grâce. Le chef du bureau fut congédié. Le prince daigna demander notre avis pour un remaniement de la hiérarchie royaliste. Nous jouîmes dès lors auprès de lui d'un droit à l'indépendance qui ne se démentit plus.

Je suppose qu'avant l'événement il nous avait

mal connus, quelque étonnant que cela puisse être. Le journal imparfaitement lu ne l'avait informé qu'à peine. Le commerce des personnes aurait dû y pourvoir ; mais le nôtre n'était pas fréquent. Vaugeois l'avait approché davantage. Sur la reprise décidée par nous de l'affaire Dreyfus, on disait même que des explications avaient eu lieu entre le prince et lui assez vives pour les découvrir l'un à l'autre. Mais la distance qu'il y a entre nous et les grands rend les impressions si lointaines, que les plus décidées souvent se perdent en route. Je reste persuadé que le prince voyait en nous le dévouement plus que la prudence. Les Camelots du roi durent lui paraître de jeunes partisans hasardeux, une sorte de Sillon royaliste, dont il fallait aimer la générosité, et tenir à l'œil la conduite. L'émotion ressentie quand nous osâmes tenir tête fut cause d'y regarder de plus près. Il nous lut, il lut les lettres signées de noms à lui connus, où, sous l'alibi du bureau, on contredisait à ses ordres. Le dépit qu'il en concevait renouvelant l'attention dut faire qu'aucun trait ne s'en perdit. Tombant dans un esprit préparé comme le sien, il n'en est pas un qui ne portât. C'est ainsi qu'il fut détrompé.

Comptez aussi les reproches que le parti royaliste laissait tomber sans distinction sur des défauts d'égards du prince et sur la joyeuse allégresse avec laquelle il traversait en politique leurs vieilles maximes. Le roi de Bulgarie, son cousin, appelait cela « n'être pas sérieux ». Le prince connaissait ce reproche et s'en moquait, non pas si constamment peut-être qu'il n'ait pu en concevoir des doutes, essayer d'une autre conduite, mais laquelle ? Evidemment réglée sur les exemples des anciens conseillers de son père, dont sa jeunesse espiègle avait ri, auxquels son âge mûr se reportait avec plus de déférence peut-être. C'était là le sérieux qu'on lui reprochait d'omettre, mais aussi tout le contraire des principes de l'Action Française : en sorte que si, cédant aux murmures du parti, le prince fît son *mea culpa,* il devait le faire sur notre poitrine.

Telle fut la crise à laquelle nous fûmes en butte, telle en fut l'issue favorable. Les caractères et les passions qui s'y choquèrent donnent à l'événement beaucoup d'intérêt. Quant à la conséquence politique elle fut nulle, l'Action Française n'ayant rien fait de l'avantage qu'elle remportait.

Elle n'a pas fait la monarchie ; du crédit conquis auprès du prince elle n'a tiré nulle action importante. Après comme avant ce pas décisif, le rôle qu'elle a joué n'a pas été autre chose que celui d'un parti nationaliste, auquel peu importait comme tel que Monsieur le duc d'Orléans donnât les mains. Depuis qu'elle a suspendu la guerre contre les pouvoirs républicains, l'apparence même du contraire a cessé. Cependant elle parla et agit dans cette crise comme si le sort de la France en dépendait. Une outrance incroyable régnait dans les paroles. La campagne que nous menions contre les ordres du prince, prenait les proportions d'un événement inouï. Maurras appelait cela « faire trembler la terre ». Le chef du bureau fut traité de « bandit ». Ce mot en toutes lettres servait à le désigner par écrit, dans le journal : Maurras prétendait sérieusement démontrer qu'il en était digne.

Cette énormité de termes servait à dérober l'impuissance inscrite dans l'avenir ; elle accusait de plus, le défaut de bon sens. C'était un de ces cas où des nerfs en tumulte, ou le dessein d'en faire semblant, dictaient à ce rare esprit, des sottises.

Au demeurant nous croyions tous à l'importance des résultats. Vaugeois me dit : « Maurras est désormais en communication constante avec le prince. La monarchie française est une machine d'une puissance incalculable, sur le volant de laquelle l'intelligence a mis la main. » Maurras de son côté disait : « La politique de Vaugeois l'emporte. Au lieu d'une aide indépendante, nous apportons à la cause l'appoint d'un organe reconnu ; nous engageons le prince dans notre action. »

Les sentiments que nous avions éprouvés ne laissaient pas aussi de jeter de la grandeur. La même lettre qui nous condamna avait retiré les fonctions de représentant du prince à M. de Lur Saluces, que Vaugeois aimait extrêmement. J'en vis couler ses larmes dans un transport de rage qui lui dictait contre le prince les amertumes et les violences. Comme on s'efforçait de l'apaiser : « A Saluces cet affront ! disait-il, à Saluces ! » Cependant il aimait le prince d'un cœur égal, en sorte que l'on souffrait à le voir déchiré entre deux affections, dont l'une se changeait en haine pour le seul amour de son ami. Une réunion publique que nous tînmes alors eut lieu au milieu de la plus vive émotion. Montesquiou, qui prit la parole, annonça que rien ne nous détournerait du but. « Rien, rien, rien » disait-il debout contre la table, d'où sa main qui frappait fit envoler des papiers, dans un geste d'énergie si grande que toute la salle en fut soulevée.

Hors du monde royaliste le dénouement étonna. La rupture avait comblé d'aise ce que nous avions d'ennemis partout. Le *Journal* en avait publié d'enthousiasme un portrait du duc d'Orléans. Dans les centres on disait : Voyez un peu le caractère de gens qui ne peuvent pas même s'entendre avec leur prince ! On prit moins de soin de publier la suite. Elle nous donnait trop d'importance.

Partout le sentiment de notre puissance s'accrut, causant des sentiments divers, selon les dispositions où l'on était pour nous. Je vis Tailliez à un dîner que donnaient les Publicistes chrétiens. C'était un vétéran de la défense catholique. Il appréciait les avantages de la méthode d'Action Française ; il souhaitait son succès ; il n'en ressentait pas moins la solennité des destructions au moyen desquelles elle se faisait place, et dont la crise récente était un exemple.

« Vous abattez tout autour de vous, dit-il, c'est autant d'engagements de remplacer ce qui tombe. Vous seuls, soit : mais ne manquez pas le but, ou la malédiction du monde vous attend. »

Cela répondait à ce qu'un jour j'avais entendu de Maurras, ému à la lecture d'une lettre que lui adressait un converti de notre action. L'ardeur de l'adhésion dressait devant lui l'image de sa responsabilité. « Nous n'avons pas le droit de ne pas réussir », dit-il. C'était une promesse d'aboutir. Elle égalait en gravité l'avertissement qu'on me faisait entendre.

La crise avait ruiné le crédit de l'ancien parti royaliste. Elle sépara le prince de plusieurs de ses amis, qui ne purent souffrir d'être désavoués à cause de nous. C'était un autre genre de ruine, qui hélas ! ne fut pas moins stérile. Le fameux contact de Maurras et du prince demeura dans l'abstrait des principes, et le feu des résolutions. Nul effort ne fut fait pour le réaliser, ni pour entretenir à Londres un va-et-vient des nouveaux conseillers que Monsieur le duc d'Orléans honorait de sa confiance. Ces facilités d'accès, ce crédit, arrachés à un bandit au prix d'un tremblement de terre, une fois obtenus, on omit de s'en servir. On délaissa le prince. A force de le délaisser, on l'oublia. Sa personne, qui avait tenu tant de place dans les écrits de l'Action Française, n'y parut plus enfin qu'en mentions brèves et rares.

Telle fut sa récompense. De tout l'empressement d'intelligence, de toute la magnanimité dont nous avions éprouvé l'effet, il ne recueillit pour fruits, que le tracas des plaintes, le chagrin des ruptures, un peu plus de solitude sur la terre d'exil, d'où l'on s'était vanté de le tirer.

CHAPITRE IX

La menace que nous avions essuyée du côté du prince ne fut pas plutôt conjurée, qu'une autre se leva du côté de l'Église, aussi dangereuse, quoique moins soudaine, car on la voyait venir depuis longtemps.

Après le modernisme condamné, le pape Pie X avait tourné son attention sur des erreurs d'un autre genre, moins réfugiées dans la doctrine, plus entremises dans l'action. Au premier rang de celles-là venait le Sillon de Sangnier, association de démocratie chrétienne, qui, levée tout d'un coup, avait bientôt pris le pas sur toutes les autres directions d'abord exercées par des prêtres, les abbés Naudet, Garnier, Dabry.

A la démagogie religieuse, qui faisait le trait commun de l'école, le Sillon ajoutait des directions d'une portée bien plus générale et s'étendant jusqu'à la conduite intérieure. En politique, ce qu'on y enseignait ne différait pas des idées de Tolstoï : anarchie de principe quant au gouvernement, internationalisme quant à la patrie, égalitarisme humanitaire ; sauf le principe du dogme catholique, la morale aussi était la même, rigoriste dans l'intention, latitudinaire dans l'acte, chargée de toutes les chimères de l'orgueil illuminé. Longtemps, n'ayant suivi Sangnier que d'un regard distrait, cette perversité m'échappa. Je le croyais un homme de paroisse, butté à l'horizon des œuvres, portant à contretemps dans la politique les idées d'un confrère de Saint-Vincent de Paul. Son œuvre marquait tout autre chose. Nel Ariès me la révéla.

C'était l'un des esprits les mieux faits, les plus fins, qui fussent parmi nos amis. Dans un corps frêle et par moments souffrant, il portait le trésor d'une ironie charmante, d'une verve pure et gracieuse qui enchantaient. Son caractère était doux et tendre, autant que son cœur, généreux. Au goût vif des idées, à l'art de s'y conduire, il joignait les talents d'un maître en aquarelle exercés en partie sur les vues de Versailles, qu'il habitait, et dont il ajoutait le culte à celui qui nous rassemblait à l'égard de la monarchie. En un volume de trois cents pages, il a écrit sur le Sillon le plus parfait des commentaires. Personne n'en a saisi comme lui, soit la malfaisance, soit le ridicule. Il me fit lire *Par la mort*, œuvre dramatique de Sangnier, où j'en respirai le sot venin. Quelques sources consultées m'en firent concevoir le fond.

Quant à Sangnier lui-même, c'était un grand phraseur, issu de bourgeoisie libérale, à qui la campagne qu'il menait procurait la délectation d'être en révolte contre sa caste. Se figurer qu'il était peuple était une volupté qu'il aimait à marier à celle dont le *Génie du christianisme* a vulgarisé la peinture, comme ressentie dans la religion. Il portait au lieu de col un foulard autour du cou, dans quelques circonstances s'habillait d'un bourgeron et interrompait des harangues consacrées à l'égalité qu'il voulait mettre entre les hommes, par la description des extases qu'il goûtait dans les sacrements. Ce mélange de dévot et de batteur d'estrade est en horreur au peuple français ; mais le mouvement démocrate lui donnait un élan que vint bientôt relayer, chose incroyable, la protection de l'autorité. Les évêques en grand nombre l'approuvèrent, le recommandèrent, le présidèrent.

Par amour de l'égalité, les membres de son Sillon se tutoyaient entre eux et s'appelaient camarades : tandis que, de son côté, pour eux, il était Marc, de son petit nom. Aux réunions que donnait Marc, aux banquets ou agapes où Marc conviait ses frères, on ne parlait qu'amour et fraternité. En attendant l'heure de ces saintes liesses, le trottoir du boulevard Raspail, où le Sillon avait son habitacle, voyait se promener de jeunes prêtres accourus des lointaines provinces, couverts de manteaux pendants, deux par deux, les bras passés autour du cou. Toute cérémonie était bannie de ces fêtes. Un prêtre vénérable par l'âge et les services, ami particulier de Sangnier, qui l'y invita, eut la surprise en arrivant de s'entendre appeler « mon vieux » par un camarade, qui s'enquérait en le tutoyant s'il était venu pour « bouloter ».

Marc passait dans ce milieu pour un grand savant. Quelqu'un un jour ayant interrompu je ne sais quoi sur la grâce, où il s'était lancé, comme il voulut montrer que sa théologie lui permettait de parler tant qu'il voudrait là-dessus, il répliqua que l'action de la grâce avait lieu dans le sacrement *ex opere operato*. Une autre fois, pour se justifier de poursuivre en politique un but qu'on ne peut atteindre, il dit qu'il allait s'en rapprochant comme la courbe de ses asymptotes. *Ex opere operato* et *asymptotes* portaient son autorité aux nues.

Ainsi fait, le Sillon s'avançait. On le promenait dans toute la France. Sangnier en soutenait la dépense par les facilités d'une vaste fortune en partie héritée de Lachaud, le célèbre avocat, son grand-père. Des conférences étaient données partout, suivies du petit clergé, encouragées d'en haut. A Périgueux celle que donna Sangnier fut présidée par trois évêques. Cela faisait en sa faveur un préjugé immense. Des supérieurs de séminaire enseignaient le Sillon à leurs clercs, des curés en chaire prêchaient le Sillon ; des œuvres de paroisse défaillantes demandaient au Sillon le secret de reverdir et de reprendre une jeunesse nouvelle.

Sangnier n'avait pu nous aimer plus que ne faisaient les démocrates chrétiens en général. La discussion courtoise où nous le tînmes quelque temps ne se prolongea pas beaucoup. Il la rompit enfin, sans y songer peut-être, en criant aux échos que, dans une de ses réunions, quelqu'un des nôtres avait tenté d'assassiner Jean Bombezin, son petit camarade, dont on n'eut jamais d'autres nouvelles, preuve d'une accusation vaine et précipitée. Depuis lors, dans ses réunions, nos amis l'allèrent contredire. J'en fus une fois prié à Rennes. Je ne l'avais jamais entendu. Je fus surpris de l'aplomb avec lequel, au cours de sa divagation, il abordait le dogme catholique, la vie intérieure, la discipline, entassant cent malfaisantes chimères, que de pauvres paysans, accourus là comme à la messe sous la conduite de leurs vicaires, avalaient avec sécurité.

Comme j'étais sur l'estrade et sur le point de parler, un compère y monta, à qui Sangnier devant tous demanda s'il croyait en Dieu ; à quoi, pour faire voir à quel point démontrer que Dieu existe est une chose inutile (ce qui, à ce qu'il paraît, était l'idée de Sangnier), du geste dont l'opéré montre sa dent dans les foires, l'autre répondit : « Dieu, je le touche. » On applaudit. Je ne crus nécessaire de discuter ni cela ni quoi que ce fût du reste. Devant ce comble de déraison, de charlatanisme et d'indécence, je mis mon seul effort à exprimer clairement le dégoût d'un pareil spectacle et l'exécration qu'il méritait.

Enfin le scandale fut senti.

Quelques théologiens signalèrent les erreurs qui s'allaient débitant dans cette effervescence. L'indiscipline que jetait dans les collèges, dans les séminaires, dans les œuvres, la propagande de gens qui se vantaient de n'admettre de règle que leur conscience, donna l'alarme. Le pape dut balancer longtemps. Enfin la condamnation partit. Elle ordonnait au Sillon de se dissoudre. La lettre qui la portait est, avec l'encyclique qui condamna le modernisme, le plus beau monument intellectuel du règne. Elle brille comme celle-ci des plus vives lumières. Le pape ne se contentait pas de proscrire, il enseignait. Sur les débris de la vie chrétienne, ravagée par les incartades de la vanité et de l'ignorance, avec une ampleur admirable, il relevait l'édifice de la piété et du bon sens.

La condamnation du Sillon était un avantage pour nous. Telles étaient pourtant les circonstances, que nous devions en recueillir plus de tracas que de profit. Le danger que nous courûmes vint de là, car le Sillon dissous ne songea plus qu'à se venger.

Il fallait toute l'illusion de Sangnier pour s'étonner d'un pareil coup. Cependant, la surprise fut extrême dans le parti, et la colère à proportion. Comme on ne pouvait tourner cette colère contre Rome, ce fut sur l'Action Française qu'elle tomba. Nous avions combattu le Sillon ; Maurras l'avait réfuté dans un livre où quelque chose comme les sanctions d'Église était prédit. C'en fut assez pour répéter qu'en les portant le pape avait cédé aux inspirations de nos amis. A un parti instruit et recruté comme celui-là, il était aisé de faire croire tout ce qu'on voulait. Le bruit fut colporté chez eux que, moitié par séduction et moitié par menace, nous avions pris tant d'empire à Rome, qu'on n'y faisait que nos volontés, et que Maurras même y nommait les évêques.

Le Sillon pouvait pour nous détruire bien plus qu'il n'avait pu pour se défendre lui-même ; d'abord, à cause de l'habitude prise par quelques-uns d'opposer le Sillon et nous comme deux extrêmes dont il fallait également se garder, à peu près comme en politique les centres, nous balançant avec les anarchistes, conseillaient de nous coffrer avec eux. *Ni Sillon ni Action Française* sonnait à peu près de même façon que *ni réaction ni révolution ;* en sorte, que le pape ayant condamné le Sillon, il y eut des esprits ainsi faits, que, à les entendre, l'Action Française devait y passer à son tour.

Pour nous mieux accabler, le Sillon tenait en réserve certaine théorie selon laquelle la monarchie, qui fait appel à la contrainte, inconnue des enfants de Dieu, est une institution païenne, tandis que la république est le régime des élus. Mais cela chez les fidèles ne trouvait que peu de crédit. Au contraire il y avait pour nous perdre un magasin d'armes toutes prêtes, d'un effet instantané et sûr ; c'était les textes d'insulte au christianisme sortis de la plume de Maurras et de nos anciens participants. On les avait déjà divulgués, pas assez cependant pour nous mettre en péril ; le désir rafraîchi de nous nuire y fit retourner. Nos ennemis, toujours les mêmes, en remplirent des feuilles volantes, qu'ils répandirent à profusion. Les évêchés, les presbytères, les monastères, les patronages, les œuvres catholiques en tout genre, les reçurent. Il ne se passait pas de jour où plusieurs lettres émanées de nos amis ne nous avisassent que la pluie de ces papiers fondait sur leur province.

L'effet cette fois fut considérable. Sur tous les points de l'opinion catholique, nos disciples seuls exceptés, nous fûmes submergés dans le décri. Tout ce qui n'était pas préparé à recevoir le choc y céda.

Comment eût-il tenu tête? Remis à leur place dans les articles originaux, chacun de ces textes concourait à quelque sophisme insupportable ; alignés côte à côte, cela faisait un magasin d'indignités. A l'indignation la dénonciation fit suite. Des supérieurs de séminaire s'émurent du zèle dont s'enflammaient leurs clercs pour une école d'où sortaient de pareilles leçons ; des évêques exprimèrent leurs alarmes à Rome. Bref, le bruit courut que nous serions condamnés.

Je ne l'ai jamais cru. Car, pour cela, il aurait fallu évoquer la doctrine, et l'on y aurait trouvé des parties trop diverses pour être jugées du même coup. De ces parties, l'une encourait condamnation ; mais c'était une fantaisie d'école, sans retentissement, sans débit, car combien y avait-il de gens qui, opposant la foi chrétienne au catholicisme, fussent tentés d'appuyer le mépris du christianisme d'une admiration pour l'Église? Jamais un tribunal romain n'eût retenu cela.

L'autre partie faisait des recrues, mais elle était inattaquable : c'était le renoncement de la Révolution, l'autorité soustraite au caprice des peuples, les exigences de l'ordre posant des bornes à la liberté de conscience. Les démocrates qui auraient évoqué cela devant la théologie romaine eussent eu l'émotion imprévue de voir la sentence rebondir sur eux, et les coiffer du bonnet d'âne.

Seulement il y a plus d'une manière pour l'Église d'atteindre ce qui porte scandale. Sans craindre la pareille du Sillon, il n'en est pas moins vrai que le monde catholique pouvait être averti d'avoir à nous quitter. L'Action Française n'y aurait pu survivre. Elle recrutait dans ce monde trop d'adhérents ; une trop grande partie de son prestige était fait du secours que, bon gré malgré, il fallait bien avouer qu'elle apportait à l'Église. Même les mécréants tenaient chez nous au respect de son autorité ; ils se seraient détruits en le renonçant ; il n'y aurait plus eu qu'à se dissoudre.

Un autre reproche que ceux que je viens de dire, tendant aux mêmes fins, nous poursuivait. Quoique ayant été moins public, il nous était plus dangereux ; je ne suis pas assuré qu'il vînt d'hostilité ; peut-être des alarmes de bonne foi en avaient été l'origine. Comme j'ai contribué à l'apaiser, je puis en rendre un compte exact.

Il venait des œuvres de jeunes gens, pour lesquels le bruit se répandait que nos étudiants et les Camelots du roi étaient une compagnie mauvaise. On nous accusait de gâter leurs mœurs.

Ceux qui n'ont pas vécu un temps au sein des œuvres ont peine à imaginer le prix qu'attachent les prêtres qui les dirigent à la pureté de mœurs dans la jeunesse, quels soins ils prennent de la soutenir par les pratiques de religion, de l'assurer autant qu'ils peuvent par une atmosphère favorable. Comme il n'y a presque de tentation à cet âge que celle-là, qu'improbité, dureté de cœur, envie, ne s'emparent de l'homme que plus tard, il est inévitable que l'effort de discipline imposé à l'adolescence tende principalement à cela. Ce soin, pour le prêtre qui s'y adonne, est une suite de l'œuvre du confessionnal, une partie de son apostolat. Plus il a de droiture et de vrai zèle dans l'âme, plus même il est digne d'estime selon le monde, plus il s'y attache. Une entreprise d'ordre profane comme la nôtre, qui faisait cas d'attirer des prêtres à son action, se serait beaucoup trompée si elle eût fait en sorte de ne se rendre acceptable qu'à des prêtres légers sur cet article. Les plus précieux pour nous devaient être ceux qui y attachaient de l'importance, prêts à nous sacrifier nous-mêmes si nous devions y mettre obstacle.

D'autre part il est certain que cette raison de nous exclure, si elle eût été crue, aurait puisé dans le zèle sacerdotal une force bien plus grande que celle qu'inspirait contre nous le fanatisme démocratique. Cette raison tenait aux entrailles même du prêtre ; elle eût été irrésistible.

Quelques faits y avaient donné lieu. Un ou deux éclats survenus dans les tavernes du quartier latin, où les Camelots du roi eurent part et qui firent du bruit, avaient été matière à la médisance de s'exercer. La malveillance ou la défiance fit le reste. Tel était envers nous l'état de l'opinion catholique, quand le hasard de mes courses en province me fit entretenir plusieurs évêques.

Le premier que j'eus l'honneur d'approcher fut

Mgr Turinaz à Nancy. Il avait été évêque de Tarentaise, successeur sur ce siège d'un autre Turinaz, son oncle, comme lui né à Saint-Genis d'Aoste ; j'avais écrit une Histoire de Savoie, que je lui portai. Je fus témoin de l'indignation où les textes des feuilles volantes pouvaient jeter un homme comme lui. Une indisposition le retenait à l'évêché, il était avancé en âge, cependant il n'avait rien perdu de la magnifique prestance qui fit de lui en son temps le plus beau des évêques de France ; la race se joignait à ce prestige. Tout s'unit pour nous accabler. A mon égard il fut très bienveillant. Sa conversation était vive et plaisante. Il m'entretint de la Savoie, de son archevêque, Mgr Dubillard, atteint d'un mal grave, dont je profitai pour le rassurer sur le sien. Le compliment fut accepté, mais je vis bien que rien désormais ne lui ferait souffrir l'Action Française.

J'avais fait amitié à Lyon avec Henri Lucien-Brun et ses frères, fils de Lucien-Brun sénateur, défenseur en son temps dans les chambres françaises de la cause royaliste avec un succès qu'on n'a pas oublié, fondateur de la société des Jurisconsultes Catholiques, qui tenait annuellement séance par les provinces, tantôt dans une ville, tantôt dans l'autre. Antoine Lestra, disciple d'Action Française, qui en était secrétaire, leur avait mis en tête, quoique peu jurisconsulte, que je tiendrais ma place dans ces séances, où tous les ans en conséquence on me faisait l'honneur de me charger d'un rapport. C'était quelque aspect général de la matière que d'autres, plus savants, traitaient au point de vue des lois, car un seul objet chaque année rassemblait les efforts de tous.

Cette année-là c'était à Lyon.

Comme les évêques de la province paraissaient à ses réunions, il y avait à celle-là Mgr Monestès, évêque de Dijon, auquel on me présenta. C'était un prélat jeune encore, grand et maigre, dans le visage duquel la gravité religieuse s'imprégnait d'une légère tristesse, effet de la santé déclinante qu'une mort prématurée devait suivre. Avec une chaleur contenue il me parla de l'Action Française, dont il approuvait les principes, et qu'il voulait voir expliquée par un homme qui ne les séparât pas de la foi catholique, avec laquelle ils s'accordaient. Il y avait cependant une objection secrète. Je ne mis pas longtemps à m'apercevoir que ce n'était pas des textes des feuilles volantes qu'elle provenait, ni en général d'aucun point de doctrine. Seule la discipline des œuvres de jeunesse dont ses prêtres avaient la charge, et le souci que lui inspirait la fréquentation des nôtres, étaient en cause.

J'obtins qu'il s'expliquât nettement. On avait beaucoup médit de nous. Comme je répondis de manière à le satisfaire, il me dit: « Vous devriez voir le cardinal. Il est très prévenu sur ce chapitre. »

Le cardinal de Lyon était Mgr Sevin, élevé du siège de Châlons à cette grande charge au lieu de Mgr Déchelette auxiliaire, par un coup imprévu où le clergé français avait reconnu la main de Pie X. On avait beaucoup clabaudé, mais la hauteur du caractère et la sûreté de la doctrine qui brillaient dans ce prélat avaient percé ces petits brouillards du Rhône et resplendi jusqu'à Paris. Il exerçait sur son diocèse une surveillance des plus exactes, surprenant la négligence des curés dans les petites paroisses, où, quelque beau dimanche, on le voyait tomber à l'improviste, se faisant rendre compte de centaines d'œuvres, patronages, assistance, soirées d'étude, que le ministère s'adjoint de nos jours en foule, et où, partie à cause de l'ingérence des laïcs, toute sorte de fantaisies se donnent cours, communément couvertes d'un prétendu progrès de piété.

Le Sillon avait recruté là-dedans. Le cardinal le jugeait ce qu'il valait, persuadé qu'il n'y a pas de simagrée de dévotion qui puisse payer le déchet de la doctrine. Comme on lui justifiait je ne sais quel patronage, foyer de hardiesses démocratiques, par cette raison que les membres y communiaient sans cesse : « N'imaginez pas, répondit-il, que je souffre qu'on détruise mon diocèse à coups de communions fréquentes. »

Également décisif dans l'action publique, nous l'avons vu au commencement de la guerre tenir tête à l'intrigue allemande qui tendait ses lacs au Vatican, et qui après sa mort déplorable n'eut que trop de facilité de s'exercer.

Il me fixa rendez-vous à Fourvière où, depuis la séparation, que le palais de Lyon fut confisqué, l'évêché vivait transporté.

Son abord était simple et froid, sans nulle intention d'imposer, plutôt par un dessein de ne perdre aucune minute en cérémonies inutiles. Il me fit asseoir en face de lui. Les mains sur les bras du fauteuil, le regard immobile, la tête droite, il posait des questions précises, écoutait avec une extrême attention les réponses, et ne laissait rien paraître de ses réflexions. Au tour que prit l'entretien cependant, je vis bien que j'inspirais confiance.

Je parlai sans détour. Je lui dis que les œuvres de jeunesse m'étaient connues, que j'en avais apprécié le bienfait à l'égard de la foi et des mœurs, que Son Eminence pourtant ne pouvait ignorer que les résultats poursuivis par l'apostolat dans ces œuvres avaient à compter avec les entraînements, la fragilité, l'imprudence ; qu'une rigueur absolue n'en était pas le régime, que cela eût été trop prétendre, que dans beaucoup de cas les maîtres de la jeunesse devaient se contenter des efforts sans exiger un plein succès : bref que les menus désordres n'étaient pas inconnus de ces œuvres mêmes ; que quant à nos associations, comme elles n'étaient pas établies dans le but de préserver la jeunesse et qu'elles ne disposaient pour cela ni de l'exhortation religieuse ni des pratiques, on ne pouvait sans injustice les soumettre au même examen, que cela ne devait pas être une raison de les exclure plus qu'on ne faisait tout autre association de métier, d'étude, ou les semblables ; qu'avec tout cela et néanmoins je croyais nécessaire de dire qu'elles ne donnaient nulle matière à scandale, que pour les étudiants, que je connaissais de façon particulière, le sérieux et l'application en général étaient leur fait.

Je priai surtout le cardinal de remarquer ce qu'il y avait, dans l'intérêt qu'ils prenaient aux affaires publiques et aux études qui les éclairent, de diversion puissante pour les entraînements de leur âge : en sorte que, dans leurs rapports avec les jeunes gens des œuvres, je ne croyais pas les nôtres moins propres à donner de bons exemples qu'à en recevoir. J'entrai dans le détail et je citai des faits.

Le cardinal s'enquit du danger de la foi.

Je répondis que le décri de l'institution chrétienne qu'on ne pouvait empêcher les gens d'aller chercher dans les livres de Maurras, qui l'enseignent, avait opéré des séductions ; que, joint à d'autres causes, je croyais sincèrement qu'il avait aidé à ruiner la foi chez quelques-uns ; mais que cela n'avait lieu que hors de l'Action Française, dans le public lisant, non disciple ; qu'au contraire chez un converti de notre action, au sein de nos associations, l'influence s'exerçait au rebours ; que celui qui y entrait avec l'anti-religion, obligé premièrement de devenir ami de l'Église, ressentait en outre par l'effet des principes et l'exemple du milieu, l'attrait du retour à la foi catholique, et le plus souvent y cédait.

Le cardinal me remercia, me dit que cela était digne de considération, et je pris congé sur ces paroles. Je sus par des amis que je l'avais satisfait.

Soit que son sentiment ait prévalu chez d'autres, soit que de son côté fût venue principalement l'alarme à laquelle je venais de répondre, nulle menace de ce genre ne nous inquiéta plus.

Alors la malveillance se rabattit sur un point où le succès, de peu d'importance, semblait tout au moins assuré. Le livre d'*Anthinea* de Maurras fut dénoncé à Rome. On le déféra à l'Index, qui en ordonna l'examen.

A l'éloge des arts de la Grèce tourné selon les idées de l'auteur, ce livre joint la critique de la discipline chrétienne, proférée à propos de je ne sais quelle statue du musée d'Athènes, au type syrien, où l'esprit d'anarchie judaïque (à ce qu'assure Maurras) s'exprime. Après avoir admiré dans le Parthénon la sublime empreinte de l'ordre éternel, et découvert dans les frontons de Londres la naissance de la raison, Maurras ressent, dans le marbre subitement aperçu, la menace de la révolution qui doit anéantir cet ordre, et instituer en permanence la source de toutes les anarchies par l'établissement du christianisme. Car judaïsme c'est christianisme, et ce syrien ressemble à Jésus-Christ. Suivent la plainte de l'auteur et sa malédiction.

Le livre avait des admirateurs. Je n'en suis, ni n'en fus jamais. J'ai passé ma vie à réfléchir sur les beaux-arts et à en écrire l'histoire, j'ai pratiqué l'art grec autant qu'humaniste au monde, j'ai vu tout ce qu'en décrit l'auteur et davantage, je n'y ai jamais trouvé le plus petit motif de haïr et d'insulter la personne du Sauveur : en cela d'accord avec tout ce que le monde civilisé a produit d'artistes, d'amateurs, ou de simples gens de bon sens pendant deux mille ans. Telle est la tradition du genre humain, dont il faut avouer qu'on ne sort que par la porte de la plus pédantesque et de la plus vaine littérature, celle de Renan, pillée de Schlegel et de Herder. Tel était le cas d'*Anthinea*, dont l'Index n'avait pas à juger l'éloquence; mais le grief d'impiété devait être retenu. On comptait que le livre n'échapperait pas.

Mise à l'Index, c'est interdiction de lire. Comme toutes sortes de causes, à côté du fond même, peuvent engager l'Église dans cette interdiction, cela ne sonne pas tout à fait comme une condamnation. De plus quand Maurras aurait vu condamner une fantaisie d'esthétique oratoire, en quoi cela touchait-il sa critique politique? L'enquête sur la monarchie restait. Or c'était à elle qu'on en voulait, c'était elle qu'on prétendait détruire. Il est vrai, mais le public distingue mal toutes ces choses ; le public catholique dont ce serait le métier pourtant, pas plus que les autres. *Anthinea* mise à l'index eût facilement passé pour un équivalent de la condamnation du Sillon, appuyée d'une lettre du pape et ordonnant dissolution. Les effets eussent été différents, l'Action Française n'eût pas vu cesser son existence ; mais sa propagande eût souffert. Ses membres eussent encouru le soupçon dans l'opinion.

Aussi du côté de nos ennemis, nulle peine n'était-elle épargnée pour aboutir. Ils faisaient agir à Rome tout ce qu'ils avaient d'amis, en bien plus grand nombre que les nôtres. A Paris rien n'était négligé pour faire de l'événement dont ils se croyaient certains un triomphe imposant pour leur cause. Quelque petit qu'il fût en soi, l'envie qu'ils avaient de nuire le grossissait à leurs yeux, les jetait dans une espèce de rage et de frénésie. De notre côté on ne fut pas inactif. En justification, Maurras jeta dans le public son livre de l'*Action Française et de la religion catholique,* de l'autre nos amis de Rome parlèrent.

On nous y connaissait, on savait les services que la cause catholique tirait de l'Action Française; plusieurs cardinaux s'y déclaraient nos amis. Dans un voyage que j'y fis peu après l'événement, je recueillis les signes de cette bonne opinion. Chez le cardinal de Laï, préfet de la Propagande, comme pressé par le temps j'osais solliciter une audience immédiate, Son Eminence daigna me faire entrer avant deux évêques d'Angleterre qui se trouvaient là. Il n'y eut pas de signe d'intérêt, de marque de bienveillance, adressés à l'Action Française que je ne reçusse dans cet entretien.

Le secrétaire d'État garda plus de réserve. La variété des ressources qu'il avait dans l'esprit servit à porter la conversation hors de la politique sur plusieurs sujets, qu'il traitait avec un suprême bon sens. Mgr Merry del Val avait des manières simples et affables, un air d'intelligence qui semblait se répandre du visage sur toute la personne. Je mis moi-même l'Action Française en cause. Il m'écouta, et je pus m'apercevoir que ce que je disais à son avantage ne déplaisait pas. Mais surtout le cardinal Billot prenait intérêt à notre action. Simple jésuite, professeur au Collège Romain, il avait jadis cité Maurras dans un cours de théologie au sujet des applications politiques. Depuis lors, les relations s'établirent entre nous.

Je le voyais pour la première fois. Son aspect était simple et austère, empreint sous la pourpre de la sainteté ordinaire à sa compagnie. Les cardinaux portent un anneau que la politesse fait prendre l'habitude de baiser comme celui des évêques. Le cardinal Billot refusait cet honneur par un brusque plongeon de la main qu'on allait porter à ses lèvres. Il causa familièrement, mais gravement. L'irréligion de Maurras et de nos autres amis n'obtenait de lui nulle indulgence. Il en parlait sur un ton froid, où s'exprimait le mépris de l'intelligence, redoublé par la contradiction que l'ordre prêché par eux en politique faisait avec cette impiété. La clef de cette contradiction lui eût été indifférente. Je ne pris pas la peine d'en parler. Néanmoins il sentait vivement l'utilité de l'Action Française. L'erreur de la Révolution, du danger de laquelle il était plein, empêchait qu'il nous marchandât son appui.

Dans l'affaire de l'Index il nous servit beaucoup. Il représenta au Saint-Père l'avantage que retireraient les démocrates chrétiens de l'interdiction qu'on recherchait, la diminution qu'en recevrait une propagande dont bénéficiait l'Église, qui seule parmi les partis existants dénonçait la Révolution tout entière, et dont le bienfait même s'étendait jusqu'aux âmes. A Rome, où l'on connaît la proportion des choses, une mise à l'Index ne pouvait passer pour objet de première importance, auquel tout fût forcé de céder. L'office que ferait celle-là, la justice qu'elle rendrait, ne pouvait être comparée avec le mal dont elle serait cause. Tout près du pape, vivant dans son intimité, nous avions un autre appui dans la personne de Camille Bellaigue, qui faisait tous les ans son mois de service d'honneur au Vatican. A toutes les qualités brillantes par lesquelles il se faisait aimer, Camille Bellaigue joignait pour plaire au pape l'intérêt du chant grégorien, qu'il partageait avec Pie X.

Ainsi nous ne manquions même pas, en cette affaire, d'un interprète de ces nuances délicates, qui pour être saisies exigent la fréquentation. Quelqu'un pouvait les faire sentir, dire au pape à quel point ceux qui, sur la foi d'un livre, représentaient l'Action Française comme dangereuse à la foi catholique, en connaissaient peu le train, les relations, l'esprit.

Toutes les machines de l'ennemi étaient prêtes. Les dépêches étaient rédigées pour annoncer par toute la France que Maurras était condamné. D'un bout à l'autre de la presse libérale, démocrate et parlementaire, devait s'élever à la fois le même cri de satisfaction et de revanche. L'adversaire respirait comme la brise prochaine du vacarme qu'on allait entendre, et s'en sentait déjà rafraîchi, quand le décret de l'Index parut, portant la liste des livres interdits.

Etait-il vrai? Comment était-ce possible? *Anthinea* ne s'y trouvait pas.

Peindre le désappointement qui fut ressenti ne se peut. On essaya de l'adoucir en contant que le livre avait été noté, que le pape tenait cette note secrète, et qu'elle pourrait sortir un jour. Mais le fait ne faisait d'effet que s'il eût été public, le secret lui ôtait l'importance, et de plus attestait la bienveillance du pape; enfin personne ne pouvait assurer que les choses se fussent passées ainsi.

Il fallut avaler l'échec, et se contenter de murmures secrets. Bientôt nous pûmes nous apercevoir que la victoire pour nous était définitive, que toute attaque future était découragée, et que dans ce suprême assaut les textes répandus au moyen des feuilles volantes, ayant rendu tout leur effet, seraient désormais sans force pour nous nuire.

Toutefois l'événement n'alla pas sans dommage. Je l'exprimerai comme je le sens.

Maurras redoutait la dispute avec les personnes d'Église. Si quelque attaque venait de ce côté, il voulait que nous eussions pour répondre un garant non seulement de même caractère, mais de même rang. « Quand nous serons, me dit-il un jour, attaqués par un curé-doyen, nous ferons répondre par un autre curé-doyen ; si c'est un évêque, par un autre évêque. » Il n'y avait rien de plus judicieux, de plus équitable, de plus respectueux et de plus politique. C'est ainsi que j'en jugeai d'abord. Plus tard je m'aperçus que cette crainte s'étendait au delà du clergé jusqu'à l'opinion catholique, parfois la plus débile et la plus prévenue.

A quel point on se moqua de celle-ci dans les premiers temps de l'Action Française, ce qu'on nous reprochait en est la preuve. Mais à mesure que, notre crédit croissant, plus de lecteurs nous vinrent de ce côté, je vis cette timidité se montrer, puis grandir.

Ni Vaugeois, ni Montesquiou, ni moi ne la ressentions. En ce qui me concerne, au sein de la presse catholique, j'avais trop vu de ce côté de l'opinion l'erreur prévaloir comme de l'autre, et plus dangereusement à cause de la religion qui y était en jeu, pour y avoir le moindre égard. Mais c'est qu'aussi je n'avais jamais écrit que les idées de Ravachol s'exprimassent dans le *Magnificat*. Cela me laissait libre, si je l'eusse voulu, de faire front pour une cause raisonnable. Des fantaisies de ce genre ne devaient ni plus ni moins que coûter à l'Action Française sa liberté sur ce point-là.

Comme elles mettaient Maurras en posture d'accusé, une extrême précaution pesait sur sa conduite. Il ne voulut jamais les renier. On ne pouvait lui en faire grief, puisqu'il avait le malheur d'y croire, mais l'effet n'en eut pas moins lieu. Maurras se trouva, si j'ose dire, dans la maison du Seigneur, comme un homme qui, ayant insulté le maître, avait besoin de tous les valets. Non qu'il ne s'en soit pris de ce côté à personne, quand c'était des irréguliers ; mais tout ce qui représentait une opinion moyenne, le préjugé commun, souvent pire, recueillait de lui des ménagements.

La crise où nous risquâmes les sanctions d'Église devait les porter à leur comble.

Alors on commença d'omettre ou de renier tout ce qui, pour une cause juste choquant cette opinion, avait fait l'élan de l'Action Française. Nous avions annoncé longtemps que, par tous les moyens, nous irions à notre but. De sots dénonciateurs nous ayant accusé de comprendre dans ces moyens le crime, nous répondîmes que cela ne signifiait autre

chose sinon qu'en politique, notre but étant le premier de tous, tout égard politique y serait sacrifié,
y compris ceux que la loi civile ordonne. Tous, Montesquiou en tête, dans un article exprès, nous avions
défendu cette formule d'action. La calomnie n'allait
pas moins son train. Comme on avait l'art de la
relier à la dénonciation religieuse, Maurras finit par
l'étouffer.

Répondant aux instances de gens qui faussent la
conduite des hommes en mettant la morale partout,
et qui n'ont d'égard, en recherchant ce qu'elle ordonne,
ni aux circonstances ni aux effets, Vaugeois avait
écrit : « Nous ne sommes pas des gens moraux. »
Excellente formule, qui nous jetait au-devant des
préchi-préchas du régime, source de persécution
religieuse et d'intolérable hypocrisie.

Vaugeois montait sur les estrades en disant : « Ce
que nous voulons faire, c'est la révolution, la révolution pour le roi. »

Tout cela ralliait des énergies, mais aussi faisait
peur aux faibles, aux pusillanimes, aux ignorants.
Que le premier journal venu portant une rubrique
catholique s'avisât de citer à contretemps là-dessus
quelque réponse de catéchisme, Maurras aussitôt
de reculer. « Nous ne sommes pas des gens moraux,
grondait Vaugeois » écrivait-il : comme si ce n'eût
été qu'une saillie, qu'il convenait d'adoucir, d'excu-
ser par cette gentillesse de parloir.

Pendant la guerre, Daudet appela par dérision les
Allemands des *Gott mit uns*, Dieu avec nous, à cause
de cette formule audacieusement écrite sur un casque
complice de tant de cruautés. Quelques lecteurs écri-
virent au journal que cette plaisanterie offensait
Dieu. Maurras vint aussitôt me demander sérieusement s'il n'y aurait pas lieu de les appeler *Kott mit
uns*, ordure avec nous, équivoque dont je ne sais
quel papier, correspondance ou journal, avait essayé

de nous divertir. Je suppose que Daudet ne la trouva
pas fort bonne. *Kolh* ne parut jamais ; mais *Goll
mil uns* dut disparaître.

Dans des conférences que Lasserre donnait sur
Renan rue Vaneau, quelques traits firent l'objet d'un
avertissement d'un curé de Paris à sa paroisse. Pourtant ces conférences présentaient autre chose que
l'éloge du renégat. Lasserre alors ne l'aimait guère.
Ce qu'elles contenaient de ménagements pour lui
tournait en fin de compte à sa honte.

Au curé, dont j'avais l'honneur d'être l'ami, je me
permis de soumettre cette impression d'ensemble. Il
l'accueillit. Lasserre, qui l'alla voir, ne fut pas moins
bien reçu. Quoique il y eût bien de la différence entre
son jugement de Renan et celui de l'Église, néanmoins cet entretien ne fut pas sans avantages. Le
prêtre y prit intérêt, et le conférencier connut le
point précis par où Renan nous est insupportable.
Quand je parlai de cette visite à Maurras, je n'en
recueillis que de l'impatience. Tout le hérissait dans
cette affaire. Lasserre était allé, disait-il, *disculer*.
« On ne discute pas avec le curé, on discute avec le
pasteur. »

Dans les conversations du café de Flore autrefois,
je lui avais dit que je trouvais Renan très bête, ce qui
est resté mon opinion. Je crus alors que nous allions
nous battre. Dans notre nouvel état, tout cédait à la
crainte qu'il avait de déplaire de ce côté.

Les partis de gauche de plus en plus échappaient
à notre influence.

C'était la conséquence de l'absence de direction où
nous laissait à cet égard un progrès dans le sens op-
posé ; c'était aussi le défaut de personnes propres à
mener l'agitation en ce sens. Maurras aimait à dire
que les révolutions sont faites par deux sortes de
gens, les ouvriers et les professeurs. Mais il n'aimait
guère les professeurs, et les ouvriers l'ignoraient.

Vaugeois sentait en professeur. L'action qu'il eût convenu de mener, personne mieux que lui n'eût su la conseiller, personne la faire admettre des partis de réaction, et nouer entre les uns et les autres le vieil accord du boulangisme; mais en être l'instrument, non pas. Il lui manquait le travail assidu, le goût des dissertations techniques, une âpreté d'orgueil ou d'ambition qui n'a jamais fait défaut à ces agitateurs-là.

Un seul de nos amis aurait pu jouer ce rôle. C'était Georges Gressent, écrivain sous le nom de Georges Valois.

Il nous venait des partis d'extrême gauche, avait eu pour maître Sorel, et concevait en forme uniquement syndicale la part à prendre pour le monde ouvrier dans la révolution générale à laquelle nous conviions le pays. L'éloge du syndicat était courant chez nous ; cependant en fait de plan d'ensemble, Maurras s'en référait toujours, soit à Le Play, soit à M. de La Tour du Pin, aux yeux desquels la réforme patronale commandait principalement l'avenir. Valois voulait alors le syndicat ouvrier, organisé pour la guerre sociale, dont il n'envisageait la fin que sous forme de traité ou d'accord entre des intérêts rivaux. C'était un homme de grand labeur, de ferme résolution et de volonté tranchante. Il était peuple, il en avait l'orgueil, l'émulation et la méfiance. Doué d'une intelligence subtile et d'une grande netteté d'aperçus, il parlait avec un succès énorme, et j'ai vu des Chouans se lever dans nos congrès pour lui dire que les ligueurs d'Action Française le regardaient comme leur maître à l'égal de Maurras.

Son point faible était la culture générale, sensible quand il abordait une certaine philosophie des choses ; mais il avait sur nous tous l'avantage d'aimer la science économique et de la savoir.

Cela, joint à son genre d'éloquence, à son caractère, à son physique, qui braquait sur une assistance l'œil exigeant et dur du doctrinaire armé, eût exercé sur les foules ouvrières un empire absolu, décisif. Il avait une manière brûlante d'exposer devant un auditoire bourgeois pourquoi l'ouvrier déteste qui l'assiste, n'y ayant pas pour lui de pire honte que de manquer à se suffire, d'être inégal à ses besoins par ses forces, tout le point d'honneur de ce monde ne consistant qu'en cela. Entièrement dénué d'illusions sur le déchet profond des mœurs au sein de la classe ouvrière, il n'avait garde d'autre part de compter pour la convaincre sur les sentiments que met en avant la prédication conservatrice : famille, épargne et les semblables.

De ces aptitudes rares, de ces dons excellents, l'Action Française ne fit nul usage. Quand je recueille mes souvenirs, je n'arrive pas à me rappeler pourquoi Vaugeois et lui ne se sont pas rapprochés. Maurras ne l'aimait pas, et il le lui rendait. Longtemps on ne tira de lui de services que la direction de notre librairie, où Jean Rivain lui céda la place, et où il déploya la plus grande habileté, trouvant moyen de rendre cet organe productif avec des livres que, ceux de Daudet exceptés, seuls les gens d'un parti lisaient.

Plus tard on ouvrit le journal à des chroniques hebdomadaires, où il traitait de l'économie. Enfin il entra quand je partis, sur ma proposition, dans le conseil d'administration du journal. Jusque-là Maurras l'avait tenu à l'écart des comités directeurs de notre action ; il y est entré depuis. Mais tout cela venait trop tard. Pour des causes que je ne m'explique pas, Valois avait quitté ses anciennes positions. Il était pour les syndicats mixtes, embrassait la méthode de réforme patronale.

Quelques services qu'il soit capable de rendre dans cette action nouvelle, c'était tout autre chose que celle dans laquelle il semblait que personne ne le remplacerait.

15

Il faisait alors de sa librairie le centre d'un petit royaume au sein de l'Action Française, autonome sinon indépendant. Des réunions d'étude s'y tenaient sous le nom de cercle Proudhon, excellente enseigne pour une action de gauche qui rejetait les principes de Jean-Jacques Rousseau. J'avais mis Proudhon dans mes Maîtres de la contre-révolution ; Valois me demanda une note à ce sujet, qui fut lue à l'inauguration.

Le cercle Proudhon publiait des cahiers périodiques, et commença même une série de livres. Tout cela n'eut pas de suite, et n'est plus qu'un souvenir, souvenir digne de regret, quand on songe au mouvement qui aurait pu s'ensuivre.

Il est vrai qu'on ne peut rien imaginer de certain touchant l'effet de cette propagande écrite ; mais ce dont on ne peut douter c'est qu'un homme y passa, dont l'Action Française n'a jamais revu le pareil, né pour l'action, ne rêvant qu'elle, et qui, s'il eût pu prendre empire, ne manquait de rien pour aboutir.

Il s'appelait Henri Lagrange. Il avait seize ans quand il se fit inscrire aux Etudiants d'Action Française, dix-huit quand il en fut rayé. Sa figure n'était ni belle, ni gracieuse, elle ne respirait que l'énergie. Il avait une intelligence prompte, la curiosité des choses de l'esprit, une bravoure extraordinaire. Dans les coups que nos étudiants donnaient et recevaient dans la rue, il se portait au premier rang, avec une vigueur et une présence d'esprit qui étonnaient ses camarades. Ces rencontres lui causaient de la joie, il en parlait avec un grimaçant sourire où reluisait toute sa finesse et toute son intrépidité. Il vécut longtemps près de Valois, fréquenta le cercle Proudhon et donna la réimpression d'un chapitre de ce dernier, les *Femmelins*, qui fut beaucoup lu. Sous ce titre, *Leurs Figures*, il publiait un petit journal où paraissait la charge des contemporains célèbres.

Il n'y avait pas six mois qu'il était parmi nous, que toutes sortes de sentiments se marquaient à son endroit. De nombreux étudiants le trouvaient insupportable, les Camelots du roi le jalousaient. Pujo sentait tout ce qu'il y avait en lui de force pour l'avenir, et le soutenait.

Je le voyais souvent et je l'aimais. Nos rapports avaient lieu par l'étude, trop à part de l'action pour qu'il eût à me faire des confidences là-dessus. Néanmoins je pus bientôt m'apercevoir qu'à cet égard il nous jugeait. Un pli de sa lèvre moqueuse, un pétillement narquois dont ses yeux accueillaient des faits ou des réflexions en ce genre, me font croire qu'assez vite il perdit confiance dans ses chefs, et rêva de conduire lui-même ce dont ils n'étaient pas capables. J'étais alors trop prévenu à leur égard pour l'éclairer. Mieux informé, je lui aurais conseillé la conquête prudente de certaines volontés, où sa témérité vint se briser. Il s'entoura de fidèles, se fit un parti. Ce fut ce qui le perdit. Il se brouilla avec Pujo. L'amitié qu'il y avait entre eux se changea en haine. On le pria de partir. Mais ce qu'il avait d'amis aux Étudiants d'Action Française s'opposaient à ce départ ; c'en était la partie vive et agissante ; leur résistance mit l'association en feu.

Maurras détestait tout pouvoir qui s'élevait à côté du sien. Il décida que le procès de Lagrange serait instruit, et jugé en cérémonie.

Ce fut une séance cruelle et ridicule. Nous avions alors quitté la Chaussée d'Antin, pour nous loger rue Caumartin dans quatre étages de trois petites pièces chacun, qui faisaient comparer notre demeure à un bâton de perroquet. On ouvrit les portes de l'une dans l'autre ; une grande table fut placée, avec le jury derrière. On m'y assit, quoique je ne pusse juger du fond, tout renfermé dans des pratiques d'action auxquelles je connaissais peu de chose, que je ne discernais qu'aux effets, n'ayant d'opinion dans l'affaire que le souci de nos disciplines et l'autorité de nos conseils.

Hélas ! cette autorité est ce que la jeunesse souffre le moins. L'événement a prouvé que la nôtre s'exerçait mal. Ce jour-là nous brisâmes des cœurs qui ne nous échappaient que par le vrai sentiment du but que nous nous vantions d'atteindre ; nous éteignîmes des ardeurs qui ne se rallumèrent plus.

Maurras usa, pour introduire la cause, de figures aussi peu raisonnables que celles qui avaient servi dans nos dissentiments avec le prince. Tout ce qui se mesurait avec lui prenait d'énormes proportions. Il se compara aux ministres que détourna jadis de la défense nationale le soin de régler l'affaire Dreyfus ; ainsi une querelle intérieure ravissait ses instants à l'œuvre du salut public. Puis le débat commença. Lagrange et ses amis comparurent. Pujo requit. Je ne puis me souvenir d'aucun reproche qui dépassât celui d'indiscipline. Mais l'obstination l'avait aigri, rendu insupportable, provoquant des ripostes qui ne l'étaient pas moins, bref abouti à un écheveau de querelles si embrouillé et si ardent, qu'on ne pouvait le dénouer que par la force.

Entre Maurras qui entendait mal, Pujo dont le débit hésitait, et la jeunesse, dont l'exaspération se manifestait avec violence, quelle lumière aurait pu se faire jour? Il n'y avait place que pour l'invective, l'ironie, la menace ou le coq-à-l'âne. La discussion recommencée vingt fois, vingt fois interrompue par l'explosion des sentiments, refaisait à chaque instant la preuve que cet appareil manquait le but, qu'il ne servait qu'à jeter l'odieux, par le supplice inusité et absurde qu'il infligeait à ces jeunes gens, car leur exclusion était au bout. Lagrange et ses amis le sentaient. Le désespoir leur inspirait de prendre en paroles leur revanche ; mais l'émotion qu'ils éprouvaient ne leur permettait rien de suivi, où leur cœur se fût déchargé.

Parmi eux venait Raymond Tournay, doué d'autant de charme dans la figure que son camarade en avait peu. Je vois encore ce riant visage, tristement changé par les signes du désenchantement et de la colère. Celui de Lagrange était décomposé. Tout ce qu'il y avait de vivacité dans ce caractère, foulé par la violence dont il était l'objet, s'échappait en cris de détresse et de haine ; ses jeunes traits par moments fléchissaient sous l'angoisse, des larmes lui jaillirent des yeux.

Il est mort à présent, tué dans la dernière guerre. L'Action Française après la déclaration l'avait vaguement réconcilié. Mais on ne répare pas des ruptures comme celle qu'il avait endurée. Il y a des degrés d'ardeur auxquels on ne remonte pas après qu'on vous en a fait descendre. Celui que Maurras inspirait est de ceux-là. Il a depuis consacré au souvenir de Lagrange une brochure d'édification. Mais ce que Lagrange apportait de son vivant de réalités à la cause, fut négligé et rejeté. Maurras aimait à dire que dans l'action royaliste menée au temps de l'Empire et de la Révolution, il n'y avait eu de sérieux que Cadoudal. Le Cadoudal que le ciel lui donnait, il l'exécuta ce jour-là.

Pujo cependant continuait de mener brillamment, dans les échauffourées, les Camelots du roi à la victoire. L'une des dernières parmi les signalées couronna la bataille livrée pour l'interdiction d'une pièce d'Henri Bernstein, que le Théâtre Français représentait.

Bernstein n'avait pas fait son service militaire. Il avait fui devant l'ennui qu'il cause. Déserteur à l'étranger d'abord, il avait obtenu qu'on arrangeât son cas. L'Action Française exigeait une sanction en retour de cette impudente conduite. Tous les soirs de représentation, elle manifestait devant le théâtre, en dépit de la police, dont l'effort se voyait déjoué de vingt manières. Ainsi qu'en tant d'autres rencontres, nous l'emportâmes par l'invention. Quelle ne furent pas la surprise des passants, les rires de la presse, la confusion des pouvoirs publics, quand un beau jour l'affiche grillée du théâtre annonça sous le nom de Bernstein, non pas la pièce qu'on y lisait chaque jour, mais une nouvelle et imprévue, qui s'intitulait *Le Déserteur !* Pujo avait fait imprimer cette affiche, avait obtenu les clefs de la grille, avait réussi à l'y placer, sans que personne éventât la mèche. Une fois de plus l'opinion applaudit. L'auteur et le théâtre bernés perdirent courage. On supprima la pièce, et nous eûmes cause gagnée.

Bernstein ayant là-dessus adressé à Daudet une provocation en duel, que celui-ci refusa comme venant d'un déserteur, un surcroît d'avilissement suivit, que Téry devait laver bientôt en consentant à se battre avec lui, en échange, disait-on, de l'écho du *Journal*, dont Téry fut chargé et qui rapportait beaucoup d'argent.

Téry entretenait alors de bons rapports avec l'Action Française. Quelqu'un un jour avait émis l'idée qu'une chaire de notre institut lui fût offerte. Le repêchage de Bernstein fut le commencement de la brouille qui devait aller jusqu'aux éclats, tandis que Bernstein, ayant pris du service dans un état-major de la dernière guerre, recueillait pour ce fait l'éloge de l'Action Française, et se voyait assurer en termes solennels que son estime lui était rendue.

CHAPITRE X

Nous avions quinze ans d'existence. Nous mesurions en ce laps de temps d'immenses progrès. Partis d'un petit groupe sans disciples, sans crédit, nous comptions désormais dans l'opinion ; les esprits ressentaient notre influence, et les pouvoirs ne nous ignoraient plus. A cette influence, seuls de tous les partis d'ordre que l'on eût vus en France depuis cent ans, nous joignions l'action dans la rue. L'originalité du fait, joint à tant d'essor pris au milieu de circonstances qu'on croyait devoir nous détruire, attirait l'attention des partis. De tous côtés on commençait à craindre que nous l'emportassions, ou à l'espérer, ces sentiments habitant quelquefois tour à tour les mêmes personnes.

Le nom de Maurras recueillait dans le public l'éloge de ces résultats. Quoique Vaugeois y eût eu grande part, comme il n'écrivait presque pas, il était beaucoup moins connu. De tout côté on admirait que par un simple appel à l'intelligence, sans disposer de l'argent, sans occuper les places, un homme servi par une poignée de disciples eût mis sur pied ce que nous voyions. Nous-mêmes en concevions de grands espoirs.

La direction politique du pays avait récemment changé de mains. La république avait cessé de ne songer qu'à venger Dreyfus, pour regarder en Europe, où le danger s'annonçait.

La guerre que nous faisions aux hommes qui la

menaient s'en était un peu adoucie. Nous persévérions cependant à réclamer le châtiment du traître. Le faux de la Cour de cassation paraissait tous les jours cliché dans nos colonnes. Nous l'appelions le *talisman*, parce qu'on n'y pouvait répondre, et qu'il changeait l'adversaire en pierre. On avait soin chaque jour de le dédier à quelqu'un, confrère, homme politique, lecteur, en signe d'honneur. Sur pas un des principes de notre opposition, nous n'apportions de relâchement. Maurras enseignait que la république est la vacance de l'État français, dont tiennent la place sous elle des intérêts particuliers : l'intérêt juif, l'intérêt protestant, celui des francs-maçons, et celui des étrangers domiciliés dits *métèques*, formant quatre états confédérés, serviteurs de l'étranger chez nous. Cet enseignement demeurait intact. On en répétait l'exposé, on l'éclairait par des exemples ; nos articles, nos conférences ne cessaient d'y faire allusion.

D'autre part le parti socialiste, en qui s'accusait de plus en plus la connivence avec l'Allemagne, nous obligeait à redoubler de vigilance contre un régime abîmé de complaisances à son égard. Bref, le dessein d'abattre la république afin de sauver le pays poussait aussi vivement que jamais l'Action Française. D'autre part, les moyens d'exécution semblaient grandir entre ses mains. Nous devions donc approcher du terme où ce dessein s'accomplirait.

Dans les entretiens du café de Flore, Maurras avait exprimé le danger de trop longs retards à cet égard. « Action et réaction, c'est la loi des esprits, disait-il : en fait d'idées comme en tout les modes passent. Nous avons dix ans devant nous. » Ce délai n'avait rien d'absolu, et il fallait les circonstances. Venant à se produire bientôt, il semblait naturel de croire qu'elles nous permettraient d'aboutir. Il n'en était rien cependant.

Ces apparences étaient trompeuses. J'en donnerai les raisons, dont plusieurs devaient m'apparaître plus tard.

D'abord le défaut d'argent. Nous en manquions sans cesse. Soit mauvaise économie, soit pauvreté réelle, le journal quoique beaucoup lu ne subsistait qu'à force de dons. Il n'était pas question de vouer à la propagande les grandes sommes moyennant lesquelles elle eût enflammé le pays. A nos étudiants, à notre ligue, à notre institut, comme on ne pouvait donner que le strict nécessaire, ces organes végétaient plutôt qu'ils ne vivaient. L'institut, dont j'étais chargé, ne se développa jamais. L'argent faisait défaut pour payer les maîtres, et le local était propre à attirer surtout des convertis. La maison où il s'était logé après la location des Sociétés Savantes, dans la rue Saint-André-des-Arts, mal tenue et incommode, rebutait le simple passant. L'aspect qu'elle offrait n'était pas celui d'un lieu public, mais d'une chapelle. Quoique on y ait réuni des assistances nombreuses et que certains cours aient été fort suivis, le retentissement leur manquait. Toujours nous y retombions sur nous-mêmes, sur les nôtres. Les livres qu'on tirait de ces cours se répandaient, et le niveau d'intelligence dont ils nous valaient le renom servait notre crédit dans le monde; mais comme organe de propagande nous ne tirâmes que peu de chose de là.

De la ligue presque pas davantage, du moins comme instrument d'action.

Ce n'était guère plus qu'une façade où, après quelques moments d'ardeur, quelque activité du début, l'inertie s'installait le plus souvent, sans préjudice des discordes intestines, fléau commun de ces formations, par où s'achevait de ruiner l'action locale. Ce qui les encourageait chez nous était que, l'Action Française formant une république où l'on écoutait plusieurs chefs, les partis formés en province se flattaient d'y trouver chacun son défenseur ; ainsi les disputes s'éternisaient. Vaugeois y allait et les accordait ; Maurras les méprisait, et mettait en principe que les sections de la ligue en remuant ne pouvaient causer que de l'embarras, que le mieux était qu'elles ne fissent rien : en sorte que le principe qui gouvernait cet organe aurait été le simple néant, sans les quêtes pour lesquelles l'Action Française, toujours pressée du besoin, les relançait par intervalles. Tous les ans nous réunissions les délégués des sections de la ligue en congrès. Quelques-uns présentaient des rapports, gros d'intérêt, pleins de promesses, qu'on louait et dont on ne faisait rien.

La réunion tenue chaque année aux Sociétés savantes pour la rentrée de nos étudiants était fort applaudie, attirait beaucoup de monde. Quantité d'inscriptions suivaient, amenant des étudiants que l'année semait en route. Ni bibliothèque capable de les retenir, ni direction suivie pour les rassembler, ne donnait de suite à ces commencements. Les soirées d'étude qu'ils tenaient tous les huit jours allaient s'éclaircissant de semaine en semaine. L'action ne manquait jamais de les retrouver au complet, mais la continuité d'existence échappait. Seuls les Camelots du roi menaient cette existence. Dans l'ordre de l'action c'était le seul de nos groupes où se révélât une vie digne de l'Action Française.

Ce n'est pas qu'il fût mieux soigné que le reste du côté de la direction ; mais il trouvait dans Plateau, qui en avait la charge, tant d'ordre uni à tant de résolution, un discernement si juste des hommes, et par-dessus tout cela une constance d'application si grande, que ces ressources réparaient tout, de ce côté, comme de tous les autres, les concours personnels étant ce qui manquait le moins.

Un autre vice de l'Action Française était que les chefs omettaient de s'y préparer des successeurs.

Quinze ans, *grande morlalis ævi spatium*, passés sur notre action, nous avertissaient d'y songer.

Notre jeunesse était passée, aux nouveau-venus déjà nous semblions vieux. Entre leur âge et le nôtre cependant ils ne voyaient personne qui prît part à la direction, ce qui devait désespérer ceux qui s'en seraient sentis capables, d'y jamais monter à leur tour. Je m'en plaignais à Maurras. Il excusait ce mal par l'infortune des circonstances, qui tour à tour avaient séparé de nous ceux à qui cette place serait revenue. Lagrange avait désobéi ; plus anciennement les rédacteurs de la *Revue critique*, que soutenait Jean Rivain et que dirigeait Pierre Crabos, dit en littérature Pierre Gilbert, avaient encouru le désaveu.

L'un et l'autre avaient épousé les filles du comte de Courville, et, tant par là que pour eux-mêmes, devaient compter sur notre amitié. Une question de doctrine la rompit, non sans causer de cruelles blessures. Quelque jugement qu'il y eût à faire du fond, j'avais été surpris que de toutes sortes de manières on n'eût pas su prévenir le différend, et quand il survint, de la rudesse qu'on mit à cette séparation, du peu de ménagement qu'on garda envers les personnes. Une en particulier en qui l'Action Française n'avait cessé de trouver l'amitié la plus ardente, la plus fidèle et la plus efficace, reçut tous les coups en droiture. Cela laissait Maurras indifférent. Il avait pour réponse à cela, que puisqu'on réclamait les égards des services rendus, on le déliait de la reconnaissance.

Je reste aujourd'hui convaincu que l'isolement où nous laissaient les ans à la tête de notre action, avait pour cause sa jalousie de l'autorité. Dans le journal, jamais un nouveau-venu n'a pu forcer l'entrée de la première page pour une rédaction continue. Elle est restée le bien des anciens. A ce signe on peut juger du reste. Comme l'aristocratie spartiate, dont la règle était de ne pas se recruter, celle de l'Action Française était vouée à s'épuiser par la mort, la décrépitude et la séparation.

Une dernière cause d'impuissance pour notre action risquera de surprendre : c'est que nous n'agissions pas.

Non vraiment. Il y avait une action physique de nos organisations dans la rue, une action intellectuelle de notre journal et de notre institut par l'écrit et par la parole, il n'y avait pas de négociation. C'est la principale des actions, faute de laquelle il était impossible d'avancer.

Combien, lorsque quelque campagne se nouait dans le journal autour d'un homme ou d'un parti, se sont imaginé que des conversations avaient lieu, un marchandage de concours, des alliances, des offres faites au nom du prince, ou le semblable ! L'existence de Maurras, pour ceux qui l'approchaient, pouvait paraître remplie de ces choses. Il traitait notre action du côté du pouvoir sur un ton si haut d'importance, il arrivait au journal si tard et d'un pas si pressé, il avait soin de ne parler de ses instants que comme d'une matière si rare, disputée par de si importants soucis, ses impatiences et ses colères accusaient une vie si surmenée, les à-coups de sa conversation une préoccupation si constamment tendue vers les événements de chaque instant, qu'on aurait cru que sa journée se passait à tout disposer pour la restauration. Hélas ! quand, ayant assumé de nouvelles charges dans la maison, je commençai à converser avec ceux qui la voyaient de près, quelqu'un me dit :

— Derrière le journal il n'y a rien.

C'était vrai. Il n'y avait rien. Nous n'étions pas autre chose qu'un papier, et ce qu'il y avait dessus.

Bainville le savait, Daudet n'y prenait pas garde. Vaugeois l'oubliait, Maurras ne s'en rendait pas compte. Il prenait ce papier pour l'action. Il en jouait avec un art extrême, il y gagnait des points très importants ; consacré par l'effet de pratiques positives, cela eût certainement mené fort loin. Tout seul, c'était zéro, qu'il croyait la fortune. Un adversaire mis à *quia*, c'était à ses yeux une position conquise. Un jour Antoine confia à je ne sais qui, que dans un théâtre rien ne marche, si tout ne dépend pas d'un seul chef. Cela fut salué comme un pas d'importance du côté de la monarchie, cueilli comme un trophée, enchâssé comme un oracle. Maurras en fit ce jour-là la manchette du journal.

L'année qui précéda la guerre, un fait signala notre histoire, qui n'allait pas sans gravité.

Une loi périlleuse avait réduit le service militaire à deux ans. Barthou, ministre de la guerre, invita les chambres à le reporter à trois. Le parti allemand fit de ce projet de loi le thème d'une agitation facile, car personne n'aime la caserne chez nous. Toutefois le danger couru du côté de l'Allemagne faisait que l'opinion suivait le ministre. Le parti contraire ne rallia que ses clients. Afin de n'en pas moins peser dans l'événement, il tint une réunion publique contre le projet.

C'était au manège du Panthéon. Pour en rompre l'effet redoutable au pays, au moyen de l'obstruction et des discours contraires, Pujo y mena nos étudiants et les Camelots du roi. Mais le parti cette fois avait pris des mesures d'ordonnance et d'exécution. Tout ce qu'il y avait d'intellectuels anarchistes, y devait prendre la parole sous la protection d'Almereyda et de ses bandes. A peine les premiers sifflets partirent, que la chasse commença contre ceux qui les portaient. La ruse qu'on avait eu de changer de place la tribune avait causé la dispersion des nôtres en déroutant leur rendez-vous. Tandis que les orateurs suspendaient leur discours, des indicateurs les désignaient. Au cri de *La calotte hou hou !* ils furent cueillis les uns après les autres, jetés sous l'armée des cannes levées à ce signal, et précipités en torrent vers la porte, tandis que les coups pleuvaient comme grêle, causant partout de profondes blessures. Le sang coulait en abondance, quelques-uns sortirent presque assommés.

Dehors il est vrai les rôles changèrent. Les bandes de l'anarchie craignaient la rue. Ce qui restait de valide chez nous les attendit à la sortie et leur donna la chasse à son tour. Du haut en bas de la rue Soufflot, la police infâme des Buisson, des Aulard et des Paul Loyson détalait à toutes jambes. Jamais on ne vit courir si vite. Toutefois la séance du manège eut lieu sans être interrompue ; elle recueillit le double avantage, de discours tenus à l'aise et de l'adversaire défait.

Cela fut ressenti chez nous. Veaugois ne pouvait souffrir que des mesures mal prises eussent livré ces jeunes gens à une espèce de guet-apens. Je l'entendis s'en plaindre avec une vivacité où se peignait toute la bonté de son cœur.

Quoi qu'il en fût des causes de l'événement, il accusait l'inégalité où nous risquions de nous trouver en face de l'ennemi public. Les succès remportés ailleurs ne pouvaient dissimuler cela. Etudiants et Camelots du roi avaient montré dans l'occurrence une audace dont l'indigne ennemi s'étonnait ; il n'en était pas moins certain que, faute de direction, de prévoyance ou de force, nous ne pouvions escompter la victoire.

Depuis le printemps qui suivit, j'allai tous les jours au journal.

Maurras m'avait souvent pressé d'y faire régulièrement la politique catholique, mais sans jamais me faire offrir des conditions, ce qui fait que je n'y avais pas pris garde. J'y allai de moi-même cette fois pour le soulager d'une besogne qu'on disait énorme, afin de faciliter de sa part une action que nous regardions comme si nécessaire. Jusque-là je n'y avais paru que par intervalle et j'en ignorais le régime. Je m'aperçus qu'on y prenait la place qu'on voulait. Un cabinet qui se trouva vide me reçut. Trois mois plus tard en causant, Daudet m'ayant demandé quel traitement j'avais, je lui dis que je n'en recevais aucun, sur quoi il m'en fit donner un. C'est ainsi que je passai de la collaboration à la rédaction permanente.

Je ne déchargeai Maurras de rien : il me remit seulement des besognes qu'on négligeait auparavant. La principale était de tenir la plume du journal quand les catholiques étaient en cause, ce qui m'arriva bientôt contre les partisans d'un candidat défait aux élections, Henri Bazire, libéral catholique, dont le programme se résumait en ces mots : « Toutes les libertés pour tous. »

Comme il nous avait autrefois, non seulement combattus, mais insultés, qu'il nous avait comparés au diable disant à Jésus dans le désert : « Je te donnerai le royaume du monde si tu m'adores », les royalistes des Sables-d'Olonne, où il se présentait, n'eurent garde de voter pour lui. Il n'y a pas de déplaisir plus cuisant que celui de l'espoir électoral déçu. Le franc-maçon, son concurrent, passa. D'un ton haut, se retournant vers nous, cause de tout le mal apparemment, les amis politiques d'Henri Bazire nous invitèrent à descendre dans notre conscience, non pas conscience en général, mais conscience catholique et sujette à péché.

Hélas ! Henri Bazire a péri dans la guerre. Si sa politique était fausse, sa religion était sincère, et je dois la paix à sa cendre. Mais l'attaque n'était pas supportable.

On avait deux raisons de lui refuser son vote, l'une de représailles fort légitime, l'autre d'indifférence au point de vue catholique, puisque la liberté tenait toute la place dans son programme, et la profession catholique aucune. Je mis ces raisons en ligne. Elles crevaient les yeux. Il ne s'agissait que de les maintenir en permanence. Ma polémique dura deux mois, à raison d'un article par jour. Des sentiments violents s'élevaient contre nous ; je suis convaincu qu'à moins de cela on n'eût pu dompter la calomnie. Nous en vînmes complètement à bout. De la matière elle-même et de quantité de lettres que je reçus à cette occasion, sous le titre de l'*Action libérale dans les élections*, j'ai pu tirer tout un volume, tant le sujet s'était étendu.

Nous étions alors fort suspects de mépriser l'urne électorale, nous en étant beaucoup moqués jadis, en sorte qu'on nous accusait de faire en la négligeant le jeu de l'adversaire.

Depuis le ralliement de Léon XIII, l'opinion catholique avait porté là-dessus tout ce qu'elle avait de susceptibilité de conscience, n'en gardant aucune sur le reste. Voter pour des hommes qui chassaient de l'école publique l'enseignement religieux réclamé par l'Église, qui, contre le statut formel de celle-ci, envoyaient le prêtre à la caserne, ou pour des catholiques qui n'annonçaient nulle part d'opposition à ces abus, cela se pouvait ; mais ne pas voter, jamais.

Et cela, non pas pour obéir aux ordres qui dans un cas donné auraient émané de l'évêque, juge et chef responsable des intérêts de l'Église dans son diocèse. Cela aurait été discipline. Non, ce qu'on invoquait, c'était la morale, la conscience, un devoir en soi absolu. Préjugé insensé, inepte tyrannie, à laquelle Maurras cédait cependant, comme à tout ce qui venait de ce côté-là. Pour effacer les propos de Vaugeois tenus autrefois contre les *votards*, il n'était pas de zèle dont il ne donnât la preuve. Le bulletin de vote, tant méprisé, remontait dans les leçons qu'écoutaient nos lecteurs au rang d'honorable instrument d'action. Badinant sur notre ancienne devise de *par tous les moyens*, qui avait tant fait crier, Maurras l'y faisait entrer, en ajoutant : par tous les moyens *même légaux*. Il allait disant : « Votons, votez. »

A Chambéry nous fîmes voter pour Proust contre le candidat républicain. Le lendemain du ballottage, dans lequel nous n'avions pas agi, comme je fus témoin du peu d'espoir qu'on gardait là-bas de l'emporter, j'appelai, dans le *Réveil* qui nous servait d'organe, tous les Savoyards à l'aide. Nos amis répandirent l'article de tous côtés, les Camelots du roi coururent ; bref l'adversaire fut battu. Proust passa. Un peu après je fis dans l'Action Française mention de l'aide qu'il avait reçue de nous. Proust était du parti de Bazire ; comme lui il est mort à l'ennemi ; comme à lui je dois à sa mémoire l'hommage que commande une pareille fin. Mais comment ne pas rappeler que, dans la circonstance, mécontent de nous devoir quelque chose, il en fit sa protestation?

Que d'épines dans ce parti, et quels gens difficiles ! La conduite envers eux était pleine d'embûches. Tandis que Bazire nous maudissait de lui avoir refusé nos votes, il arriva que notre tort envers Proust était de les lui avoir donnés. L'Action Libérale ne voulait de nous ni contre elle, ce qui lui faisait échec, ni pour elle, ce qui l'eût perdue de réputation. De là sortait une situation comique, dont le public ne put s'empêcher de rire, non à nos dépens assurément.

Le jour des votes du ballottage, en sortant de la rue du Croissant, où tirait le journal, la foule qui acclamait les élections socialistes devant l'*Humanité*, rue Montmartre, frappa mes regards.

Je vis applaudir à des gens dont la foi politique, les intérêts, les aptitudes allaient faire échec six mois plus tard à la conduite d'une guerre où pendait notre avenir, et prolonger tragiquement le délai dont chaque jour enrichissait la mort. J'y songe, quand ma pensée s'y reporte, avec dégoût et pitié. J'admire la légèreté du régime qui souffre cela, qui, pour l'amour d'une vaine métaphysique, par déférence pour des systèmes, livre le gouvernement des hommes, dans un siècle aussi périlleux, à d'aussi sanglantes aventures.

L'intrigue de Caillaux fit fond là-dessus. Nous en eûmes le spectacle affreux ; celui des sanctions de l'opinion, dont Calmette se fit contre lui l'interprète ; enfin celui de l'atroce vengeance exercée par sa femme, que, sans excuse ni repentir, au bruit d'une audacieuse apologie du crime, le jury de Paris acquitta. Le souvenir de ces instants n'a presque pas vieilli. Dix années écoulées n'ont fait à ce qui semble que l'empreindre plus profondément dans la mémoire ; la catastrophe qui suivit, loin de les obscurcir, en rend le tableau plus éclatant.

Les coups de revolver de Mme Caillaux mirent l'indignation dans Paris.

Une colère égale à celle qu'avaient soulevée les premières manœuvres pour Dreyfus s'alluma du haut en bas de l'échelle sociale, dans tous les cœurs. La rue respirait la vengeance, les grands intérêts souhaitaient la dictature, la réflexion philosophique augurait la fin du régime. Les comparaisons historiques, toujours puissantes en pareil cas, inspiraient des idées semblables ; on rappelait qu'à la chute du second empire le meurtre de Victor Noir commis par Pierre Bonaparte avait servi d'avant-coureur. Quel moment pour l'Action Française, si son aptitude au coup de force, annoncée depuis quinze ans, eût été réelle !

N'était-ce pas ce que nous attendions? Ou bien y avait-il lieu de rêver des circonstances plus favorables?

Mais non, ce moment passé, les passions émues ne pouvaient en s'apaisant que rendre l'action moins facile. D'autre part, quelle cause d'agitation pouvait mieux répondre à nos desseins? Venger Calmette contre Caillaux en saisissant le pouvoir en gage, c'était mettre en mouvement l'action nationaliste, telle que nous n'avions cessé de la définir. Quelle occasion unique d'entreprendre enfin ! Entre le succès et nous il n'y avait que l'armature, minée par la désaffection, le doute, le découragement, d'une organisation de police. Supposé que des concours eussent été ménagés, un recrutement de jeunesse suffisant, une tactique prête, l'opération se fût faite avec facilité.

L'enterrement de Calmette fit revoir celui de Syveton, avec un cortège triple et dix fois plus d'éclat. La brochure publiée chez nous sur le coup de force, rangeait par numéro les différentes manières de s'y prendre en pareil cas. La fertilité d'invention était ce qui y manquait le moins; l'effet seul fit défaut. On ne vit exécuter ni le coup numéro un, ni le coup numéro deux, ni aucune des variantes du coup numéro trois. Dans le public on était prêt à tout, beaucoup de nos lecteurs attendaient quelque chose. Ils n'eurent en fait de preuve que celle de notre impuissance. Quelques rixes au retour du cortège à peu près dénuées d'importance, auxquelles nos amis furent mêlés, fut tout ce qu'on vit de nous ce jour-là.

Plusieurs nous ont jugés là-dessus. Je continuais de faire crédit à l'avenir.

J'ai cru m'apercevoir depuis, que la brochure de Maurras répondait mal à sa pensée secrète. Du moins n'y était-il pas fidèle, car je l'entendis me dire un jour que pendant dix ans nous avions appelé en vain les chefs militaires au coup d'État. Ainsi tout se serait réduit à cela. Dans ma jeunesse, afin de répondre au mécontentement de l'opinion déjà lasse des menées de parlement, les journaux s'amusaient à faire plébisciter un prétendant par leurs lecteurs, sur une liste où l'inconnu trouvait place sous le nom de *général X*. Le général X passait à la majorité. Etait-ce aussi le sauveur qu'on attendait chez nous, en y mettant plus de classes, car nous l'appelions Monk?

Monk était-il tout notre espoir? Et comptait-on que, convaincu un beau jour par les articles de notre journal (car on ne lui députa jamais d'autre ambassade), il ferait le coup que nous annnoncions? Cela expliquerait que rien ne se soit passé. Calmette fut enterré sans que Monk apparût.

La guerre survint sur ces entrefaites. Je n'ai pas vu l'Action Française au jour de la déclaration. J'étais avec les miens au fond de la Tarentaise, d'où l'alarme répandue quelque jours auparavant ne put nous tirer.

La veille j'avais passé les cols, allant en Maurienne avec mes enfants. Nous ne fûmes pas peu surpris, tombant à Saint-Michel, de trouver la poste fermée, avec l'annonce de la mobilisation. Les gens du village allaient affairés par les rues, de lourds camions encombraient les abords de la gare; au guichet un touriste allemand, accompagné de deux jeunes garçons, réclamait ses billets pour Turin. Il nous fallait rentrer en hâte par le long circuit de chemin de fer que la montagne nous avait abrégé.

Le triste, le soucieux voyage! On traînait aux stations. Dans les changements de ligne, la correspondance s'attardait. A Saint-Jean un chanoine de la cathédrale, qui se trouva sur le quai, m'aperçut.

— Quel événement! lui dis-je. Avez-vous des nouvelles?

— Oui, répondit-il, Jaurès est assassiné.

Nous rentrâmes avec force retard, au sein de l'obscurité profonde, par une nuit sans lune, où s'effa-

çaient pour nous les chemins jetés à travers les prés.
Au haut du dernier raidillon, le jappement du chien,
l'éclair d'une lanterne que ma femme tenait à la
main, terminèrent notre angoisse. Des récits commen-
cèrent, qui peignaient la désolation du bourg voisin.
Tout le jour s'était passé à voir les femmes en pleurs
embrasser leurs maris qui partaient. Tout était en
mouvement, au milieu d'une affreuse anxiété. Ce
qu'il y avait d'étrangers dans cette vallée frontière,
Piémontais, Valdôtains, forcés de rapatrier, s'achemi-
naient à pied, traînant par la main des enfants de
cinq ans, poussant de petites voitures, où tenait ce
qui se pouvait de meubles. Une désolation dont nous
n'avions jamais vu d'exemple dans ce pays était partout.

Nous y passâmes les premières semaines de la
guerre, bloqués par le transport des troupes, qui ne
laissait nulle place aux voyages. On ne savait pas
alors si l'Italie n'entrerait pas contre nous dans la
guerre.

Toute la nuit, au fond de la vallée, nous enten-
dions le bruit du chemin de fer qui portait des soldats
au petit Saint-Bernard. Le Bourg Saint-Maurice en
regorgeait. Un jour que j'y allai, j'y rencontrai
Goury, qui était Savoyard et de nos étudiants. Nous
pensâmes nous embrasser. Je ne l'ai plus jamais revu,
ni hélas ! n'en eus plus de nouvelles. Tous les jours,
par les vergers, je descendais à Aime lire le communiqué de la guerre, et passer en conversations un peu
de l'impatience qui nous tenait. Dans le trajet mes
yeux tombaient sur la petite ville, étagée sur sa
butte, où quelques toits de tuile brillaient parmi
l'antique ardoise, la blanche église de Saint-Sigismond
près de sa tour en ruine au sommet ; à ses pieds les
jardins, les noyers, les prairies, l'Isère et le ruisseau
de l'Ormante qui y coule à travers les pierres ;
alentour, la coupe profonde des monts, quelques

vignes sur les pentes prochaines ; en haut, les bois, la roche, les pâturages ; tout un tableau paisible, que la guerre venait ravager. Des vers de Schiller me revenaient en mémoire :

« *Moege nie der Tag erscheinen...*

« Périsse le jour où les hordes de guerre agiteraient ce vallon tranquille ».

Quel sucre et quelle fadeur ! Quand on se fut mis à chanter cela, un flot de sang courut à travers l'Europe. Et cela recommençait. Durant quatre ans de guerre dix villages dont le clocher brillait à mes yeux, pendants sur les montagnes, allaient être décimés. Sur huit cents âmes, quelques-uns ont compté cinquante morts. Les provinces de Savoie ont payé plus cher que d'autres les frais de la république, qu'on leur faisait voter contre les menées réactionnaires, comme une garantie de paix.

Un bataillon alpin campait dans notre village. Rien ne saurait peindre la tristesse des adieux que leur fit quand ils partirent, à l'église, au nom de la paroisse, le curé, ancien supérieur de séminaire, en qui la tendresse du sentiment s'unissait à la gravité du caractère.

L'épreuve prochaine et le salut de leurs âmes firent le sujet du simple discours qu'il leur tint. Le village, éprouvé par les mêmes dangers dans la personne de ses enfants, les accompagnerait de ses prières. Sa voix par instants ne nous parvenait que brisée, par instants s'arrêtait dans sa gorge. Cette âme de prêtre qui se donnait, la solennité de l'heure, le recueillement du lieu, fait de la double impression du sacré et du champêtre, le contraste qu'y jetaient officiers et soldats armés pour une action prochaine, causaient une émotion sans pareille. Les larmes coulaient, le sanglot des femmes du village, qu'on entendait au fond de l'église, déchirait l'âme des assistants.

Un prompt dénouement de la guerre était attendu par l'opinion ; le paysan comptait qu'elle durerait trois mois. « Passez-les ici, me disait-on, qu'allez-vous chercher à Paris? » Cependant je ne songeais qu'à partir.

Les mauvaises nouvelles qui parvinrent au bout de quinze jours, la Belgique envahie, l'ennemi en marche sur Paris, redoublaient mon désir de retour, réglé sur les souvenirs de 1870, où petit enfant j'avais passé le temps du siège enfermé dans la ville. En cas d'invasion je jugeais que le meilleur était de ne pas quitter de chez soi, de maintenir le voisinage de ses biens et de ses proches. Peut-être la barbarie allemande me l'aurait-elle fait regretter.

Nous fîmes quarante heures de voyage, et trouvâmes Paris qui fuyait. C'était le moment du fol encombrement des gares, des queues interminables aux guichets du chemin de fer, des voyages accomplis dans des wagons de marchandises par des vieillards de quatre-vingts ans, qui mouraient en route, des queues d'automobiles roulant sur tous les chemins, et déposant les gens à la porte des auberges de Normandie, de Bretagne et de Touraine, qui les renvoyaient faute de place. Jamais, dans une guerre livrée chez les modernes entre les nations d'occident, pareille peur ne s'était vue. L'Allemand qui se piqua dans celle-là de faire marcher la terreur devant ses armées ne pouvait souhaiter davantage.

Le gouvernement lui-même partit, transportant à Bordeaux le personnel abject qui, grisé de la dictature où le hissait le péril de guerre, fouetté dans ses appétits de plaisir par le spectacle des catastrophes, allait y faire débauche à l'abri de nos dangers. C'était aussi le temps des deuils multipliés. La mort frappait sans relâche sur la jeunesse qu'on avait vue partir autour de soi. J'avais passé le temps du service militaire, mes fils étaient âgés de seize et de quatorze ans ; ainsi ces deuils ne tombaient point chez moi ; mais tout alentour quel désastre !

Tous les jours apportaient la nouvelle de quelque jeune homme qu'on aimait ou dont on connaissait les proches, tué à l'ennemi.

Dans Paris vidé de ses habitants, débarrassé des chambres et des ministères, sous la menace d'un siège prochain, l'écho de ces coups tragiques portés au fond des cœurs jetait une gravité poignante, et comme l'atmosphère du châtiment. Les traits bibliques de l'anéantissement de Ninive et de Babylone ressuscitaient pour nos générations. Cela ne tenait pas au seul péril d'une guerre livrée avec d'énormes masses d'hommes, des engins d'une puissance immense, cela tenait à la férocité dont l'ennemi arborait l'enseigne, et dont Dinant passée au feu des mitrailleuses, Louvain abîmée dans les flammes, firent resplendir l'horrible éclat. Comme les anciens conquérants barbares, l'Allemand allait semant sur son passage la désolation et la ruine, brûlant une à une les maisons dans les villes prises, saccageant les récoltes, brisant l'outillage des usines, prenant des otages et les tuant, menant au feu devant ses soldats les populations des villages, emmenant, sous le nom de *prisonnier civil*, l'habitant en captivité.

Depuis trente ans la république menait contre l'Église en France une persécution qui, plusieurs fois, était allée jusqu'au sang. Des prêtres prêchèrent là-dessus l'expiation et la pénitence, avec d'autant plus de cause que la catastrophe accusait avec évidence la folie des républicains. A qui doutait que Dieu frappât ses insulteurs, il n'était au moins pas possible de contester que le préjugé sectaire du désarmement nous menait là. Le gouvernement osa poursuivre ces prêtres.

Il ne fallait pas qu'on parlât de punition. Ce que nous souffrions, pourtant, ne pouvait s'appeler des récompenses. Des aéroplanes volaient sur Paris jetant des bombes. L'ennemi s'avançait le long de l'Oise ;

on l'annonçait à Compiègne, puis à Creil. Des bruits sinistres couraient sur la manière dont serait conduit le bombardement. Pour ceux qui ne voulaient pas partir, c'était l'inconnu qui s'ouvrait.

Soudain nous apprîmes que l'invasion gauchissait. On n'en pouvait deviner la cause ; à l'heure qu'il est, je crois, elle n'est pas éclaircie. Quelques opérations de nos troupes, dont chacune apportait le vent délicieux de l'espoir, furent suivies dans huit jours de la victoire de la Marne.

Paris en reçut la nouvelle avec un soulagement inouï, qui serait allé jusqu'aux transports, si trop de deuils n'eussent pesé sur elle. Du moins on échappait à la menace prochaine ; une apparence de nous rétablir brillait ; à la période d'angoisse voisine du désespoir, une ère de relâche succédait.

J'avais rejoint l'Action Française, au milieu de quelle solitude, hélas ! Vesins, Montesquiou, Pujo, Boisfleury étaient soldats ; Daudet renversé hors d'une automobile était soigné à la campagne, Vaugeois fut quelque temps à Bordeaux.

Je fus d'abord seul avec Maurras et quelques rédacteurs du journal, lequel, réduit comme tous les autres à deux pages, souffrait en outre de la dispersion des secours dont il ne pouvait se passer pour vivre. Combien d'autres alors ont cessé de paraître ! Dans le danger public nous tînmes bon. Le mal dont nous dénoncions la menace depuis quinze ans comme une conséquence du régime était sur nous. Nous n'avions pas été de force à le prévenir ; nous ne devions plus songer qu'à y faire face dans le rang effacé où l'action armée reléguait les écrits, mais où ce qui serait tenté touchait cette action même.

Car de combien ne pèserait pas l'opinion, sur laquelle nous pouvions agir, dans la conduite de la guerre ! et les mesures que prendrait à l'intérieur un régime esclave de l'opinion, comment n'y aurions-nous pas eu de part ? Dans un passage fameux de notre ancienne revue, Maurras avait écrit qu'au bout du jeu fatal de notre démocratie et comme sa conséquence, il voyait «cinq cent mille jeunes gens étendus morts sur le sol de leur patrie mal défendue. » Nous y touchions. Du moins restait-il à prévenir un plus grand mal et qui serait sans remède; c'était l'asservissement du pays.

Nous n'y pensions qu'avec horreur, ajoutant à celle que causait à tout le monde le propre effet de la défaite, ce qu'eût emporté d'abaissement pour l'esprit le triomphe du sophisme et de la chimère allemande, nulle part détestés comme chez nous. Lasserre me dit un jour : « J'aurais cessé d'écrire. » C'est que nous n'eussions plus eu que penser. On n'exerce l'esprit que pour un but. Et quel but assigner à notre intelligence, alors que la victoire eût imposé l'estime de tout ce qui y était contraire?

Je ne connaissais que de nom les célèbres discours de Fichte à la nation allemande, source principale du mouvement de 1813 dans ce pays. Je les lus pour la première fois.

Mieux que je n'avais pu le deviner, j'y saisis dans un jour intellectuellement affreux la base métaphysique que le philosophe y donne à la patrie allemande, et comment l'unité nationale pour eux, à l'exemple du contrat social chez Rousseau, renverse les notions essentielles de la nature et de la morale, posant pour s'élever des principes contraires à toute raison humaine. Le germanisme n'est pas, comme notre amour de la France, l'affection naturelle aux lieux et aux personnes, étendue à un vaste ensemble par la notion de la cité ; c'est une idée abstraite, celle de la race en soi, réalisée dans la conscience, absolue dans chaque Allemand, imitant dans ses exigences l'ascendant suprême d'une religion. Si les armes de la Prusse ont forgé l'unité, le fanatisme issu des leçons de Fichte, vivant dans toute l'Allemagne, est ce qui l'inspira, ce qui la développe et qui l'impose. Joint aux instincts d'avidité de la race, il rendait raison de ses cruautés.

Il ne rendait pas moins raison de l'apologie qu'elle y sut joindre, et qui s'exerçait en deux sortes, par l'aveu de ses militaires, qui les vantaient comme les moyens de ménager l'humanité parce qu'elles abrégeaient la guerre ; par les dénégations de ses hommes de lettres qui, dans un document fameux, osèrent traiter de mensonge tout ce qu'on en rapportait.

Ce document parut signé de quatre-vingt-treize savants, écrivains et artistes allemands, avec adresse au monde civilisé et traduction en plus de vingt langues.

Quoiqu'on le destinât surtout aux nations neutres, on comptait qu'il serait entendu même chez les ennemis de l'Allemagne, des gens d'étude, toujours enclins à se défier des bruits semés dans l'opinion, et qui chez nous, depuis l'affaire Dreyfus, avait pris l'habitude de tenir pour suspect ce qui s'autorisait de l'amour du pays. Ajoutez les relations personnelles que les signataires avaient avec plusieurs, qui devaient aider à les faire croire. Je n'en connaissais pas un. Cela eût été égal. J'avais trop fréquenté l'Allemagne, j'en connaissais trop le caractère, principalement depuis vingt ans, pour m'étonner que des gens honnêtes dans le privé donnassent les mains en public à un appel indigne, inconsistant dans le fond, insolent dans le style, semé des grimaces de la fausse innocence et de la boursouflure du sentiment.

Il n'y avait pas de papier plus méprisable. De plus la démarche étonna. On ne comprit pas en France qu'un pareil manifeste fût lancé en corps par des hommes dont la profession était étrangère à la guerre, quoique chacun comme tout le monde y fût intéressé.

Aussi ne peut-on douter que plus d'un en Allemagne

avait refusé de le signer. Mais tous les illustres s'y trouvaient. Comme quelques-uns avaient le titre de membres étrangers de nos corps savants, ceux-ci répondirent en les rayant; ce qui n'alla pas sans résistance de la part de ceux que retenait tantôt le soin de la réputation qu'ils avaient en Allemagne, tantôt des scrupules professionnels. J'en eus le spectacle aux Antiquaires, où M. Enlart, conservateur du Trocadéro, et M. Eugène Lefèvre-Pontalis exigèrent que congé fût donné à l'ennemi, et finirent par l'emporter.

La résistance qu'opposaient quelques-uns à la démonstration de la méchanceté allemande composait un curieux spectacle, où l'on aurait grand tort de croire qu'il n'y eût que faiblesse ou abandon. Quand les Allemands firent sauter Coucy, je fus témoin de la conversion de ceux-là. Le vandalisme qui s'accusait dans le saccage de ces ruines illustres devait faire sur les Antiquaires la même impression que fit sur le public la destruction des vergers, dont les Allemands tranchaient les arbres en se retirant. L'un d'eux prit la parole au début de notre séance, pour dire que jusqu'alors ce qu'on rapportait de l'Allemagne n'avait pu le persuader de l'indignité de celle-ci; qu'il avait douté des maux dont on l'accusait ; que dans le manifeste des intellectuels il avait cru à la bonne foi d'hommes voués comme lui à la science ; qu'il en revenait cette fois; qu'il détestait l'exemple donné par ses hésitations ; qu'il espérait le réparer par sa déclaration d'aujourd'hui.

L'homme qui parlait ainsi, éminent par le savoir et d'un caractère sans reproche, avait eu un fils tué à l'ennemi. Tel était le préjugé en faveur de l'Allemagne. Mais elle en faisait tant, qu'on s'en désabusait.

Il y avait alors un grand contraste entre ce qui se passait chez nous, où nul livre n'était publié sur la guerre, et le soin ardent que prenait l'Allemagne de plaider la justice de sa cause dans des millions de livres jetés à l'univers. Mirot, des Antiquaires, qui suivait l'Action Française, m'engagea à mettre en volume le papier des intellectuels. « Voilà un texte à conserver », me dit-il.

Notre librairie s'en chargea. Ce fut je crois le premier ouvrage qui rompit le silence de la librairie française. Pour le style et partie du fond, la traduction d'Allemagne voulait être refaite. Je donnai donc l'appel en trois textes, y compris l'allemand original, avec un commentaire qui me força à lire les livres blancs, jaunes, orange, etc. des chancelleries. Cela sortait de mes applications ; je n'en aurais pas le courage aujourd'hui ; mais alors tout ce qui touchait à des événements si tragiques, si importants, si décisifs, semblait facile. Un extraordinaire entraînement, que je n'ai ressenti qu'alors, m'y appliquait. L'agitation où nous vivions causait une chaleur de pensée où les idées ne cessaient d'éclore.

A l'institut d'Action Française je fis le plan d'une série de leçons sur l'histoire de l'unité allemande saisie dès le xviiie siècle dans sa préparation intellectuelle ; Lessing, Winkelmann, Wolf, Herder, Schlegel, Fichte, y défilaient. Beaucoup de personnes vinrent les entendre, et je crus un peu plus tard mettre sans peine par écrit ce que les circonstances m'avaient inspiré de dire. Mais j'y trouvai tant de difficultés, que le livre est resté en train. Au contraire une série d'articles sur le partage de l'Allemagne, commencé au lendemain de la bataille de la Marne, fut réunie sous le titre de *Tronçons du serpent*.

J'admire en le relisant qu'il ait fallu alors plaider contre l'unité allemande, démontrer qu'on peut y mettre fin. L'événement n'a que trop prouvé que si elle résistait à la défaite, c'est que les vainqueurs eurent soin de la réparer, l'Angleterre par crainte de nous laisser les mains libres, la république française par superstition du principe des nationalités, l'une et l'autre par horreur d'arracher dans ce partage quelques provinces catholiques aux protestants de Berlin.

Seulement l'abdication des princes a donné au séparatisme un autre tour que celui que j'envisageais dans la restauration de blasons indépendants; ce sont des provinces qui s'agitent, et qui réclament la liberté.

Quand prirent fin les leçons sur l'unité allemande, comme l'assistance et moi sentions le dégoût de tant d'orgueilleuses folies, de tant de venimeux systèmes, je proposai le rafraîchissement de deux leçons vouées à l'éloge de Racine et de Lafontaine, que Lessing et Schlegel ont décriés. Le projet fut applaudi, et les leçons fêtées. Ainsi le sujet se trouva toucher par ses deux bouts, d'une part au salut national et de l'autre aux humanités.

Au journal, il s'agissait pour moi de suivre l'opinion catholique en Europe, en certains points de la France, et ses retentissements au siège de la chrétienté.

Pie X mourut au commencement de la guerre. En lui la France perdit plus qu'un ami, je veux dire une intelligence ouverte sur le secours essentiel que la pensée française, l'esprit français, la position historique française apportent à la défense de l'Église catholique. Benoît XV, qui lui succéda, vit surtout les tracas que le gouvernement de la France cause au Saint-Siège. Il ne craignait pas le succès de l'Allemagne, dont toute l'Europe se tenait assurée. Des sympathies pour notre nation, dont il a renouvelé l'expression véritable, ne purent lui inspirer longtemps que la compassion. Quand le sort des armes tourna pour nous, comment tant de dispositions prises en vue d'événements contraires eussent-elles pu soudain s'accommoder? Les effets du prestige allemand traînèrent longtemps au Vatican. Quantité de gens chez nous n'ont pu supporter cela, faute de considérer chez combien de Français mêmes la croyance que l'Allemagne l'emporterait a régné, chez combien son prestige survit à sa défaite. Plus que le pape cependant ils avaient des raisons de repousser ces sentiments. Aucun des devoirs qui s'imposait à nous n'engageait le pape contre l'Allemagne.

Dans le train d'un journal, parlant au pape vivant, une telle explication ne pouvait être offerte avec une netteté si tranchante. La déférence en eût souffert, et cela n'était pas nécessaire. Il suffisait de l'observer en principe. Je n'y manquai pas. Quand le pape recommanda l'accord que proposait l'Allemagne et qui nuisait à notre pays, cela me permit de rapporter cet acte à la politique du Saint-Siège, souveraine, partant indépendante des intérêts que nous avions le devoir de défendre pour notre part.

Il est vrai qu'il faut croire pour cela que le pape est roi, chargé, en conséquence de sa mission d'Église, d'un gouvernement temporel. Ceux qui ne veulent voir en lui que le conseiller des âmes ne dénoueront jamais cet embarras. Je m'amusais à voir le *Temps* s'y enfoncer, et de plus instituer la théocratie par cette omission, car exigeant du pape qu'il ne fût que pasteur et qu'il condamnât à tout bout de champ l'Allemagne, cela conduisait à faire tomber la guerre dans le gouvernement de la religion, à remettre l'État entre les mains du prêtre, ce qui, fût-ce l'État allemand, devait être en horreur à tout ce qui professe les libertés modernes, l'Etat neutre en religion et l'Église sans royaume.

CHAPITRE XI

Le journal d'Action Française allait se rétablissant
peu à peu. La guerre, qui se prolongeait au delà de
toute prévision, obligeait d'y accommoder un train
régulier d'existence. Paris fugitif rentra. Les théâ-
tres rouvrirent ; les plaisirs reparurent, timidement
d'abord, puis avec plus de franchise, en partie fondée
sur la raison plausible du relâche que réclamait le
soldat.

Beaucoup ont conçu du scandale de cette espèce
de renaissance ; mais elle était inévitable. Pendant
trois mois Paris, dans les longues nuits d'hiver, éclairé
de quelques rares flambeaux, avait paru comme un
cimetière, où la dure voix des événements parlait
seule à l'âme solitaire. Seules celles que la mort éprou-
vait, ou qui pensaient beaucoup, ou que la pensée
de Dieu fixait à la retraite et à la pénitence, étaient
capables de prolonger cet état. Combien n'étaient
atteintes que de loin par le deuil ! Combien pensaient
peu ! A combien la religion était étrangère ! La
république la méprisait ; rien de public ne fut fait
pour en bander le ressort, pour en administrer les
forces, pour faire que tous se ressentissent des délicatesses et des ardeurs inspirées par elle à tant de
nobles âmes, que la souffrance transfigurait. Des
procès aux prêtres qui célébraient la Marne comme un
miracle de Dieu sur nous furent tout ce dont s'avisa
le régime. Des consignes de bureau, des répressions de
police, c'était la part qu'il savait prendre à ce mobile

sacré de la pensée française, à ce plus profond de nos sentiments. Le plus vil des services publics, les réverbères, le balayage, obtenaient de lui plus de ménagements.

Dans de pareilles conditions, il eût fallu que chaque habitant de Paris fût un héros pour que le voile de tristesse pendant sur elle ne fût pas levé. Ceux qui n'ont cessé de l'habiter doivent à Paris au moins ce témoignage, que le relâche qu'elle s'accorda garda le respect des événements, et n'enfreignit pas la décence. D'autres peuples n'en eussent pas tant fait.

Avec le train de vie ordinaire, la commune matière des journaux revenait pour nous alimenter. Deux choses seulement y étaient nouvelles : le régime de la censure, et la réconciliation des partis contre l'ennemi commun, décorée du nom d'*union sacrée*. Nous avions réclamé la première, qui, entre les mains d'un régime où duraient les passions sectaires, ne laissait pas souvent de s'exercer contre nous. Mais comme les sectes gagnèrent à ce régime moins que la France, il convenait de s'en féliciter. Pour l'union, il fallait s'y ranger, dès lors qu'on n'était pas en mesure de remplacer le gouvernement qui tenait l'épée du pays.

Mille liens cependant reliaient ce régime à l'Allemagne, que la France avait à combattre. Plus on était, au sein de la République, du côté qu'elle nomme du nom de gauche, plus on était enclin à ménager l'ennemi. Mis à part quelques radicaux en qui une franchise de tempérament tenait allumée la flamme française, ce degré n'avait pas d'exception. Les socialistes formaient le parti allemand. Aussi étaient-ils ce qu'il y avait de plus avancé comme républicains, et si quelqu'un pouvait l'être plus qu'eux, plus républicain pour la France, ce ne pouvait être que l'État-major allemand.

Nous manœuvrâmes là-dedans, Maurras principalement avec une dextérité extrême, soutenant les ministères dans ce que leur imposait la défense du territoire, reprenant avec persévérance les propos ou les actes que l'esprit de parti leur dictait contre cette défense. Chez la plupart c'était la vraie voix de la nature ; ils n'agissaient pour la France que par force. Nous feignions de croire le contraire : que le patriotisme parlait chez eux alors, et que le reste ne venait que du mauvais pli des habitudes électorales. Nous gagnions ainsi deux points : de les pousser sans cesse dans leur tâche, et de ne pas diviser l'opinion. Ainsi nous agîmes avec Briand, avec Albert Thomas, avec Ribot, avec Painlevé. Du côté de Dreyfus nous avions désarmé. Le talisman fut rayé de nos colonnes, il n'y a jamais reparu. Tout ce qui dans notre action dépassait le nationalisme fut réduit à des exposés de principes, dont nous ajournions tout effet. Quelques-uns de nos amis s'en plaignirent. Il ne fut pas très difficile de leur démontrer que dans le présent c'était le seul parti possible.

Ralliés d'un nouveau genre au gouvernement de fait, notre méthode avait plus d'un trait commun avec celle que nous avions reprochée autrefois à l'Action libérale ; mais le péril du pays faisait la différence. Par fidélité envers le prince, il aurait été fou de laisser périr la France sur laquelle il devait régner.

Je me demande ce qui porta Maurras à en dire plus, et à déclarer en principe que l'Action Française « ne ferait pas de révolution devant l'ennemi ». Car cela fut dit et redit.

Et pourquoi? si cette révolution devait opérer le salut public, lequel décidait de tout selon nos propos constants. Une révolution qui eût manqué d'accord ; un essai de révolution qui eût déchaîné la guerre civile, sans doute ; mais une révolution qui eût réussi, qui, moyennant une crise rapide, en replaçant l'État sur son axe essentiel, eût mis fin à toute complaisance du gouvernement envers l'Allemagne et hâté par là la victoire, au nom de quoi est-ce que nous repoussions cela ? au nom duquel de nos principes ? au nom de quelle raison prise dans le sens commun même?

Dire que c'était impossible, ne vaut. Plusieurs révolutions de ce genre ont réussi : entre autres celle qui sous le prince d'Orange, sauva la Hollande de Louis XIV. Puis notre déclaration n'examinait pas cela. Elle ne faisait point état de possible et d'impossible. Elle condamnait le dessein tout net.

Peut-être pouvait-on plaider qu'il était nécessaire de parler ainsi alors, laissant indécis si ce qu'on renonçait était l'impossible ou l'illégal ; en ce cas pourquoi y être retourné une fois la guerre passée? Vingt fois on s'est vanté de s'être interdit de faire se que fit en 70 le parti de Gambetta. Mais quoi! ce que nous apportions était-il de même qualité? Sa république valait-elle notre monarchie? Tout son tort n'était-il pas là? dans la légèreté, dans l'ignorance qui fit méconnaître à ce parti les conditions de rétablissement d'un peuple? En mettant ce tort dans leur intention même, on faisait de toute cette histoire un petit bon conte moral, une image d'édification, où d'un côté se voyait le méchant républicain qui sous les yeux de Bismark renversait Badinguet, de l'autre le bon camelot du roi disant à Marianne : « Dors en paix. Je ne fais pas, je ne fais pas de révolution devant l'ennemi. » Cela donnait à l'Action Française un air de nigauderie qu'elle avait évité jusque-là.

Ainsi petit à petit la faiblesse, l'inconsidération, les circonstances allaient rapprochant notre figure de celle des anciens partis conservateurs. Nous en épousions la petitesse, les timidités ; nous retournions à leur routine, dont notre originalité avait été de nous affranchir. Vaugeois depuis quelque temps ne faisait plus sentir sa résolution dans nos conseils. La guerre l'avait jeté dans un trouble profond. Quand il s'en reprit, ce fut pour sentir les atteintes d'une maladie cruelle, qui le sépara de nous. Dès auparavant le désaccord s'était fait sentir entre lui et Maurras. D'ardentes contestations, où l'un mettait toute la chaleur de son âme, l'autre tout l'aveugle ressort de ses nerfs, les avaient mis aux prises d'autant plus stérilelement, que Vaugeois comme fondateur était maître à l'Action Française, et que Maurras par ses écrits attirait à lui l'influence, en sorte que des droits égaux les opposaient.

Hélas ! ce différend dura peu. Vaugeois mourut livrant la place. Le premier de nous tous, je courus au lit funèbre où je devais le revoir pour la dernière fois.

J'assistai à sa mise en bière. Ce fut un des moments les plus déchirants de ma vie. Dans ses traits généreux, apaisés par la mort, vingt ans écoulés ressuscitaient pour moi : ceux de notre jeunesse, la Sorbonne, puis ces débuts de l'Action Française où j'avais retrouvé son amitié, que le temps rendait vieux déjà, et qu'une transformation où planait quelques ombres aidait à reculer dans le passé. Je ne pus m'empêcher de le pleurer comme un frère. Nous perdions en lui le témoin le plus exact, le plus délicatement sensible qui nous restât de nos origines ; nous perdions le cœur le plus noble et le plus chaud qui eût aidé à sceller notre union. Lui parti, que de liens devaient se relâcher ! que d'amitiés s'attiédir ! que de concours disparaître! Il avait épousé la fille de M. de Villeneuve, ancien bâtonnier des avocats de Lyon, qu'il aima tendrement et dont il laisse une fille. Son mariage n'avait pas deux ans. Il avait eu lieu à Ainay. La fête réunit à Bellecour ce que nous avions d'amis en ville, au milieu d'espoirs de tout genre, qu'il aidait à faire naître et qui sont évanouis.

Montesquiou fut tué à l'ennemi. La nouvelle de sa

mort tomba comme un coup de foudre. Nous la ressentîmes profondément. Son énergie et son bon sens avaient eu beaucoup de part dans la conduite commune. Son entremise avait beaucoup servi. Ainsi notre cercle allait se réduisant peu à peu. Après l'absence, la guerre y opérait les séparations définitives.

La présence assidue que je donnais au journal me faisait assister, de plus près que je n'avais fait, à la conduite de nos affaires. J'en voyais l'embarras d'argent, qui tenait en partie à la guerre. J'y aperçus d'autres défauts qui ne pouvaient manquer de l'augmenter.

De loin, ils ne m'avaient été connus qu'à peine. Sans doute la guerre les avait aggravés ; cependant ils devaient tenir à des causes plus profondes. Il n'était pas croyable à quel point, vue du dedans, tout accusait la fragilité d'une entreprise si importante dans l'opinion. Le tirage du journal était restreint, la rédaction instable, la composition tiraillée, la correction absente, le service défectueux. A l'exemple de nos confrères, à qui le succès d'un feuilleton procurait des abonnés nouveaux, Daudet publia la *Vermine du monde*. Le tirage monta beaucoup, se maintint quelque temps après le roman fini, puis tomba peu à peu et reprit l'ancien niveau.

Maurras quêtait alors de l'argent dans le journal. Je lui dis que ce qui venait de se passer accusait l'administration. D'autre part je recevais des lettres et des visites où des hommes habiles aux affaires se disaient étonnés qu'après huit ans de succès nous ne pussions subsister. Ce qu'ils voyaient ou devinaient d'erreurs dans le train de l'entreprise, ils m'en faisaient part, disant que ni nos succès de doctrine, ni le prestige de notre action ne nous sauveraient de la ruine ou de l'impuissance, si l'administration manquait. Le petit nombre où nous étions réduits faisait que personne n'en avait soin ; elle était remise à nos bureaux. Maurras me l'offrit ; j'acceptai.

Quoique je fusse neuf à la chose, comme je crus discerner sous moi des aptitudes professionnelles, je pensai que, pourvu que j'y donnasse une application qui manquait, le mal dont nous souffrions cesserait. Nous tînmes conseil. J'exposai mes idées sur la situation du journal. Touchant nos recettes et nos dépenses, quelques chiffres furent prononcés. Il n'y avait pas de sujet plus commun et plus simple, ni qu'en toute espèce d'existence l'homme soit moins à même d'éviter. Soudain nous vîmes Maurras se lever, en proie à une fièvre d'impatience, le visage outré de dégoût. Il nous dit d'un ton brusque qu'il n'y entendait rien, que nous décidassions seuls, et sortit.

Je n'avais jamais vu cela. Je tombai en proie à un abîme d'étonnement. Je me demandais quel âge donner à la raison d'un homme, qui se disant chargé du salut de l'Etat, engagé par promesse publique à remettre la France aux mains du roi, responsable devant tout un parti de la nef de ses espérances, comptable des dons qu'on lui remettait pour en assurer le voyage, entrait en délire au seul aspect d'un compte, et s'enfuyait avec fracas.

Je pris l'administration. Je pris la ligue, dont la présidence vaquait aussi. Je n'avais pas fait vingt pas dans cette dernière, que les difficultés de personnes s'élevèrent.

Plateau, que la guerre avait emmené d'abord, venait de nous être rendu par suite d'une blessure grave. Dans un différend de jeunes gens que j'eus à régler, ayant apprécié son concours comme chef des Camelots du roi, je le priai de m'aider de ses avis pour la ligue. Ces rencontres étaient les premières où je l'approchasse assidûment. Il avait beaucoup de méthode, de clairvoyance et de bon sens,

Quoique son dévouement à la cause fût sans bornes, il s'y portait en maugréant, non par aucune méchante humeur, mais à cause du peu d'ordre qu'il découvrait partout. Ce que j'en apercevais était peu de chose au prix de ce qu'il avait pu en saisir, et dont ses plaintes étaient témoin, vivant dans la maison depuis bien plus longtemps que moi, et ayant part à l'exécution, où cet inconvénient ne peut se cacher.

Plus je le voyais, plus j'allais me persuadant des grands services qu'il pouvait rendre. Une conjoncture soudaine, grosse d'effets retentissants, vint tout à coup rendre son concours précieux et, tel que je l'envisage aujourd'hui, décisif.

Un jour je reçus au journal une visite aussi pressante que mystérieuse.

Celui qui me la rendait était inconnu chez nous. Il m'annonçait qu'une personne bien placée offrait de nous livrer des pièces prouvant que Malvy, ministre de l'intérieur, trahissait. Par mille rapports qui nous venaient de l'armée, nous ne doutions pas de cette trahison, mais nous n'en détenions pas les preuves, en sorte que, étant donnée au surplus la censure, nous ne pouvions en marquer que peu de chose. Je dis à celui qui m'était envoyé et qui se fit reconnaître pour notre chaud partisan, qu'il s'appliquât à vérifier la sincérité de la personne, afin de ne pas aller donner dans une embûche, et que dans quelques semaines, s'il était satisfait, il voulût bien revenir pour traiter de l'affaire. Je rendis compte de la visite à nos amis, qui en louèrent l'importance et ne m'en parlèrent plus. Deux mois plus tard l'envoyé revint. Il apportait toute satisfaction. Une source de renseignements certains et réguliers touchant au vif de la situation, intéressant le pays dans son existence, nous était ouverte. Nous avions vue sur le ministère ; c'était la promesse d'une campagne d'une importance incalculable.

J'en reparlai à nos amis, qui de nouveau s'en féli-
citèrent. Comme nul parti ne fut pris quant à l'exécution, je résolus d'agir. Je me tournai vers Plateau.
Il avait de quoi conduire cette affaire à bonne fin.
S'aboucher, sentir les intentions, régler les rendez-
vous, prendre les précautions, garder le secret, étaient
dans ses talents et dans son caractère. Je lui demandai s'il voulait s'en charger, et plus généralement s'il
consentirait à prendre la charge de préfet de police
à l'Action Française. J'eus un refus.

Il me dit qu'il était las de faire chez nous des
besognes dont nul ne se souciait, qu'on n'agitait
qu'en paroles, dont on le priait d'abord, qu'on délais-
sait ensuite. Personne dans la maison n'avait égard
à rien, ne pensait à rien, ne se souvenait de rien. De
cette affaire comme de vingt autres nous ne saurions
rien faire ; mieux valait commencer par là. De l'impatience se mêlait à son propos. « Savez-vous ce que
je reçois de traitement? » me dit-il. C'était un chiffre
ridicule. Il ajouta que ce chiffre ne l'offensait que
comme signe du peu de cas qu'on faisait de ses services, ou plutôt de l'entier abandon où ces services
et le reste étaient laissés chez nous. Je lui dis que
mon dessein était de corriger cela. Je le pressai. Il
prit confiance. Bref je parvins à le persuader.

En peu de jours il eut réglé les entrevues, la communication des pièces. Elles offraient le témoignage
formel des rapports de Malvy et d'Almereyda, témoignage abject et accablant. Après chaque visite Plateau me les apportait ; je les faisais passer à Daudet.
C'est sur ce dossier-là que Malvy fut condamné.

Je revis avec Plateau les listes de la ligue.

J'envoyai des lettres de rappel aux présidents
dans chaque section. Il m'avertit de m'attendre à
du désappointement, tout cela n'existant que sur le
papier. C'était trop dire. Je dus constater pourtant que pas un quart des membres inscrits sur

nos contrôles n'avait signé l'engagement à la monarchie, ni depuis bien longtemps payé de cotisation. C'était les deux conditions de la ligue. En Provence, des sections allaient par trois cents membres, dans lesquels venant au fait on n'en trouvait pas dix. De la plupart des endroits je reçus des réponses, dont un bon nombre brûlaient de l'envie de servir. A quelques demandes d'ajournement des signatures et des cotisations, je crus utile de ne pas céder. Comme j'y joignais de bonnes raisons, presque tous s'y plièrent. Deux ou trois se plaignirent à Maurras, qui me pressa de laisser ces gens tranquilles. Je lui demandai en quoi chasser la pièce de cent sous parmi des lecteurs qui ne nous devaient rien lui semblait plus convenable que de recueillir l'argent dûment souscrit par des ligueurs. Peut-être ce qu'il y avait de régulier là-dedans était ce qui le fâchait, car il me dit un jour qu'en cette affaire je devais « suivre moins Descartes (c'est-à-dire la règle), qu'Aristote », c'est-à-dire je ne sais quoi, qu'il appelait l'expérience.

Quant au service de nos bureaux, on devait reconnaître qu'un logis trop petit et mal disposé y causait de l'embarras. Il fallait en changer ; un bail s'y opposait ; on vint à bout de cette difficulté, et de celles qu'un tel changement soulève. Une installation plus spacieuse, plus élégante et plus commode, fit plaisir à tous nos amis. Elle était aussi plus coûteuse, mais il y avait lieu de croire que des mesures meilleures, favorisées par les aises nouvelles, mettraient à même de la payer. Notre publicité longtemps peu productive, remise en de nouvelles mains, prospérait. Tout ce temps-là fut celui de l'espoir. Dans le conseil d'administration du journal, je demandai que fussent admises des compétences financières, qui jusqu'alors y avaient presque entièrement manqué. J'obtins qu'on remplaçât le commissaire aux comptes mal appliqué à sa besogne, par un autre, choisi dans les experts comptables près le Tribunal de commerce de Paris.

De grands succès politiques qui suivirent ces changements, devaient en favoriser l'effet. Le *Bonnet rouge*, journal en qui le nom sans-culotte servait d'enseigne aux menées allemandes, s'abîma dans une catastrophe. Comme il versait sur nous la calomnie et l'ordure, nos personnes en avaient le triomphe ; l'échec où l'événement mettait la trahison faisait les affaires du pays ; tout ce qu'il y avait d'ardents républicains, Malvy en tête, engagés soit dans les affaires, soit dans la politique de ce journal, en recueillit le décri public. Almereyda, qui le dirigeait, convaincu d'intrigues avec l'Allemagne, fut arrêté, et quelques heures après trouvé étranglé dans sa prison. Dès ce moment le danger intérieur que nous dénoncions et auquel beaucoup ne pouvaient croire, commença d'être démontré. Le livre de l'*Avant-guerre*, où Daudet avait révélé les mesures secrètes prises en France par l'Allemagne en vue de l'invasion, à l'insu de la République ou avec sa complicité, apparut dans un nouveau jour. L'ouvrage, peu recherché avant la déclaration, s'enlevait maintenant par milliers d'exemplaires. La grande popularité de l'auteur commençait.

C'est sur ces entrefaites que nous fûmes accusés de complot et menacés d'un procès public.

Soit crainte réelle d'une action politique que nous déclarions ajourner, soit manœuvre de parti propre à rallier les gauches, Painlevé, nouvellement ministre, et envers lequel nous gardions les mêmes mesures qu'envers les autres, ordonna la descente de la police chez nous. Je la reçus à mon bureau, et leur ouvris nos tiroirs, où ils ne trouvèrent rien, excepté un feuillet sur lequel j'avais écrit pour l'usage de Maurras, dont je n'eusse pu autrement me faire entendre sans parler haut, que certain chef militaire nous était favorable. Mais je n'avais recueilli de lui qu'un mouvement de colère, qui lui fit déchirer et jeter par la chambre un écrit qu'il jugeait dangereux, et dont il assura la durée de la sorte, les morceaux ramassés par hasard ayant été mêlés ensuite avec d'autres liasses : on les trouva dans les papiers de Plateau.

Ce fut le fort de l'accusation, à laquelle deux choses firent échec : l'indifférence où elle nous trouva, et la résistance de l'opinion.

Après les bureaux du journal, la police visita nos domiciles. Elle alla chez Daudet, chez Maurras et chez moi. Mes enfants l'attendaient. Au coup de sonnette qui se fit entendre comme nous achevions de dîner, on s'écria : « Voilà la perquisition. » Cela causait une grande curiosité, nul émoi. Je laissai voir tout ce que j'avais de papiers : des manuscrits, des traités d'éditeurs, quelques lettres dont une d'un prêtre traînant sur ma table, où des vues sur Descartes et sur la scolastique se terminaient par ces mots : « A quand le coup? » ; un paquet d'autographes gardés pour le plaisir de mes enfants, où figurait M. Poincaré entre autres, en remerciement d'envois de livres. Les armoires de ma femme, remuées aussi, ne révélèrent que du linge et quelques lettres de famille. Tout cela ne décelait qu'imparfaitement le complot. De minute en minute l'opération prenait un air plus ridicule.

L'un de mes fils était parti, et son portrait en chasseur alpin ornait la chambre. Au second le secrétaire du commissaire disait : « Fouiller des gens comme vous, si cela ne fait pas pitié, quand on laisse les canailles tranquilles ! » Enfin on put penser que ma demeure avait livré tout son secret. Par un trou percé dans les papiers qui parurent plus compromettants, le commissaire passa une ficelle, qu'il scella ; la visite était terminée.

Daudet et Maurras étaient gardés à vue. Le premier ne marqua jamais que de la bonne humeur, le visage du second exprimait une colère qui me surprit quand je l'allai voir. M. Faralicq était présent ; sur un ton d'ironie auquel je ne compris rien, il me le présenta comme un confrère de lettres, quoique commissaire. Ces mesures étaient importunes ; mais rien n'y froissait l'amour-propre ; devaient-elles même étonner des gens qui avaient annoncé que par tous les moyens ils renverseraient le gouvernement?

La méthode que celui-ci suivait pour se défendre était stupide ; c'était mal nous connaître que de croire que rien de suspect se trouvât chez aucun de nous, et au journal pas davantage. Quoi qu'il en soit, depuis quinze ans, nous maintenions l'aveu, nous bravions les sanctions d'un complot permanent contre les pouvoirs publics. Mépriser la poursuite qui se flattait soit de nous intimider, soit d'aggraver notre cas en fouillant nos maisons, rien de plus juste ; mais se gendarmer qu'on poursuivît, pourquoi? Pour moi je n'en pus concevoir ni surprise ni indignation. Les sympathies intellectuelles que nous avions acquises dans la presse aidèrent à conjurer le danger. Trois jours ne s'étaient pas passés, que le ministre était sifflé dans les journaux, dans l'opinion, et jusque dans le monde où courait son intrigue. On fit des gorges chaudes de ses pièces à conviction, où figuraient des armes prises dans les panoplies de nos bureaux, ce qui fit que je ne sais qui imprima, pour désigner le complot dont on nous accusait, le mot de *complot des panoplies.*

Nous le reprîmes à notre compte, sans beaucoup d'à-propos je pense. Car c'était nous moquer de nous-mêmes. C'était dire au public qu'en requérant contre nous la république s'était mise en défense contre un danger imaginaire, dont le simulacre faisait rire. Puis ce genre de riposte avait l'inconvénient de sentir à plein nez l'esprit conservateur, qui, depuis trente ans tournant en dérision la défense républicaine, ne s'est jamais avisé qu'il proclamait par là l'inanité de sa propre attaque.

Il n'y avait pas de complot, cela était trop vrai. Il n'y en avait jamais eu. La promesse d'y renoncer tant que durerait la guerre achevait d'en rendre le propos vain. Je ne puis donc m'expliquer la hantise du pouvoir que nos amis continuaient d'éprouver. Daudet en parlait dans le journal comme d'une commission qui lui serait donnée de vider la France de l'espionnage allemand, par la république elle-même. Cela pouvait s'entendre assez bien. Mais Maurras y songeait d'autre sorte. Il me pria un jour de dresser la liste des chefs que, devenus maîtres de l'instruction publique, nous aurions à donner aux différents services qu'elle commande. Comme j'avais dénoncé un abbé Schuh allemand, qui dirigeait un cercle d'ouvriers dans Paris, lequel fut envoyé aux camps de concentration, et que cet abbé m'eut menacé d'un procès à Rome après la guerre : « Plaisant procès, me dit Maurras, s'il allait se trouver devant un ministre. » Pujo disait que notre triomphe aurait lieu d'être fêté par une exécution dans le genre de la prise de la Bastille ; et que, le palais Bourbon étant tout désigné pour l'objet de cette démonstration, il faudrait l'abattre à coups de canon. En conséquence, Maurras vint un jour me demander si j'estimais que le mérite d'architecture de l'édifice le rendait digne d'être épargné.

Tout cela n'était pas fort sérieux, tout cela attestait quant à notre but final beaucoup de vague et d'incertitude. En revanche la controverse au sujet de l'Allemagne, des mesures dont il convenait d'accompagner la guerre, était menée avec une décision, une suite dans les idées, une prudence qui faisaient l'émerveillement du lecteur.

Elle a certainement pesé dans la victoire. L'adversaire politique l'avoue, et la franchise avec laquelle l'opinion tout entière se rallia autour de nous dans la dernière année de la guerre en est le témoignage éclatant.

Le signal en fut donné par la lettre fameuse que Daudet, risquant un grand coup et sans prendre conseil d'aucun de nous, écrivit au président de la République. Elle dénonçait les menées de l'ennemi à l'intérieur, mettait Malvy en cause, et réclamant les sanctions de l'État au nom du salut du pays. Il n'y avait rien de plus hasardeux ; cela même en fit le succès. Le ministre déconcerté fit lecture de la lettre devant les chambres, au milieu des cris de fureur des partis et aux applaudissements du pays. D'un jour à l'autre Daudet devint le plus connu, le plus populaire des Français. Le ministère Painlevé périt dans l'aventure. La voie s'ouvrait à tout gouvernement qui voudrait mener sans faiblesse la défense du pays et sa revanche.

Dans la chambre, Barrès, en accusant Malvy, avait préparé ce résultat. Le bateau mis à l'eau et gréé par nos soins devait porter au pouvoir celui qui y monterait : Clemenceau s'y mit et arriva.

Dès le commencement de son ministère, ce fut notre programme qu'il appliqua. Cela rendait un peu ridicule la guerre que nous lui avions faite de tout temps et plus récemment pendant la guerre, comme à un destructeur de toute autorité. Il est vrai qu'on pouvait plaider que ces attaques de notre part lui avaient servi de leçon, et que notre exemple l'avait instruit ; mais il y avait une préface où Maurras, après s'être donné à lui-même en plusieurs articles la qualité de Romain, c'est-à-dire d'ami de l'ordre, dénonçait en Clemenceau le caractère contraire, attesté par sa tête de Chinois. A ce morceau, conçu dans le style d'*Anthinéa*, enluminé de toutes les pompeuses figures de la philosophie des races, l'événement donnait un démenti, où s'accusait le danger de la vaine littérature. La France, tout à coup soumise à la dictature d'un Mogol, entra dans la voie de la victoire.

Le dictateur fut beaucoup fêté chez nous. Daudet y alla sans ménagements. Maurras y mit plus de façon, et jusqu'à la constitution du ministère se débattit, puis prit son parti. Il fut entendu que dans quelque tréfonds des nerfs ou des entrailles de Clemenceau auparavant conjurées pour nous perdre, l'image auguste de la patrie s'était réveillée. Daudet, avec plus de bon sens, disait, parlant de Malvy : « Il a misé sur le mauvais tableau. » En partie par humeur, en partie comme tenant de la politique anglaise, en partie pour le plaisir de coffrer des avocats, Clemenceau misa sur le bon, et gagna.

Les signes qui en allaient paraître causèrent à l'opinion une extrême surprise. La guerre traînait depuis trois ans, sans changement dont on pût augurer ni la défaite ni la victoire. Les armées se faisaient face des Vosges jusqu'à la mer, sur une ligne que nous appelions le front, et que nous nous représentions comme un mur continu où des forces égales venaient briser leur effort, renouvelé par intermittence dans ce que le communiqué nommait des offensives. Le succès dont on les disait suivies ne durait pas ; en sorte qu'à force d'attendre ce que d'autres communiqués appelaient une décision, et qui ne venait pas, on avait cessé de s'y intéresser, et qu'on n'y eût même plus pris garde, sans les milliers de morts dont la nouvelle tombait pendant quinze jours ensuite comme une pluie sanglante sur Paris. Dans l'intervalle, qui durait des mois, une sorte d'indifférence recommençait, empoisonnée de deuil et d'appréhension, dans laquelle il fallait s'accoutumer à vivre.

Le sort qui résistait à la force militaire, il est certain pourtant que la diplomatie a pu le rompre et terminer notre infortune. Parce que cela ne se fût fait que d'accord avec l'Autriche, la république ne le voulut pas. Avec son beau-frère l'empereur Charles, le prince Sixte offrait de négocier une paix qui, par voie de défections successives, eût mis l'Allemagne à genoux, en sauvant la puissance qui tenait sur le Danube le coup de la civilisation contre deux barbaries, l'allemande et la slave. Mais nous tenions pour la seconde, et la révolution ménageait la première. L'Autriche devait comme catholique payer de sa destruction la guerre, tandis que l'Allemagne survivrait. L'offre en conséquence fut refusée. Le sang français continua de couler, le pays de souffrir l'occupation, l'opinion nationale de sentir tous les jours plus de peine à se soutenir devant une résistance monotone et sans fin.

Les appareils allemands qui volèrent sur Paris agitèrent tout à coup cette uniformité. On n'en avait pas vu depuis ceux du commencement, qui portaient le nom de *taube* ou pigeon. Les nouveaux, nommés *gothas,* faisaient de bien autres ravages. Comme les bombes qu'ils lançaient jetaient les maisons par terre, l'alerte publique fut instituée, et avis donné aux habitants, quand elle sonnerait, de se mettre en sûreté dans leurs caves.

C'était de nuit. L'avertissement surprenait la plupart des Parisiens au lit. Comme j'avais mon logis au sommet d'une maison qui dominait elle-même le fond du val de Bièvre sur le penchant de la montagne Sainte-Geneviève, nous croyions habiter le ciel même visité par l'engin de l'ennemi. Du cabinet où je travaillais, la vue portait jusqu'à Montrouge, à la Glacière et à Vincennes.

Dans le repos profond du soir, au sein de l'espace immense sur lequel donnaient mes fenêtres, soudain le bruit de la sirène montait, poussant son triste sifflement. Le remue-ménage des miens qui s'éveillaient m'avertissait de les rejoindre. Le danger était petit, car, sur un si grand nombre qui s'y trouvaient exposés dans Paris, combien peu étaient atteints ! Il n'en fallait pas moins descendre comme tout le monde. Du moins nous évitions la cave ; la loge du concierge nous recevait. Il fallait quelquefois y rester plus d'une heure, dont la menace immédiate n'occupait que peu d'instants, et dont je passais le reste à lire, entre autres les lettres de Winkelmann, récemment achetés au parapet du quai, où j'eus ainsi le plaisir de mépriser l'auteur, sot antiquaire et sycophante, sous le fracas des bombes de son pays.

Bientôt aux engins de l'air le gros canon s'ajouta. Par une claire matinée de printemps nous entendîmes tonner les bombes, qui auparavant n'avaient troublé que nos nuits. Dans les rues, sur les portes des boutiques, les marchands disaient en regardant le ciel : « Cela tombe de deux mille mètres. » On croyait à des vols invisibles. Quand la cause fut connue, on prit peur. Les gothas avaient mis plusieurs personnes en fuite ; devant les coups réglés du canon ce fut un sauve-qui-peut général, où je suppose que l'effet de terreur ressenti par la province eut part. Quelques bombes par jour, qui faisaient peu de victimes, figuraient de loin une catastrophe en permanence, que les absents suppliaient leurs proches d'éviter, les journaux ayant l'imprudence de l'appeler un *bombardement de Paris.* J'obtins que dans notre journal cette rubrique fût rayée et qu'on y substituât ces mots : *le gros canon.*

Les événements n'avaient pas fait abandonner notre enseignement. Notre institut restait ouvert ; mais la difficulté des temps me réduisait à y vaquer seul.

Le succès des leçons données sur Racine et sur La Fontaine m'avait inspiré de commencer une revue des illustres génies français, choisis dans la catégorie, non des plus piquants, mais des plus solides, non des plus éclatants, mais des plus complets. Je commençai par dix leçons sur Bossuet, qui furent très suivies, et auxquelles deux évêques me firent l'honneur de donner leur suffrage, Mgr Lobbedey, évêque d'Arras, par une lettre d'approbation, Mgr. Marbeau, évêque de Meaux, par le soin qu'il prit de paraître à une de ces leçons.

J'avais en tête de donner l'année suivante un cours du même genre sur Descartes, victime dans l'opinion catholique d'un préjugé que j'aspirais à détruire, déformé par le commentaire absurde de l'irréligion publique et de la vaine philosophie. Par malheur ce préjugé était celui de Maurras. Il se disait disciple non seulement d'Aristote, mais même de la scolastique, professait de marier dans sa pensée saint Thomas et le positivisme : de quelle manière n'est pas l'affaire, suffit qu'ainsi déterminé il fît obstacle à mon dessein. J'en vins à bout pourtant. Voici comment.

Des interprètes autorisés de la scolastique se trouvaient parmi nos amis. J'eus recours à l'un d'eux, religieux éminent par la science théologique, qu'il enseignait au collège Angélique à Rome, commentateur de saint Thomas en quantité de précieux volumes, où chaque point de la doctrine était élucidé. Je lui écrivis mon intention, dont il me détourna d'abord, comme dangereuse au mouvement de renaissance scolastique auquel l'Église a dû le meilleur de sa défense sous Pie X. Je répondis que nul plus que moi ne prenait intérêt à ce mouvement, n'était plus enclin à le servir ; que ma réflexion déjà vieille avait fait assez d'écoles, assez poussé de reconnaissances dans le pays de l'intelligence pour abjurer tout grief essentiel contre le péripatétisme ; qu'il n'en fallait pas moins avouer que cette doctrine avait fait autrefois obstacle à l'avancement des sciences et constitué pour l'esprit une ornière, d'où Descartes l'avait tiré ; qu'ainsi, quelques réserves qu'on fît sur les principes du philosophe, il méritait à ce titre un examen honnête, non la condamnation légère et péremptoire qui traînait dans les manuels d'enseignement clérical.

Cet argument fut peu senti. J'étais alors à la campagne dans une maison de Touraine, que le propriétaire, notre ami, Espagnol de nation, médecin de profession, s'appliquait, au moyen d'une vaste fortune, à rétablir dans l'éclat ancien de son bâtiment et de ses jardins, trouvés quand il en fit l'achat dans l'état où les avait mis le style anglais du dix-huitième siècle. Il en coupa les arbres séculaires, et sous les pentes de gazon qui descendaient à la rivière ayant découvert d'antiques terrasses, les avait réparées dans le style de Ducerceau. De tous les châteaux des environs, s'élevèrent des cris contre ce vandalisme, jusqu'à ce que le dessein persistant et l'absolutisme du principe ayant vaincu, on commença de vanter à dix lieues à la ronde ce paradoxe de restauration.

L'homme qui la menait mettait dans ses intentions toute une métaphysique de l'ordre, qu'il opposait dans ses tracés nouveaux à l'air irrégulier et sauvage de l'ancien site. Ancien ennemi de l'Eglise, converti depuis peu et rallié à l'obéissance, un zèle voué à tout ce qui portait les enseignes de l'intransigeance ne cessait d'inspirer ses discours, s'y épanchant de préférence en deux sortes : l'apologie des jardins à la française et l'éloge de l'Inquisition. Il détestait Descartes, que j'avais apporté, et dont la Dioptrique et les Météores lus avec enchantement au fond des salles profondes où le rayon du soleil entrait brisé par un meneau du temps de François Ier, renouvelaient l'ardeur de mon projet.

Nous ne manquions pas d'en disputer. Il m'engageait à lire, pour me tirer d'erreur, des réfutations qui m'étonnèrent par la légèreté des raisons, l'ignorance

des textes, l'inintelligence des idées, la véhémence
du parti pris. Cela cependant servait à l'enseignement. On n'y pouvait tenir. Je sautai sur ma plume,
pour écrire à mon correspondant romain que Descartes était tout ce qu'on voudrait, mais qu'il avait
droit à des juges ; que ce qui dans les livres d'école
courait contre lui d'attaques frivoles, offusquait tout
discernement de bien et de mal dans sa doctrine ;
qu'il ne fallait pas croire que l'Eglise ne fût pas inté-
ressée dans ce discernement ; que Descartes se défendait en trop de sortes pour qu'une entreprise de
décri général à son égard n'achoppât point ; qu'ainsi
il retomberait sur elle de tout son poids, au profit
du commentaire hostile dont ce décri se faisait complice ; que tout le goût que j'avais pour lui ne me
dissimulait pas ce qu'il y avait à reprendre ; qu'en
l'exprimant franchement dans des leçons qui feraient
à l'éloge sa part, on règlerait un point toujours
pendant en somme, et que ce règlement aurait au
moins l'effet d'ôter à l'adversaire des armes qu'il
prétendait tirer de Descartes ; que, si l'on était d'avis
que cela fût nécessaire, ce qui n'était pas contestable,
le point de vue que j'y portais était justement celui
qui convenait pour réussir.

Cette fois je fus pleinement entendu. La réponse
qui me fut faite avouait que le plan ainsi tracé était
utile, et marquait l'impatience de le voir exécuté.

Je n'avais qu'à bénir l'inspiration ressentie dans la
maison de l'Inquisition et du jardin à la française.
L'opposition que Maurras me faisait cessa. Je vis
notre ami de Rome de passage à Paris et arrêtai
avec lui mes mesures. Le cours eut lieu et réussit.

Une leçon sur Descartes et les théologiens, commu-
niquée à Rome avant d'être donnée, me revint avec
une seule correction, qui concernait le vocabulaire.
Quand le livre parut, je soumis toutes les épreuves ;
on les déclara sans reproche. Entre temps j'avais

mis la main sur un jugement du P. Perone, fameux théologien romain, qui en son temps ayant condamné l'attaque du traditionalisme contre Descartes, ne me servit pas d'un petit appoint. Ainsi je pus braver le préjugé et me moquer de l'erreur de l'opinion catholique, appuyé que j'étais sur le jugement de ceux qu'elle ne pouvait renier pour ses maîtres. La *Croix* comme son organe, en fut fort mécontente. Comme sans doute elle fut informée du conseil compétent que j'avais pris, ses comptes rendus me ménagèrent; mais son administration m'exécuta. Une annonce envoyée par notre librairie à son service de publicité, de mon *Descartes*, fut refusée.

Je m'en plaignis aux Publicistes chrétiens, de la société desquels on m'avait mis deux mois auparavant. Une visite courtoise reçue à cet effet de M. Tastevin de Nouvel, secrétaire, ne m'avait pas permis d'en refuser l'honneur.

Ils tenaient un dîner mensuel, où la première fois que je parus, j'eus pour voisin M. Lefèvre du Prey, avocat de Saint-Omer, fils de l'ancien représentant du comte de Chambord dans cette ville, élu député avec l'appui de Ribot et depuis ministre, qui me fit tout le long du repas l'éloge de Malvy pour sa politique catholique, dans laquelle cependant comptait l'infâme campagne de la *Dépêche de Toulouse*, inspirée par lui, qui dépeignait le clergé de France comme auteur de la guerre.

J'admirai qu'il fallût se trouver dans une société catholique, avec un député catholique, pour lequel je suppose que les organes du lieu enseignaient à voter sous peine de péché, pour entendre de pareils propos. Cela ne m'empêcha pas de saisir le conseil des Publicistes, de ma plainte formée contre la *Croix*, comme relevant au premier chef d'une association professionnelle d'écrivains rassemblée sous l'enseigne catholique, puisque mes intérêts d'écrivain étaient blessés, et qu'on leur opposait l'intérêt catholique. Cependant on me répondit avec toutes sortes d'excuses, que le conseil était incompétent. A mon tour j'écrivis que j'avais cru en entrant dans l'association trouver une aide contre de telles injustices, que tout au moins j'avais pensé qu'on y discuterait des moyens propres à les accommoder, que puisque l'un et l'autre manquaient, je m'en retirais. Faire des pèlerinages à Montmartre et dîner ensemble composant tout l'attribut de la société, je pouvais aussi bien faire les premiers seul, et dîner chez moi.

Après Descartes, je m'appliquai à Buffon, dont le gros canon qui se faisait entendre alors ponctua de ses coups quelques explications. Mon intention était de passer ensuite à Fustel de Coulanges, et de finir par là ma série. Puis j'aurais donné un Lamennais, afin de saisir à la source toutes les erreurs religieuses du siècle, et un Voltaire pour sauver du décri motivé par l'infamie de l'auteur tout ce que son œuvre contient de traits de saine intelligence et de véritable tradition. Là-dessus j'aurais pris un repos que mon départ a devancé, supprimant le projet des trois derniers ouvrages.

Le procès Malvy commença. Daudet disait, et il est vrai, que c'était un grand coup porté à l'Allemagne. Le parti ennemi croyait le gagner ; mais les pièces que nous présentâmes rendaient l'absolution impossible.

Il était jugé par le Sénat, devant lequel Daudet fut entendu. D'accusés de complot, que nous avions été six mois auparavant, nous devînmes accusateurs. Notre témoin fit sur l'assemblée d'autant plus d'effet qu'on ne s'attendait ni à sa figure ni à son style. Que peu de gens s'entendent à distinguer la bonhomie dans l'invective ! Quelque vivacité qu'on trouvât dans les articles de Daudet, ce n'était pas ceux d'un méchant homme. Ce n'était pas même ceux d'un homme en colère. Cependant le parti allemand l'appelait « dément furieux ». Quand le Sénat vit l'air de bonne humeur qui respirait dans ce dément, la cordialité avec laquelle, tout en se portant contre le crime, ce furieux abordait les hommes, il en fut étonné. Cela ressemblait très peu au ton d'un député. Au milieu de gens qui n'en savaient pas d'autres, cela ne manqua pas de faire grand effet. On l'écouta avec surprise, avec intérêt, avec sympathie ; les documents firent le reste. Peut-être cependant auraient-ils manqué le but, si, à l'accusation de trahison, ceux qui requéraient une sanction n'eussent substitué celle de forfaiture.

C'est en ces termes que Malvy fut condamné, au grand étonnement de ses amis, principalement dans les chambres, où ils ne pouvaient se persuader qu'un des leurs succombât sous l'effort d'un homme étranger à leur profession et qui en ignorait les détours. Que Daudet, venu de l'Action Française, pénétrant dans le théâtre de leurs exercices, y fût allé saisir Malvy, sans que Malvy tendant vers eux les bras pût échapper, c'était inouï. Le plus ou moins de condamnation n'y faisait rien ; ce qui surprenait, c'est qu'on l'eût obtenu.

Ainsi aux yeux du parlement nous commençâmes de prendre une importance que la masse de ces gens-là nous avaient refusée. Brusquement notre ascendant s'empara de tout un public nouveau. La peur que nous leur faisions reflua dans l'opinion, où le flot régulier de notre propagande produisait en la rejoignant l'aspect d'un océan de popularité. C'est alors que, aux yeux d'un plus grand nombre, l'Action Française parut plus forte. Pendant six mois un prestige de puissance l'environna dans le pays.

Notre tirage monta à des chiffres où il n'était jamais monté. La prospérité matérielle s'offrait à nous comme l'influence. C'était de quoi tout corriger, tout entreprendre, tout obtenir.

CHAPITRE XII

La guerre où la jeunesse de France allait périssant par milliers ne fut nulle part plus ressentie que chez nous, et, entre nous tous, que par moi-même. Notre action ralliait quantité de jeunes gens, qui tous combattirent.

Il y en avait peu que je ne connusse ; beaucoup venaient chez moi, et nous passions ensemble des soirées où, dans l'échange des pensées, les cœurs s'ouvraient à l'amitié. Ce que nous faisions de recrues dans cet âge était signalé par le goût des idées, la vivacité de l'intelligence. Il n'y fallait pas aussi des cœurs trop mal placés, pour entrer dans un mouvement qui ne satisfaisait nulle ambition prochaine, qui ne pouvait que gêner leur carrière, et qui à chaque échauffourée leur faisait risquer la prison. Ainsi de toutes les manières, ceux dont l'action faisait nos amis étaient l'élite de la jeunesse française.

Au cours des polémiques menées contre le parti allemand après l'armistice, un nommé Barracand de l'*Humanité*, qui prônait la Société des Nations, imprima qu'aux beautés de cette institution la jeunesse que nous avions formée avait le crâne trop étroit pour s'ouvrir. Ce n'était pas assez pour ces gens-là que leur politique humanitaire eût mis ces jeunes gens au tombeau ; leur arrogance venait les insulter. Je répondis à cet abruti que, en fait de crâne, il ne fallait qu'avoir assisté aux réunions de son parti pour mesurer l'ouverture du sien, et que, de son intelligence, l'intelligence de nos jeunes gens n'eût fait qu'une bouchée, comme de son visage une tête à claques.

Tous ceux de ces jeunes gens qui venaient chez moi sont morts. Je n'oublierai jamais leur nom, je ne perdrai jamais leur souvenir. Longtemps ma pensée en est demeurée si pleine, qu'elle les rappelait à chaque instant. Le soir, quand je m'attardais, toute ma maison couchée, au sein de la solitude et du silence, dans le cabinet de travail qui si souvent les avait reçus, je les revoyais en pensée avec une vivacité singulière. Leurs visages, leurs propos, les gestes de chacun d'eux, le siège où ils s'étaient assis, ce que l'un avait dit d'un tel sujet à tel jour, me revenaient avec une force dont je me sentais transpercé. L'image du lointain champ de bataille où règnent l'épouvante et la mort, où ils avaient exercé leur courage, où ils étaient enfin tombés, où le corps de quelques-uns mêlé parmi tant d'autres ne serait jamais reconnu, n'aurait jamais de funérailles, enveloppait d'une horreur inexprimable ce deuil cuisant. Les traits de la jeunesse, sa pensée, sa figure, l'éveil de son intelligence, le battement de son cœur, le charme mystérieux de l'avenir qu'elle porte en elle, mis en face de cela, faisaient un si poignant contraste, inspiraient une pitié si grande, que je ne pouvais m'en détacher et qu'il me fallait cesser d'écrire.

Sous ce titre, *l'Action française au champ d'honneur*, notre journal rendait hommage à ceux qui tombaient ; il rendait compte aussi des citations. M. Challamel, notre ami, donnait à cette rubrique un soin pieux ; cruellement éprouvé lui-même dans ses enfants, il apportait à cet office toute son attention et tout son cœur.

Je n'aimais pas beaucoup la façon dont le corps du journal en parlait. Peut-être ne pouvions-nous mieux faire. Les conversations tenues avec des combattants m'ont convaincu de la difficulté qu'il y avait, pour des gens qui ne faisaient pas la guerre, de correspondre à leur sentiment. Pour y suppléer, l'Action Française avait adopté depuis le commencement un ton malheureusement voisin de celui dont, au lendemain de la guerre de 70, Déroulède avait fatigué le pays. J'en exprimerai l'inconvénient en disant que ni la pudeur de nos épreuves, ni celle des deuils que devait coûter le succès, n'y sont gardées. L'ostentation de la mort bravée pour la patrie, à laquelle l'historien grec ou romain s'adonne, rend dans l'antiquité un son tout majestueux : chez les modernes un sens plus profond du foyer, une religion qui veut tout l'homme, disputent à la cité des cœurs en qui d'autres amours composent avec le sien : sans nul dommage pour sa défense, car la famille l'inspire et la religion l'ordonne ; mais dans l'exposé des motifs nous voulons plus de modération. Le propos purement civique assomme. Si noble dans Tite Live ou Plutarque, il prend un air de mascarade dans la bouche de la Révolution.

Il brave la sincérité, il offense des sentiments chers. Nombre de mères françaises ont porté sans faiblir le deuil de leurs fils tués à l'ennemi ; la générosité de cette mort qui les conviait au sacrifice, en les déchirant, les apaisait ; cependant il n'en est aucune qui eût souhaité que la pièce du soldat inconnu fût jouée sur la dépouille de son enfant. Des prêtres sur le champ de bataille ont bravé la mort d'un œil tranquille, ont fait preuve dans ce danger suprême d'une parfaite intrépidité : je doute qu'aucun de ceux qui ont l'esprit bien fait, ait pu supporter les ouvrages écrits à leur louange, sous ce titre, *les Soutanes sous la mitraille :* ni s'il s'agit des combattants, car l'office des soutanes n'est pas de tuer et de se battre, ni s'il s'agit des aumôniers, investis d'une mission trop grave pour goûter cet air de charlatan.

Que ce ton fût faux, je n'en veux pour preuve

que l'accueil qu'il rencontra chez le soldat.

Les hommes qui se battaient en furent exaspérés. Plus ils se mêlaient à l'action, plus ils couraient de dangers, plus la littérature des journaux patriotes excitait leur mécontentement. C'est que, dans ce qui s'imprimait, perçait l'émulation de s'égaler à leurs travaux par des paroles, de maintenir par des pièces d'éloquence le niveau entre deux parties de la nation, celle qui souffrait la peur, la privation, la mort, et celle qui ne souffrait rien. L'inégalité entre elles était inévitable. Rien n'empêchait chez ceux qui demeuraient, sans doute, un état d'esprit de régner, qui en réparât l'intervalle : reconnaissance, sollicitude, tendresse, dont les effets eussent trouvé le chemin des cœurs ; mais tout ce qui s'imprimait en ce genre était de trop. A ceux que la peine afflige, le moins que doivent les autres est de leur épargner le tapage des sentiments. La sympathie du cœur inspire des signes discrets, rien ne lui convient souvent autant que le silence, joint à la démonstration de fait. Cela surtout se vérifiait dans une guerre la première qu'on eût vue chez nous, où prenaient part tous les Français, où ceux qui marchaient, étrangers à la profession militaire, ne pouvaient trouver à leur convenance les traits d'éloquence ramenés de Sambre-et-Meuse, ou les rataplans de Béranger. Les sentiments du foyer quitté, qui dominaient en eux, repoussaient cette parade, regimbaient à l'appareil martial dont l'arrière ne cessait de barbouiller leur image. L'appellation de *poilus* ne les a jamais charmés.

On a remarqué que la dernière guerre n'avait rafraîchi chez personne l'enthousiasme de Napoléon. C'est qu'elle était faite par des civils, qui y prodiguèrent l'énergie, le mépris de la mort, l'endurance, toutes les vertus que la guerre exige, mais à qui nul chef n'eût fait plaisir en les appelant de leur petit nom, ou en leur tirant le bout de l'oreille. Tout ceux qui les ont pris ainsi ont fait moquer d'eux par derrière.

Le temps vint où la guerre m'atteignit à mon tour. Deux fils, qui, quand elle commença, y avaient échappé par l'âge, furent rattrapés à mesure qu'elle se prolongeait. Je les vis partir l'un après l'autre. Tous les deux s'engagèrent, choisirent pour corps les chasseurs alpins, et firent la campagne comme simples soldats. Une maladie terrible suivie d'une mort cruelle avait déjà visité mon foyer, une fille me quitta pour le couvent. L'abandon, le deuil, l'anxiété furent désormais mon partage, adouci quelque temps de visites que je faisais aux camps d'instruction de mes enfants.

A travers le froid des nuits d'hiver, le chemin de fer me portait avec d'immenses retards dans de lointaines petites villes, d'où la correspondance manquée m'obligeait à faire à pied le chemin du camp. Le souci d'arriver qui faisait hâter le pas, le marcher rendu difficile par la glace et la neige, trouvaient leur récompense dans la rencontre chère où, dans de jeunes visages changés par l'uniforme, le sourire familier m'accueillait, oublieux de la menace prochaine dont je sentais en moi l'émotion.

Je me flattais de voir finir la guerre avant l'instruction terminée. Mais celle-ci passait comme un éclair. Une, deux visites, puis on montait en ligne. L'image de la dernière rencontre restait fixée dans la mémoire ; elle se mêlait aux inquiétudes causées par l'absence de nouvelles, aux alarmes des périls courus. On se demandait avec effroi si tout ne finirait pas là. L'impression de la dernière rencontre faisait un contraste terrible avec l'événement qu'on redoutait. Mille pères en France ont connu mes angoisses. Je n'osais me promettre que, sur deux fils, tous les deux me seraient rendus.

Chacun à son tour fut cité, l'un deux fois, le plus jeune dans le court laps de temps qu'il attrapa de la guerre, n'y ayant paru qu'à la fin, dans la bataille livrée un mois avant l'armistice, sous Saint-Quentin.

Les termes de ces citations portaient témoignage d'une valeur que je savais être l'effet de l'émulation, la manifestation d'une volonté de courir l'aventure de leur génération, d'être égal à la tâche de leur temps. L'aîné fut blessé à la cuisse comme il gardait une position, à plat ventre, avec son fusil dans les mains. La balle le cloua par terre. Tout son sang s'écoulait par la veine coupée. Un camarade lui lia la jambe ; un autre, prêtre, le confessa. Sous le tir des mitrailleuses, qui pouvaient les tuer et l'achever lui-même, enfin les brancardiers l'emportèrent. Il garda trois mois l'hôpital. Dans une visite que nous fîmes sur les lieux, je vis l'endroit. Sous Saint-Quentin encore, c'était près d'un buisson, sur un petit chemin de fer, à deux pas du canal dont l'ennemi tenait l'autre bord. Cela fait une distance de quinze mètres. Le tir des Allemands inondait nos soldats.

Dans ces visites j'apprenais autre chose que les lieux. Mes enfants y joignaient le tableau des sentiments éprouvés dans la bataille, et dont il m'a semblé qu'on se faisait peu d'idée. Peut-être pour le dépeindre ainsi, fallait-il plus que le danger en général, je veux dire l'Allemand proche, l'espèce de corps à corps auquel les chasseurs étaient voués.

— Qu'est-ce qui fait peur? Mourir?

— Non, mais se défendre ; disputer sa vie, voilà ce que l'instinct repousse.

— Cependant l'instinct tend à la conservation.

— C'est vrai, mais les moyens à prendre sont autre chose ; il faut se forcer.

— On aime mieux se laisser tuer?

— Oui.

— On aime mieux périr que lutter?

— Justement.

— Pourquoi? crainte de la peine?

— Non, crainte de l'incertain. Voir sa vie dans ses mains, c'est ce qui fait peur.

— Bref l'incertitude de l'instant, et l'obligation d'y faire face : *Mars anceps*.

— C'est cela.

Dans l'idée que nous nous faisons de la guerre en général, le seul hasard est regardé comme décidant de la vie de chacun. Le type du risque couru, c'est l'obus, dont les éclats frappent l'un, épargnent l'autre. Cependant il y a le corps à corps, il y a la bataille des tranchées ; la guerre nouvelle n'a rien changé aux conditions de l'ancienne à cet égard. Il y a toujours eu des projectiles ; il y a toujours des combats d'homme contre homme.

— Aux projectiles même faut-il s'abandonner? N'y a-t-il rien à faire?

— Mais si. D'abord retenir l'envie de courir, qui multiplie les chances d'être touché, puisqu'elle vous rend présent en plus d'endroits. Sous un bombardement cela compte. Puis il y a les *minnen*, qui s'amorcent au moment de la chute en verticale. Tant qu'ils roulent en l'air, on ne sait où ils toucheront. Il faut les souffrir sur sa tête, guetter le bruit de l'amorce et se garer dans l'instant.

— Il ne faut pas vouloir mourir?

— Surtout.

— Pourtant il n'y a pas de courage, pas d'audace, pas de sang-froid, aucune sorte de vertu guerrière n'est possible, si le sacrifice de la vie n'est pas fait.

— Oui, mais on repart de là. Tout recommence. Le sacrifice donne le sang-froid, et, qui peut s'en tirer, c'est le sang-froid qui l'en tire.

— C'est parce qu'on est résolu à mourir qu'on vit?

— A condition qu'on fasse le projet de vivre. Il y a des jours où on se dit : Je serai tué ce soir, tantôt, tout à l'heure. Il faut chasser cela.

— Comme une tentation?

— A peu près.

Le blessé me disait :

— Quand la balle m'eut percé, je crus que je mourrais là. Cette pensée me tenait, sans me vaincre pourtant. Je luttais. Tout mon cerveau et tous mes nerfs étaient employés à la chasser. Je m'obligeais à respirer. C'était comme une règle de sport à laquelle je me serais soumis, et que j'exécutais dans l'idée que je ne devais pas vouloir mourir. Un instant de désespoir, je crois, m'aurait perdu.

A Paris cependant nous traversions l'alarme du printemps de 1918. L'Allemand renouvelait sa marche sur Paris avec une vitesse foudroyante. Les angoisses auxquelles avait mis fin la victoire de la Marne se renouvelaient, avec le ressort de l'espoir en moins, usé par la trop longue attente. Il avait faibli même chez nous. Bainville disait : « Tenir jusqu'au bout, qu'est-ce que cela veut dire ?» — « Il faut en finir », disait Daudet. Seul Maurras maintenait la victoire comme le seul objet qu'on dût envisager, tout le reste n'offrant que des abîmes. « L'espoir est militaire », écrivait-il dans le journal. Il avait raison, il n'y en avait pas d'autre.

Cela n'empêchait pas les précautions. Nous savions maintenant que tout ce qui écrivait dans un journal serait emmené prisonnier par l'ennemi. Afin de pouvoir fuir sans retard s'il entrait, à deux reprises j'envoyai ce qui me restait d'enfants en province, demeurant avec ma femme seule. Les bombes tombées du ciel achevaient de vider Paris. Mon maître, M. Dejob, mourut dans ce temps-là. Sur les marches qui descendent à la plaine devant l'église de Ménilmontant, où l'enterrement eut lieu, Gabriel Audiat, qui s'y trouva, me disait :

— Dimanche les Allemands sableront le champagne à Compiègne.

Chacun le croyait. Je courais au Roule, je l'emmenai, nous ne parlâmes que du péril prochain. D'autres funérailles m'appelaient là-bas, celle d'un jeune homme tué dans les récentes rencontres, dont le père en pleurs nous attendait.

C'était Moreau-Nélaton, que des travaux d'histoire menés sur un même sujet avaient rapproché de moi. Au cours d'une saison que je passai à Chantilly dans l'étude des collections qu'on y conserve, j'avais eu le plaisir de le recevoir à ma table, parmi les miens, dont pas un ne manquait alors. Quels changements de scène et d'événements ! Au milieu de ces rues désertes, dans cette église que le deuil emplissait, je revoyais en esprit la riante image du château, les pelouses et la forêt, le paisible cabinet d'estampes, l'entretien du repas, mêlé d'excursions dans la science et du commun propos de famille. Depuis j'avais rencontré ce fils gracieux et charmant, de peu plus âgé que les miens, auxquels je songeais avec terreur en serrant les mains de ce père privé du sien.

Par un matin de novembre enfin, les cloches de l'armistice sonnèrent.

Leur écho, qui retentit au fond du cœur des mères, en tirait des larmes de joie. Cependant des conditions de folle imprévoyance présidaient à cet événement. La France avait repris l'offensive, et dans une suite d'attaques rapides menées par Foch, renversant soudain les chances de la guerre, avait chassé l'ennemi hors des frontières. Il n'y avait plus qu'à l'écraser. On lui fit grâce. On ne fit pas l'armée prisonnière, on ne désarma pas les soldats. Non seulement l'Allemagne sauva ses forces réelles, mais celles qu'elle empruntait de l'opinion des Français lui furent soigneusement conservées, grâce au silence que gardèrent les journaux sur sa révolution militaire, grâce au commentaire qu'ils donnèrent de sa révolution politique.

Nous ignorâmes qu'avant le départ des troupes

allemandes, les officiers, les galons arrachés, couverts de crachats par leurs hommes, avaient dû s'enfuir sous les coups. Quant au changement de gouvernement, qui mit à l'intérieur le pays près de sa ruine, il fut admis que c'était une comédie à laquelle l'Allemagne se livrait librement, afin d'adoucir le vainqueur par la vue des rois détrônés.

Le traité qui suivit, en omettant la clause d'une dislocation de l'empire, en renvoyant l'Allemagne plus unie que jamais, mit le comble à cette stupide conduite. L'Action Française avait aidé de toutes ses forces à la victoire, dont on vit aussitôt se vanter la république, laquelle en tant que telle n'avait su qu'y mettre obstacle. Nous répondîmes que si en dépit d'elle-même, elle avait réussi à faire la guerre, elle serait incapable de faire la paix. Cela fut démontré à Versailles.

Ce méchant résultat de quatre années de souffrances fut ressenti dans le pays. Le soldat qui rentrait en fut atteint deux fois.

Quinze cent mille de ses camarades tués, lui-même éprouvé de peines cruelles, qui souvent le laissaient estropié ou malade, et dont on ne retirait pas le fruit, lui firent l'effet de vaines avances que les pouvoirs publics gaspillaient. Ses infirmités, ses blessures, le sacrifice de son existence, traités comme une marchandise de nul prix, lui firent mépriser sa victoire, ravalèrent à ses yeux la guerre au rang d'une comédie féroce, dont les défilés, les cortèges, les remises d'insignes et de drapeaux ne pouvaient déguiser le néant. Les combattants de première ligne, qui se virent mêlés dans ces honneurs à des hommes qui n'avaient combattu qu'à l'arrière ou qui n'avaient pas combattu, en accrurent leur ressentiment. L'éloge des vertus guerrières, dont on crut les récompenser, n'avait que peu d'accès dans leur âme. Il leur avait déplu pendant la guerre. Au

retour s'y joignait l'ironie de mille dommages, soufferts dans leurs personnes et dans leurs biens.

Des affaires compromises, des familles détruites,
la solitude et la misère furent le salaire de combien
d'entre eux ! A combien d'autres des embarras moins
rudes créaient une existence précaire et difficile !
Pour y porter remède, pour faire taire les reproches
qui s'ajoutaient au mécontentement, il n'eût fallu
rien moins que la plus soigneuse des administrations
militaires, et, à défaut, si cette besogne dépassait
ses capacités, l'intervention de bureaux civils bien
informés. L'un et l'autre manquaient.

La plus complète indifférence ou le plus parfait
désordre régnait dans ces parages, en sorte qu'il ne
semble pas y avoir eu de limite aux malheurs encourus
par le soldat français. Hélas ! J'en puis parler, je
suis payé pour cela.

Tout près de moi, dans ce que j'avais de plus
cher, est-ce que je ne devais pas, le péril public
passé, voir s'exercer l'effet de cette malfaisante machine, dans un événement inattendu, inouï, à peine
concevable, qu'on aura peine à croire, et que je vais
raconter ?

Un temps de service militaire restait à faire à mes
enfants ; à l'un, un an seulement, qu'il comptait achever sans autre événement remarquable, quand j'appris que de son dépôt il était envoyé comme zouave à
Tunis.

De tels déplacements ne passent pas pour une
faveur. Après un engagement volontaire dans un
corps aussi exposé que les alpins, des états de service,
une blessure, qui méritaient au moins qu'on le laissât
tranquille, l'événement démontrait le peu de cas que
les bureaux militaires faisaient des services rendus.
Je ne fus pas autrement en peine ; lui-même aimait
à changer de place. Il s'amusait de la pensée du voyage,
lequel eut lieu par une tempête affreuse, où l'hélice du

bateau rompit. A l'arrivée, la nouveauté du site, les mœurs des habitants, le divertirent prodigieusement. Hélas ! ce moment fut de courte durée. A la seconde lettre qu'il m'écrivit, quelles ne furent pas ma stupéfaction, mon horreur, mon chagrin, mon dégoût, ma colère, d'apprendre qu'il ne restait pas à Tunis, qu'on ne le versait pas dans les zouaves, qu'un plus long voyage, une destinée nouvelle l'attendaient : bref qu'on l'emmenait dans le sud, loin de tout lieu habité, avec un bataillon de joyeux.

Il n'avait jamais recherché de grades, jamais fait l'école d'officier, jamais porté les galons d'aspirant, quoique je l'y eusse engagé, mais en vain. Mes exhortations à cet égard étaient restées sans résultat. La petite bousculade issue de la concurrence qui se portait de ce côté offensait en lui une fierté que je ne pus vaincre. Avec deux étudiants en médecine, ses amis, qui renonçaient ainsi à l'avantage de leur profession et formèrent avec lui un groupe qu'on distingua, il lui avait plu de faire cette guerre au point le plus périlleux comme le plus pénible, sans l'embarras de briguer les récompenses. Afin de fuir en cela toute sotte affectation, j'obtins cependant qu'il acceptât les galons de caporal, qu'on lui offrit. Ce fut ce qui le perdit.

Simple soldat, on n'eût pu le verser dans un corps de soldats punis ; caporal, il allait pour les commander. Selon les règlements militaires, il paraît que rien ne défendait cela.

Pour se bien représenter la chose, il faut imaginer le peu qu'est un caporal : aux yeux de la désignation militaire d'abord, qui le confond avec les hommes ; en fait ensuite, vu qu'il vit avec eux, que dans ces conditions d'existence il n'a pas sur eux d'avantages, que de plus étant responsable de leurs actes devant ses chefs sans être réellement en mesure de les contraindre, il est le plus souvent obligé de faire les besognes qu'ils négligent afin de n'être pas repris lui-même. Se faire serviteur de ses hommes est le lot commun du caporal. Telle allait être la condition de mon fils dans un corps de disciplinaires, parmi des condamnés de droit commun ; tel était le rang auquel, en récompense de ses services, j'apprenais qu'il était promu.

Vingt ans, blessé de guerre, sans reproche comme soldat, porteur de citations où s'inscrivaient les plus grands éloges de ceux qui l'avaient commandé, confondu désormais dans le bataillon de joyeux qui allaient être ses camarades, on l'achemina vers le désert.

Il ne s'arrêta qu'au fort de Déhibat, à trois cents kilomètres au sud de Gabès, sur les frontières de la Tripolitaine. Je suppose que les zouaves, où il devait aller, à qui on demandait des cadres pour ce lieu de choix, trouvèrent plus tôt fait d'y envoyer ceux qui devaient les remplacer eux-mêmes, au moyen d'un jeu d'écriture que personne, à ce qu'il paraît, n'avait pour mission de surveiller, car quand le bruit en parvint à Tunis, le commandement ne sut faire autre chose qu'en exprimer son étonnement. J'ai su depuis que plus de deux cents jeunes gens avaient été traités ainsi, avaient subi sans cause, dans leur pays, une fois la guerre finie, un traitement pire qu'ils n'en eussent éprouvé à l'étranger comme prisonniers de l'Allemagne.

Ce que j'écris ici n'est pas une fantaisie. J'enregistre le récit d'un témoin, doué d'une grande énergie, de beaucoup de vigueur physique et que n'avaient rebuté ni le danger ni la peine. Sa lettre n'en brûlait pas moins de douleur et d'indignation. Le honteux voisinage auquel on le réduisait, l'horreur de la rélégation, l'injustice éprouvée d'un traitement semblable après la générosité de son engagement, le comblaient de fureur et de désespoir. J'en ressentis le poignant contre-coup. Chacun de ses mots m'allait au fond du cœur, y portant la désolation. Cependant je ne devinais pas tout. Quand, au bout de deux mois, grâce au secours décisif que me valut une amitié fidèle, j'eus pu retirer avec des crochets de fer mon fils du bagne où il vivait plongé, quand sur le quai de la Joliette, à Marseille, je le recueillis sortant du bateau dans mes bras, il ne me fallut pas dix minutes pour connaître ce qu'il avait souffert, et que ses lettres, soumises à une insolente censure, nous avaient en partie caché.

Je fus surtout étonné d'apprendre que les mauvais traitements étaient partis des chefs.

Les hommes lui composaient un voisinage pénible ; d'aucun d'eux cependant, dans le train de la vie courante, il n'endura de persécution. Au contraire les grades s'y exerçaient. J'avais imaginé que, mêlé par une espèce de force des choses à des hommes dont sa situation le distinguait essentiellement, tout ce qui représentait l'autorité là-bas s'appliquerait à relever cette distinction. Au contraire, tout leur soin allait à l'étouffer. L'organisation y tendait, et le plaisir des chefs était de la seconder, de confondre dans leurs paroles et dans leurs actes le caporal et les joyeux.

D'abord les cadres inférieurs étaient remplis par les joyeux, en sorte que mon fils eut pour sergent un joyeux, connut l'obligation de saluer un joyeux, de se mettre au garde-à-vous devant un joyeux : tel était le respect que l'armée professait d'elle-même en sa personne. Les hommes mangeaient en liberté, mais buvaient en cérémonie. Ils défilaient devant le capitaine, chacun à son tour se mettait au garde-à-vous, vidait son quart et se retirait. J'ai honte d'avoir à rapporter qu'on soumettait mon fils à cette humiliation. Un camarade qui se trouva dans son cas et dont l'entretien aidait parfois à divertir leur commune misère prétendit faire cesser cet abus.

— Bois ton quart, dit l'officier.

— Je ne suis pas joyeux, mon capitaine.

— Quinze jours de prison.

L'histoire finit ainsi.

De misérables adjudants s'appliquaient à lui faire entendre que, pour qu'on l'eût envoyé là, il fallait bien que quelque cause qu'il n'avouait pas l'en rendît digne. Quant aux officiers, c'était le bouquet.

Il n'était pas d'indignités qu'il n'eût à souffrir de ceux-là. Il y en avait de mal élevés, leurs incartades étaient brutales comme eux ; il y en avait de sortis de Saint-Cyr avec des manières de gens du monde : ces qualités n'y changeaient rien. Le plus furieux de tous était de ces derniers. *Charognard, salopard*, étaient les noms dont il accueillait ce qui fut essayé auprès de lui de représentations légitimes, et qui déchaînait sa colère. Mon fils avait conservé l'uniforme des chasseurs, usé et qui ne lui tenait presque plus au corps, mais dont le béret maintenait l'enseigne. Ce béret fit l'objet des quolibets des chefs : comme si rappeler le souvenir d'une arme dans laquelle il avait combattu eût été un trait d'arrogance, une prétention digne de risée. Plus je me suis fait conter ces viles persécutions, plus il m'a paru que, à ces grandes distances, hors du monde habité, à l'abri de tout contrôle, un instinct de tyrannie déchaîné chez ces hommes se rassasiait de la pensée de tourmenter un innocent, d'humilier un soldat qui avait fait la guerre. Le désert, eux, les tenait à l'abri.

Ce qu'il vit autour de lui fut une épreuve affreuse, bien différente de celle qu'avait offerte le champ de bataille, où ne se montrait que l'image physique de la mort. Elle apparaissait là dans l'appareil hideux de la méchanceté et du crime. Plusieurs de ces hommes étaient des assassins. Quinze jours avant son arrivée, les têtes de deux caporaux avaient été retrouvées coupées au rasoir, dans les sacs à viande. Les misérables chefs savaient leur vie menacée. La crainte du châtiment faisait qu'en général ils étaient en sûreté au camp ; mais dans les déplacements, où le crime se dissimulait plus aisément, il n'était pas de précautions qu'ils ne se crussent obligés de prendre, faisant seuls les étapes avant ou après la troupe, et tenant secret leur départ.

Entre les hommes, les mêmes menaces régnaient. Un jour que deux d'entre eux s'étaient pris de querelle, mon fils eut l'horrible surprise de voir l'un des deux prendre en main son fusil, coucher tranquillement l'autre en joue et le tuer. Une nuit une voix le réveilla qui disait d'un ton suppliant :

— Pas de bêtise !

C'était un de ses hommes, à qui un camarade tenait le rasoir sur la gorge pour l'obliger à des aveux. De pareilles scènes n'étaient pas rares. Elles faisaient le fond d'un tableau exécrable, où se donnaient au surplus carrière l'ordure des mœurs, et des prostitutions sans nom. Contre quelques-unes de celles-ci il fallait se défendre à coups de couteau.

Tous les joyeux n'étaient pas de cette espèce. Quelques-uns se trouvaient là en conséquence de fautes où nulle cruauté n'avait part. D'autres moins coupables encore y avaient été conduits par des infractions militaires. Tous cependant étaient au même régime, enduraient les mêmes punitions, souffraient à l'occasion les mêmes violences des chefs. Qu'on imagine ce que l'âme d'un jeune homme pouvait ressentir à ce spectacle, l'émotion qui frappait ses nerfs à la vue de pareils châtiments exercés sans discernement par le caprice et la fureur. De certains jours, à la nuit close, les adjudants ivres envahissaient la prison, et, sur les hommes accourus en tumulte, faisaient pleuvoir les coups de nerfs de bœuf, brisant les mâchoires, froissant les crânes et se divertissant des cris de leurs victimes. A Gabès, en passant, il avait vu l'horreur des compagnies de discipline, appelées dans la cour à la soupe, qui sortaient, mangeaient debout, rentraient au coup de sifflet. Même méritées, quel tableau pour cet âge, que celui de la dégradation où des sanctions atroces ravalaient ses semblables, parqués comme des bêtes fauves, chassés comme des troupeaux, fouaillés comme des chiens par des brutes !

Quand j'y repense de sang-froid, je me demande de quel droit, de quel front l'administration militaire osait jeter un fils de vingt ans, que je lui confiais pour combattre, en proie à ce spectacle de chiourme, de prostitution et d'assassinat.

L'isolement prodigieux des lieux, leur accès long et difficile, leur tristesse, jetaient sur cette affreuse existence le poids sinistre de la prison.

A un homme que le malheur y avait livré sans grade, sans protection ni recours chez ceux qui l'entouraient, il semblait qu'elle ne dût s'ouvrir jamais. Un an de service que mon fils devait encore, à passer dans cet enfer, était comme une éternité. Et dans ce délai, que n'avait-il pas à craindre? D'autres que lui n'en étaient pas revenus. Une maladie qu'il fit lui fit sentir l'horreur de périr dans ce désert, loin de tout ce qu'il aimait, sans consolation, sans prêtre ; quelques pelletées de sable jetées sur son cadavre allaient terminer sa triste histoire. Du côté des hommes le risque de mort veillait, du côté des chefs celui des châtiments. Ceux-ci pouvaient aller fort loin. Plusieurs fois il offrit de rendre ses galons. C'était les contraindre à le renvoyer ; cela fut refusé avec rage. Mais on pouvait les lui arracher, le casser. En ce cas rien n'eût pu le sauver ; il eût été retenu comme bataillonnaire, tombant au rang de ceux qui l'environnaient. Contre la détestable insolence des chefs, un mouvement d'humeur pouvait suffire pour opérer ce résultat, qui fut délibérément recherché. A force de persécutions et d'insultes, l'adjudant qui le commandait s'appliquait à provoquer l'éclat qui eût rendu sa destinée sans remède.

Il était doué de beaucoup de patience. En face du danger couru de cette manière, elle ne l'abandonna jamais. Du côté des hommes, il ne s'entendit pas moins à ménager la situation.

Il y avait deux partis à prendre : faire du zèle en les punissant et s'élever de la sorte au grade de sous-officier ; les laisser en paix au risque des punitions que ne manqueraient pas d'infliger les chefs. Ce fut le second qu'il choisit. « En arrivant, me dit-il, je m'aperçus d'une chose, c'est que les chefs n'étaient pas les plus forts, et qu'il fallait avoir les hommes pour moi. Je me jurai de n'en punir aucun. »

Ainsi fut fait. Tout ce qu'il exerça de discipline fut par prière ou persuasion. La vie qu'il avait menée aux camps, qui différait beaucoup de celle de la caserne, le rendait fort indifférent à des chicanes de règlement. Plus d'une fois, dans son métier passé, il avait eu l'occasion de faire accepter son conseil et d'exercer son influence. Il borna là sa prétention. Non seulement il s'abstint de punitions lui-même, mais il refusa tout intérêt à celles qu'il avait charge de faire exécuter. Quand les soldats punis manœuvraient sous ses ordres, chargés du sac à sable dont l'ardeur du soleil triplait la charge, il ordonnait le repos au bout de dix minutes. L'officier passait et demandait depuis combien de temps durait la pause.

— Mon capitaine, je ne sais pas, je n'ai pas de montre.

— Quinze jours de prison, répondait le capitaine.

Peut-être les mauvais traitements qu'il endura lui vinrent en partie de cette indulgence, contraire à la discipline des lieux. Après tout, ces messieurs ne devaient s'en prendre qu'à eux : il n'avait pas brigué ce poste, et je ne l'avais pas élevé pour être valet de bourreau.

A Paris cependant je ne cherchais qu'à terminer cette horrible aventure.

Rien ne m'eût coûté pour y parvenir. J'étais prêt à tous les éclats. Toutefois je ne pouvais croire qu'un cas aussi extrême n'eût pas quelque part son remède. Il ne s'agissait que de le faire entendre au ministère. Mais à qui et où s'adresser? Je voulais une satisfaction prompte. Il fallait un organe puissant, qui consentît à m'écouter et qui fût capable de me comprendre. Autour de moi j'eus à m'apercevoir que peu de personnes s'y prêtaient. Le préjugé, la distraction, surtout l'énormité du cas, son caractère exceptionnel, qui faisait hésiter à le croire, me retiraient l'appui que j'en avais espéré.

Un officier me dit que le sort fait à mon fils était rigoureux, mais régulier, et qu'il fallait y voir une marque d'honneur pour lui ; une grande dame le plaignit comme un tendre jeune homme arraché aux jupes de sa mère, et éprouvé par la rudesse des camps. Maurras me déclara tout net que son frère était en instance pour quelque faveur au ministère, et qu'il ne nous convenait pas de fatiguer les bureaux de deux affaires à la fois.

D'autres me demandaient en confidence si je ne pensais pas que quelque incartade, que mon fils m'avait dissimulée, l'eût conduit en cet endroit-là. Daudet, ému de pitié par ce que je lui contai, écrivit à Geffroy une lettre où il le priait de voir Clémenceau à mon sujet, et qui n'eut jamais de réponse. L'un après l'autre je vis tous ceux de qui j'avais espéré du secours, le négliger ou n'y pas réussir.

Cependant l'état de mon fils, que me dépeignaient ses lettres, ne me laissait pas de repos. Je n'étais pas seul à souffrir. Une étroite amitié unissait mes enfants. Au foyer, à l'armée, sous la grille, la même indignation les souleva. Des larmes pitoyables coulèrent des yeux d'une mère qui, après le péril conjuré de la bataille, voyait ressusciter sous une forme abjecte l'infortune de son enfant. Le chagrin, l'inquiétude nous rongeaient. Mille chimères sinistres, nées d'un constant souci, tourmentaient nos jours et nos nuits.

Ramenant la pensée des récits où de sots historiens prétendent nous faire croire aux tyrannies de l'ancien régime, j'imaginais les cris qu'on eût poussés si les écrits du temps avaient rapporté pareille chose. Un jour qu'en causant avec M. de Nolhac, à qui j'avais conté l'histoire, je lui faisais cette réflexion :

— Oui, me dit-il, le joli chapitre pour les mémoires de d'Argenson !

Enfin quelques moyens d'action se présentèrent à mes efforts. Au sein de la famille quelqu'un qui ressentait aussi vivement que moi mon injure entama par des relations les approches du commandement de Tunis. A Paris je trouvai dans Maxime Réal del Sarte, chef en même temps que Plateau de nos Camelots du roi, de quoi me faire entendre au ministère.

Les événements de la guerre qui rangèrent notre action à la défense de Clémenceau avaient donné lieu à des rapprochements de personnes, que le hasard fit tomber sur lui. La recommandation d'un ouvrage de sculpture proposé pour un monument dont il était l'auteur en fut cause. Au temps des batailles livrées par les Camelots du roi dans la rue, Maxime avait paru une première fois devant Clémenceau, curieux de connaître de quel air un jeune homme né de son temps se permettait de souhaiter le retour d'un roi. Un chien de grande taille, apparemment chargé de parer à toute aventure, et qui donnait au cabinet l'air d'être habité par Bismark, avait assisté à l'entretien, lequel fut court et mêlé d'un défi réciproque, qui dans le récit de Maxime n'allait pas sans saveur. Le souvenir en durait encore quand, ministre à nouveau dans des conditions bien différentes, Clémenceau se vit montrer l'ouvrage de Maxime et fut sollicité de le recevoir.

Maxime avait de beaux états de guerre. Une main qu'il y avait perdue, par un sort que son métier d'artiste rendait deux fois déplorable, commandait des égards et une sympathie que l'homme jadis bravé par lui ressentit. Une amitié s'ensuivit. Maxime en peu de temps devint le familier du ministère. La faveur dont il y jouissait le rendit considérable auprès de Mandel, le chef du cabinet.

Le jugement politique de Clémenceau ni de Mandel, n'a pas affaire de ce que je leur dois, et, ce qu'ils ont fait pour moi, l'amitié de Maxime en fut cause ; toutefois c'est de la main de l'un et de l'autre que j'eus ce que je sollicitais, que je tins l'un des plus touchants offices que j'aie reçus dans mon existence, l'un de ceux dont l'effet, me tirant d'une mer d'angoisse, m'ait causé la joie la plus vive. Je n'en perdrai jamais la reconnaissance.

Maxime était en mesure de voir souvent Mandel. Il entra dans mes intérêts. La seule mesure à garder était de prendre le moment. J'attendis quelques jours, au bout desquels enfin la réponse était favorable. Le chef de cabinet civil du ministre avait été stupéfait du cas. Il s'était enquis des circonstances qui, dûment expliquées, repassées en détail, avaient été comprises et appréciées. En conséquence le cas fut dénoué d'un mot. « Je l'affecterai à mon cabinet, dit-il. Je vais en dépêcher l'ordre sans retard. »

Je renonce à décrire la joie que me causa ce dénouement. Rien n'eût été plus à redouter que l'emploi des voies régulières, lentes et sujettes à mille obstacles, que le préjugé professionnel, l'ignorance, la mauvaise volonté, suscitent à tous les nœuds de la transmission, à tous les tournants des services. Un ordre net et direct qui passait par-dessus tous les intermédiaires, seul, m'assurait du résultat. Dans l'ancienne France, un ordre de ce genre portait le nom de lettre de cachet. J'en connus cette fois l'avantage.

J'avisai mon fils par dépêche de sa délivrance prochaine : je le priai de m'aviser lui-même de son départ. Je croyais n'avoir plus qu'à attendre. Cependant quelques jours passèrent sans nouvelles. Tantôt je prenais patience, tantôt je m'alarmais. Enfin j'appris que rien n'était parvenu. Pour quelle raison? mes craintes se réveillèrent ; l'espoir trompé me rendit plus anxieux que jamais. Entretenir à nouveau le chef de cabinet demandait quelques jours, que des contretemps retardèrent. Je redoutais tout : un revirement d'intention, l'opposition sur place, je ne sais quel accident qui aurait remis tout en question. Maxime m'annonça quelque chose de plus commun. Mandel avait oublié de donner l'ordre. Il partit cette fois sans délai. Le fort de Déhibat le reçut dans la journée. Un coup de feu éclatant au rapport n'y eût pas jeté plus d'étonnement. On n'avait jamais vu pareille chose. Pendant que la joie inondait le cœur de mon fils, la rage emplissait l'âme des chefs. Il n'en fallait pas moins le lâcher.

Des torrents d'eau qui tombèrent du ciel pendant vingt-quatre heures, arrêtèrent le convoi en marche sur Tataouine, et le forcèrent à rentrer, en sorte que j'eus avis d'un nouveau retard. Il semblait que jamais ma peine ne dût finir. Comme à tous ceux qui craignent et qui désirent, tout nouveau délai me semblait insupportable. Enfin une dépêche m'avertit du retour, elle nommait le bateau qui porterait à Marseille celui qu'il me tardait de revoir, et l'heure de son arrivée.

Dans le nouveau convoi, à cause de sa blessure qui le gênait à marcher et s'était remise à lui faire mal, comme il présentait au lieutenant l'ordre reçu du major de le mettre en voiture, le lieutenant répondit : « Je m'en fous », en sorte qu'il se traîna comme il put.

A Gabès, quelques joyeux s'évadèrent de nuit et tuèrent un habitant en ville. L'adjudant, qui voulut l'en rendre responsable, essaya un éclat à la faveur duquel il prétendait le ressaisir. A Tunis, en attendant le départ, il fut soumis à la réclusion des casernes, qui ne regardait que les joyeux.

Tout cela était peu de chose au prix de sa délivrance. Un colonel dont il fit la rencontre et qui l'entretint un instant, ayant demandé au bout de combien de temps il opérait ainsi son retour, apprenant que c'était quatre mois, lui répondit : « Mes compliments ! » Ainsi la fin de sa peine était digne d'envie. Ainsi il y avait quelque part à la disposition de l'armée un lieu de tourment et de persécution où la fantaisie des bureaux pouvait envoyer n'importe qui, et d'où c'était merveille qu'on revînt.

D'autre part l'information que j'avais été cause de porter à Tunis avait son cours. Le général fut averti. Les renseignements qu'il obtint révélèrent ce qui s'était passé pour d'autres encore que pour mon fils. On m'assura que l'étonnement chez lui avait égalé l'indignation. Bref ces jeunes gens furent rappelés ; en sorte que j'eus le plaisir de penser que ce que je faisais pour moi servait à d'autres.

Du plus loin que le bateau parut, mon fils debout contre le parapet me fit signe. Les loques d'un vieil uniforme qui le couvraient lui donnaient un air de misère ; mais sa figure rayonnait de joie. Lui et ses compagnons sautèrent sur le quai avant qu'on eût mis les passerelles. Le temps avait été beau, la traversée parfaite. On lui avait volé la nuit sa couverture ; mais la complaisance que les hommes avaient pour lui avait été cause qu'une autre, dérobée ailleurs, le couvrit. J'avais apporté son uniforme ; il le revêtit à l'hôtel. Nous allâmes déjeuner sur le vieux port. Il semblait à tous deux que nous sortions d'un rêve. Le temps de l'épreuve était fini.

J'ai voulu la consigner ici. C'est un trait de l'histoire de notre temps. Si elle ne fût arrivée à moi, peut-être comme tant d'autres à qui je la contai, aurais-je peine à l'imaginer. A l'heure où j'écris ceci, après quatre ans passés, ma pensée n'a pu s'y faire encore ; je ne suis pas habitué à son énormité. Aucun de ceux qui m'entourent ne s'y est accoutumé.

Des officiers liront ces lignes, de grands chefs militaires peut-être. Elles n'émanent ni d'un sot internationaliste, ni d'un détracteur de l'armée.

Qu'ils sachent cependant qu'une famille française, qui donna sans réserve deux fils à la défense du pays, qui éprouva pendant la guerre l'anxiété de les voir périr, à qui les ordres du jour émanés de leurs chefs rendirent témoignage de leur valeur, qui vit revenir l'un d'eux blessé, a vu, la guerre finie et pour sa récompense, l'armée jeter ce fils dans un bagne, parmi des forçats, à la discrétion de chefs qui se sont fait un passe-temps de sa honte, de sa détresse et de sa souffrance ; que ce malheur ressenti par une mère, par un père, par des frères et sœurs, n'a cessé que par l'intervention d'un ministre de la guerre civil, d'un chef de cabinet civil, tranchant par un ordre formel dans la consigne de leurs bureaux ; que nulle réparation, nulle excuse n'a payé cette famille d'un pareil traitement ; que, n'ayant pas cessé pourtant de ressentir l'outrage reçu dans son honneur et dans sa sécurité, l'injure faite à ce qu'elle eut de plus cher, elle n'oubliera jamais cette infamie.

CHAPITRE XIII

Tous nos amis croyaient qu'après la guerre l'Action Française dénoncerait l'union sacrée et renouerait son ancienne campagne.

Elle ne l'avait suspendue qu'à cause des circonstances, elle avait dit qu'elle ne faisait que l'ajourner ; de plus, cette campagne ,depuis qu'elle existait lui était essentielle et faisait partie de ses principes. Comment n'y serait-elle pas revenue, une fois ces circonstances passées? Ainsi chacun s'attendait de voir mener à nouveau la guerre contre le régime républicain, représenter la restauration comme la tâche immédiate du patriotisme français, redemander au récit de l'absolution de Dreyfus la démonstration lumineuse et pressante de la trahison de ce régime. Nous n'en fîmes rien, pour les raisons que voici.

Maurras estimait que la guerre avait fait reculer notre objet.

Auparavant si le roi eût été rétabli, l'opinion, disait-il, n'y aurait pas pris plus garde que si elle eût appris « qu'un cheval nommé Philippe avait gagné le grand prix. » Désormais c'était différent. Quatre années passées dans les camps avaient été pour tous l'occasion de réfléchir ; le soldat dans les tranchées avait disputé de toutes choses et du gouvernement ; une restauration ne pouvait plus espérer passer dans l'indifférence, elle serait discutée, et partant combattue. Il fallait donc, avant de la faire, recommencer à la prêcher.

Je n'ai jamais cru à cette raison. Tous mes renseignements au contraire étaient que les propos tenus pendant la guerre avaient achevé de désabuser le pays. Mais quand elle eût été vraie, depuis quand l'Action Française avait-elle pour méthode de différer d'agir afin de prouver? Elle avait toujours professé que l'action sert à la démonstration. Si vraiment le but que nous recherchions avait moins de chances d'être accepté, qui empêchait qu'en agissant on ne versât dans le public les preuves qui en démontreraient l'urgence? La guerre les fournissait en foule, ajoutant de nouvelles évidences aux anciennes, et leur donnant un nouveau poids. La prédiction de Maurras sur les cinq mille jeunes gens promis à la mort réalisée, les avertissements de Daudet sur l'espionnage vérifiés, l'impréparation cause du péril couru, la politique républicaine source d'un prolongement de carnage par le refus de s'entendre avec l'Autriche, la trahison installée trois ans au ministère de l'intérieur par les sectes, la paix dont au dix-neuvième siècle la France avait joui sous les rois, tandis que cinq invasions avaient été le prix des gouvernements populaires : toutes ces raisons, brillantes de clarté, permettaient de réparer en abondance le recul qu'on prétendait que notre but avait subi.

De plus, notre nom porté dans toutes les bouches en rendait la diffusion facile. Depuis la lettre de Daudet au président de la République, depuis la condamnation de Malvy, nous pouvions faire à cet égard, en trois mois, ce qu'avant la guerre nous n'eussions pas fait en dix ans.

Une autre raison de Maurras était que le danger qui avait fait nous rallier au gouvernement durait toujours. Une paix imparfaite n'y avait pas mis fin. Contre l'Allemagne encore menaçante, contre l'intrigue de nos alliés, le pays avait besoin de nos forces; s'en resservir pour la guerre civile eût été le trahir et nous abandonner.

Cette instance allait avec la maxime mise en avant pendant la guerre, qu'il ne fallait pas faire de révolution devant l'ennemi, laquelle démentait nos principes. Il convenait donc de l'abandonner. En lui donnant une portée nouvelle, on ne manquait pas seulement de conduite, on achevait de renier le passé. L'Allemagne en 1914 n'avait pas été moins menaçante qu'en 1919. Cependant nous avions alors comploté la chute du régime. Si c'était un tort de le faire aujourd'hui, comment le tort alors n'eût-il pas été le même?

Ainsi de plusieurs manières le parti que nous prenions condamnait celui que nous avions tenu.

Cela aurait pu être raisonnable. Ce changement pouvait venir de lumières que l'événement nous eût versées ; les années d'autrefois pouvaient être une école qui, en nous corrigeant, nous avançait. Mais alors il aurait fallu le dire, avouer notre changement, expliquer notre erreur et démontrer notre progrès. On ne le fit pas ; le changement ne fut pas avoué. A ceux de nos amis qui s'en inquiétèrent, on préféra le dissimuler. Il faut croire qu'il n'était pas avouable. En conséquence nuls principes nouveaux ne furent substitués aux anciens. Aux règles claires qui nous avaient conduits, et qu'on abandonnait, ne succéda nulle discipline certaine. Dans l'équivoque versée sur les principes, le caprice des accommodements régna.

Plus j'y ai réfléchi, plus je me suis convaincu que ce changement procédait de causes plus profondes qu'un faux jugement.

Au delà des raisons sous lesquelles on le cachait et qui étaient vaines, au delà de l'erreur et de l'inconséquence dont on pouvait le croire l'effet, il y avait le désarroi sincère d'une entreprise mal ordonnée. L'action partait chez nous d'une critique exacte ; mais elle était conduite sans suite et sans génie. La disparition de Vaugeois avait achevé de l'affaiblir. Ce qui restait de chefs, inégaux à leur tâche dans des temps ordinaires, voyaient découvrir leur impuissance par les événements formidables que nous avions traversés. Tant que dura la guerre, le trouble où elle mettait toutes choses dissimula celui où nous étions ; quand la tempête fut apaisée nous apparûmes sans gouvernail. On vit alors ce qu'on n'avait jamais vu : l'Action Française plier devant les circonstances, au lieu d'y faire face et de s'en emparer.

Ne voir dans des circonstances nouvelles que l'embarras qu'elles causent, n'était pas notre méthode ; un état d'esprit négatif était ce qu'on nous reprochait le moins ; il régna cependant chez nous en ce lendemain de guerre. Je ne puis m'imaginer que Vaugeois l'eût partagé s'il eût vécu. Dans d'autres occasions, peut-être n'aurait-il pas fait mieux que nous ne sûmes faire sans lui ; cette fois je suis assuré que sa présence eût changé les choses. Il aurait osé ce qu'on n'osa pas, parce qu'il aurait vu ce que Maurras ne vit pas : le secours présent, aisé, irrésistible, que le mécontentement du soldat nous apportait.

J'en ai touché déjà les causes. Il faut en marquer la principale, qui tenait au plus profond des âmes, et qu'on n'a pas je crois expliquée comme il faut : à savoir que l'éloge qu'on faisait du combattant, l'explication qu'on donnait de sa conduite, l'honneur dont on prétendait le payer, méconnaissaient ses sentiments, froissaient ses délicatesses, le dépeignaient de traits que son caractère repoussait.

C'est que cet éloge était réglé sur les idées des officiers, non du soldat, lesquels ne pouvaient voir la guerre de même : car l'un en faisait sa profession, et l'autre pour s'y livrer s'arrachait à la sienne. Ce qu'ils avaient à vaincre en eux pour y suffire était en partie différent ; leurs mobiles n'étaient pas les mêmes. Chez l'un c'était la gloire et l'avancement ; chez l'autre l'obéissance et l'habitude ; l'un faisait son état de commander la mort, d'envoyer des hommes à la mort ; l'autre avait horreur du sang versé. C'est à tort qu'on se figure omettre ces différences, les noyer dans le commun amour du pays. Comme si le sacrifice que cet amour réclame n'avait pas affaire à des résistances diverses selon les classes d'hommes ! comme si, contre ces résistances, des forces diverses n'avaient pas lieu de servir !

On s'étonnera peut-être, il est certain pourtant, que l'erreur démocratique était au fond de ce malentendu, comme méconnaissant des barrières qui nulle part n'étaient si sensibles, ne créaient de séparation plus irréductible et plus profonde. Conformément à cette erreur, combien d'officiers ont cru se rendre agréables en décorant la vie menée avec les hommes pendant la guerre du nom de « fraternité des tranchées », que les anciens combattants ne pouvaient souffrir ! N'attendant pas de la guerre les mêmes récompenses, n'y prenant pas les mêmes responsabilités, n'y portant pas le même sentiment, n'en endurant pas les mêmes souffrances, n'y courant pas même toujours les mêmes dangers, qu'était-ce que cette fraternité, qu'un propos d'enjôleur, une impertinence, et, sous forme d'éloge, pis qu'une injure, puisqu'elle méconnaisssait ce qu'elle croyait honorer?

Telle était la grande source de querelle soulevée par le combattant, le fond de l'antimilitarisme qui se fit sentir après la guerre.

Personne n'était placé comme l'Action Française pour le comprendre, le diriger et s'en servir. Elle avait combattu le service obligatoire, fait l'apologie de l'armée de métier. Dans la prétention de faire de tout le monde des soldats, elle avait signalé l'effet de l'inepte niveau démocratique. Ce n'était pas à dire que le pays dans une nécessité pressante dût se priver d'appeler tous ses enfants. Mais c'était un service d'exception, qui les laissait à leur nature, à leur classe, à leur caractère. La différence entre militaire et civil, à laquelle tenait ce caractère, restait. Ainsi notre rôle était tracé : prendre la tête des mécontents, faire de leur soulèvement le moteur de notre révolution, tirer enfin le succès des circonstances qu'on s'imaginait le retarder.

Ces mécontents cherchaient il est vrai leur appui du côté de l'internationale. C'est que les organes patriotes abondaient dans l'erreur qui les exaspérait. Pris en soi, le mécontentement n'avait rien de commun avec la trahison. Il habitait des hommes qui avaient combattu au premier rang avec courage, témoin celui qu'on arrêta pour des menées antimilitaires et qui se trouva avoir six citations. Un jeune homme, disciple d'Action Française, valeureux combattant lui-même, me dit un jour qu'il comprenait très bien l'état d'esprit de Vaillant-Couturier.

L'Action Française avait toujours professé de gagner à son entreprise ceux à qui le dégoût d'un faux ordre public inspirait la révolution ; à plus d'un anarchiste elle avait fait comprendre que l'établissement démocratique était ce que visait sa haine, et que la monarchie le contenterait. Ainsi rien n'empêchait qu'elle ne s'attachât ceux-là.

Ceux qui n'ont pas vu l'Action Française à la fin de 1918 ne sauront jamais de quel prestige elle était environnée. Les preuves d'impuissance qu'elle avait données dans un temps où les trois quarts des Français l'ignoraient ne comptaient pas aux yeux du pays. On ne connaissait que ses derniers succès. Comme les sages de la politique, qui posaient des bornes à sa puissance, avaient vu déjouer leurs calculs, on ne se figurait plus rien qui dût l'arrêter. Un homme de presse, que je rencontrai deux ans plus tard sur les routes d'Allemagne, me rendait témoin de ces sentiments.

— On n'y voulait pas croire, me dit-il. D'ailleurs

je suis républicain. Pendant un moment, cependant, nous attendîmes tout de l'Action Française. Nous l'aurions accepté.

— Et maintenant? lui dis-je.

Il fit signe que c'était fini. Les mouvements nés de la guerre furent pour l'Action Française la dernière occasion qu'elle eut de combler l'espoir du pays.

Un de mes jeunes amis qui servait dans les chars me contait comment, au premier mai suivant, ses camarades n'attendaient que les nouvelles des échauffourées de Paris pour descendre. Comme il m'en faisait le vivant tableau :

— Quel malheur, dis-je, que l'Action Française n'ait pas su manier cette force-là !

Il me dit :

— C'était si facile !

Je n'ai jamais dirigé notre action. Ce que je discernais à cet égard ne pouvait avoir d'effet qu'à condition de passer par d'autres.

Je ne cessais d'avertir Maurras que ses commentaires touchant l'esprit du combattant manquaient le but. Avec plus de retenue que les autres, ce qu'il écrivait ne différait pas en somme du commun propos patriote. Le soldat en concevait un peu moins d'impatience, mais n'y prenait pas plus d'intérêt. Plateau eût pu l'instruire ; mais il ne s'en souciait pas. Valois comprit à fond la cause. Dans son *Cheval de Troie* il l'a parfaitement expliquée. Cela, je ne sais comment, passait inaperçu. Pujo, qui avait fait la campagne comme simple soldat, devait avoir puisé dans le commerce des hommes une information qui ne servit pas plus. Un moment je crus qu'il songeait à une action de ce côté. Une grosse somme, qu'il me demanda pour l'organisation des anciens combattants, m'en donna l'espoir, tôt rompu, car au bout de peu de jours je le vis me la rapporter.

Depuis la mort de Vaugeois, en pareille occurrence

tout dépendait de Maurras. L'idée me vint qu'une conversation avec un de mes fils l'éclairerait. Nous déjeunâmes ensemble ; mais la jeunesse fut trop timide pour bien exprimer ce qu'elle sentait, l'âge mûr trop prévenu pour s'en embarrasser. Cela n'aboutit à rien. Je suis obligé d'avouer que, à l'égard d'une chose si certaine et de tant de conséquence pour nous, nous pratiquâmes l'aveuglement complet.

Il était d'autant plus remarquable, que Maurras avant la fin de la guerre avait cherché de ce côté, tourné si j'ose dire autour du pot ; à preuve le projet qu'il lança sous le nom de part du combattant, et d'après lequel il s'agissait de remettre à ce dernier, la guerre finie, une somme qui le dédommageât et et lui servît de capital pour l'avenir. Cela ne pouvait être mal acueilli, car, froissé dès ce temps-là dans ses sentiments, le soldat se voyait trop menacé dans sa fortune pour être indifférent à l'aide qu'on lui offrait. Mais cela n'allait pas au but, car cela ne touchait qu'à la bourse, moins sensible chez les hommes que l'amour-propre de classe. La part du combattant fit son tour d'opinion dans des conditions honorables, malmenée du parti allemand qu'elle gênait dans ses menées antimilitaires, louée de-ci de-là par les patriotes, recevant de nos amis quantité d'éloges, que Maurras imprimait dans le journal. En somme l'accueil manquait de la chaleur qui fait que les idées marchent toutes seules. Peut-être cette chaleur eût-elle été atteinte si nous avions poussé assez loin l'entreprise, mais le rapide échec auquel elle fut conduite nous dispensa d'en voir l'effet.

Pour mettre en train le gouvernement, donner l'exemple aux pouvoirs publics, nous avions fait un fonds de quelque argent ramassé. Nous comptions en trouver encore, grâce au prestige d'un comité de patronage dont on allait recrutant les membres de tous côtés : hommes de métier, hommes d'affaires, hommes politiques, gens de lettres, savants. Je fus chargé d'en gagner plusieurs à notre dessein. Cela se faisait avec facilité.

Quand le comité fut au complet, on ne fit rien. Cela dépendait de Maurras. On attendit. Un mois se passa, puis deux, sans qu'on tirât parti des bonnes volontés obtenues. Le délai ne pouvait servir à rien ; il nuisit, car, sur ces entrefaites, survint la campagne du *Bonnel Rouge*, qui jetait à grand bruit contre nous la diffamation et l'ordure. Maurras jugea que les hommes dont nous avions le concours, étant de ceux que la bataille politique indispose, risquaient de se dédire envers nous si nous les exposions aux éclats de celle-là. Par une lettre adressée à chacun d'eux, il leur rendit donc leur parole. Dès lors il n'y eut plus de comité. Tout ce que le patronage d'hommes considérables eût apporté à l'entreprise, périt. La **part du combattant** végéta, puis mourut.

Quant au délai cause de tout le mal, peut-être fut-il l'effet de la seule négligence ; peut-être aussi y eut-il une autre cause, qui fut que, le lancement de la part du combattant ayant coûté vingt-cinq mille francs à notre caisse, j'étais d'avis que la part du combattant les lui rendît. Maurras en poussa les hauts cris, disant que, s'il en était ainsi, on nous accuserait de piller le soldat. Mais quoi ! piller le journal n'était pas plus permis, et j'étais le gardien de sa caisse. Je m'ouvris à un membre du comité à venir de l'objection qui m'était faite. Il me dit que je laissasse faire, que rien n'était si aisé que de dénouer cette délicatesse, qu'elle regardait le comité, qui une fois réuni déciderait. Hélas ! en pressant Maurras de le convoquer, j'eus le tort de laisser percer cela, de dire que notre caisse en attendait le règlement de ses avances. Dès ce moment il ne fut plus question du comité. J'incline à croire que le risque de voir ces messieurs oser se mêler d'autre chose que de faire rentrer l'argent, fut ce qui leur valut leur congé.

Dans le temps où l'Action Française laissait échapper cette force nouvelle, une autre qu'elle avait ambitionné de conduire sans s'en emparer jamais fut abandonnée tout à fait. Sa politique économique et ouvrière, longtemps flottante entre Vaugeois et Maurras, entre Valois et M. de la Tour du Pin, fit tout à coup bloc du côté des conservateurs et des patrons.

A l'automne de 1919, des cheminots vinrent me demander à quelle association il fallait s'inscrire. Je leur dis : à la Confédération générale du travail. C'était notre principe constant.

Faire partie des groupes d'intérêt ouvrier, pour y défendre la classe et la profession contre les entreprises de la politique, dont les chefs s'y rendaient complices, c'est ce que nous avions conseillé de tout temps. Comme plusieurs en furent étonnés, je les fis parler à Maurras. Ils vinrent en nombre. C'était dans mon cabinet. Avec une extrême vivacité, Maurras leur traça leur devoir au sein de la Confédération, qu'il importait de ne délaisser à aucun prix, pour aucun autre syndicat. Il haranguait en se promenant. Tous ses moyens de persuation, toute son énergie, tous ses nerfs, se portaient à cette conclusion. Six mois après, la Confédération était représentée chez nous comme la maison proscrite, la tentation qu'il fallait éviter. Valois fut l'auteur de ce changement. L'ayant accompli pour lui-même depuis assez longtemps déjà, l'action commune en devint brusquement le théâtre, après que le journal lui eut fait place pour une rubrique économique.

Ainsi, là comme ailleurs, nous renoncions au secours des forces en mouvement, dont nous avions autrefois professé la captation par la doctrine. De ce côté, il est vrai, nous ne perdions rien de réel ; nous ne faisions qu'abdiquer l'espoir que nous n'avions jamais rempli. Il n'était pas indifférent pourtant d'être classé journal des patrons d'une part, tandis qu'on nous classait journal d'officiers de l'autre.

Cependant on continuait chez nous de parler de l'ouvrier avec sollicitude; de vanter dans son labeur une perfection des œuvres qui avait cessé depuis la guerre, un goût que certainement il n'y mettait plus. Cela achevait de nous installer dans la pratique des conservateurs, laquelle multiplie la flatterie à proportion de l'opposition de principe. Il y avait cependant de bonnes vérités à dire à la classe ouvrière, dont la première était qu'elle avait trahi le pays.

Embusquée en masse pendant la guerre, tandis que les villages de France envoyaient leurs fils à la mort, elle avait au lendemain de la catastrophe refusé de réparer les ruines, fait chanter les provinces privées de toit et d'abri, avec les salaires énormes qu'elle réclamait de ses services. Jamais l'histoire n'avait rien vu de si insolent et de si abject.

Dans un pays bien ordonné, où le pouvoir eût joui de l'indépendance, cela méritait la mise en accusation des chefs et leur exécution en cérémonie. L'Action Française omit de le dire, par ménagement je suppose, crainte de se rendre odieuse à une classe tout entière, avec laquelle sa politique rompait. Il continua d'être entendu chez nous que tous ceux qu'on avait mis à l'abri pendant la guerre étaient des spécialistes en fabrication d'obus, dont le dévouement et l'habileté s'étaient rendus fort utiles au pays. Ainsi en désertant l'intérêt de l'ouvrier, on gardait envers lui des égards dont le fruit était perdu, car imaginez le prix que les syndiqués mettaient à s'entendre dire par nous que pendant la guerre ils avaient bien servi !

Donc, depuis la guerre terminée, l'Action Française devint journal rallié, maintenant en principe pour la France la nécessité de la monarchie, non plus son urgence, et faisant son premier soin de peser par ses conseils, ses critiques, une opposition de circonstance, dans les plans du gouvernement. Le résultat de ce grand changement fut de réduire beaucoup son éclat. Elle encourut dans le public une impression de décadence, et il est sûr que ses lecteurs n'y eurent plus l'attrait d'autrefois.

Cela tenait peut-être à ce que, en changeant de politique, elle avait fait descendre sa controverse du terrain des principes aux faits. Que le ministre en exercice fît bien ou mal, notre soin auparavant avait été de montrer que, agissant sur les bases de la démocratie, il fallait au plus tôt renverser le régime qui viciait ses actes dans leur source. C'était un genre de preuves où nous étions très forts. Maintenant il fallait juger au jour le jour, et pour cette tâche nous étions mal armés. Faute d'informations de fait en ce cas, l'article languit en conjectures, et cette information nous manquait plus qu'à d'autres, à qui des relations bien placées donnaient vue sur les ministères. A ce défaut, quand on est obligé de donner un avis tous les jours, comment ne serait-on pas tenté de suppléer par des raisons sollicitées? C'est ce qui eut lieu, non sans relâchement de l'intérêt qu'on nous avait jadis porté.

Puis, en se mêlant à la lutte des partis, notre action se chargeait de tous les tiraillements et de toutes les incertitudes qui règnent dans ces tristes jeux. Il fallut jusque dans le journal avouer des avis différents. Dans l'élection du président de la République, qui survint, Daudet fut pour Clemenceau, Maurras pour Deschanel. La vue de cette dissidence ne pouvait que causer du froid, car on n'a de passion que pour ce qu'on croit vrai, et ce partage ôtait la certitude.

Même résolu, le choix ne valait guère mieux, reposant sur des raisons trop faibles pour faire la conviction. L'éloge que Deschanel obtint de nous, qui faisait d'un personnage si fade et si borné, un modèle de clairvoyance et de zèle patriotique, ne pouvait contenter des lecteurs autrefois conquis par le sérieux et l'absolue bonne foi de ce qu'on leur donnait à lire. La malheureuse culbute du président par un vasistas de chemin de fer, qui couronna cette apologie, acheva d'en montrer la frivolité. A l'égard de Millerand, qui suivit, le journal devait le juger de vingt façons différentes, tantôt en bien, tantôt en mal, et reprendre vingt fois sa figure, sans parvenir à la fixer.

Eclipsée qu'elle était dans son récent éclat, l'Action Française n'en prospérait pas moins. Elle rassemblait de nombreux lecteurs et son influence s'étendait.

Il y avait entre ces deux effets un contraste qui pouvait surprendre. Il s'explique si l'on considère que sa politique en s'effaçant faisait l'affaire d'un plus grand nombre ; ainsi elle gagnait en étendue ce qu'elle perdait en profondeur. Quant à ce qui passait de sa doctrine dans les masses, il se réduisait à deux points : la souveraineté de l'intérêt national et l'unité du commandement. Quantité d'organes républicains se mirent à prêcher cet évangile. Comme ils le firent tantôt en se réclamant de Maurras, tantôt en se servant des termes qu'il avait mis en cours, cela marquait un grand ascendant. Toutefois, cela n'avançait pas le but. On n'y trouvait le signe d'aucun progrès de fait, mais d'influence intellectuelle seulement. Résumons cela en disant que l'Action Française faisait plus de disciples qu'autrefois, mais qu'elle n'en faisait presque plus de complets.

Le plus grand nombre de ceux qui la lisaient ignorait désormais en quoi la monarchie prêchée par elle eût différé de celle de Louis-Philippe ou de Georges V, en quoi le régime qu'elle voulait pour l'Église eût changé de l'ancien concordat ou du système des États-Unis.

Ces choses avaient cessé d'être écrites dans le journal. On ne les trouvait que dans l'*Enquête sur la monarchie*, que les recrues nouvelles ne lisaient pas. Les dispositions qu'elles apportaient et qui les attachaient à nous étaient à peu près celles des troupes de l'ancienne Action Libérale ; aussi bien étaient-ce en partie les mêmes personnes. Autour de l'Action Française changée, le public changeait plus encore. Ce qui formait désormais le gros de la clientèle était loin d'égaler l'ancienne par l'énergie et même par l'intelligence. Cela se voyait aux lettres que nos lecteurs envoyaient. Ceux d'autrefois nous en avaient adressé d'admirables, qui les mêlaient à nous dans une collaboration véritable. Maurras, dix ans auparavant, les avait publiées en foule. Il continuait d'en publier encore, mais, la plupart du temps, de quelle médiocrité ! en dépit de la toilette qu'il leur faisait subir. Il lui fallait se baisser pour les relever, parfois si bas que lui-même avait peine à se redresser, et que le commentaire traînait à terre comme le texte.

Lasserre nous avait quittés. C'était une perte considérable. Une censure exercée sans l'ombre de discrétion sur les articles qu'il donnait au journal avait donné lieu à des lettres où Maurras, mettant en syllogisme sa querelle, s'était rendu insupportable. Le tact en ces rencontres était ce qu'il avait le moins. Il croyait que les matières personnelles souffrent d'être traitées en forme d'école. Lasserre omit de répondre, dégoûté pour toujours d'entendre démontrer ses torts par théorème.

— Je me suis promis, dit-il, de ne plus jamais entrer en discussion avec Maurras.

Tel était le nouvel état de l'Action Française quand il fut décidé que, aux élections de 1919, elle présenterait des candidats.

Aux changements soufferts dans sa méthode, cela faisait succéder un grand changement dans ses mœurs, vu qu'elle ne s'était pas contentée de s'abstenir des pratiques électorales, mais qu'elle s'en était beaucoup moquée. Elle avait ri de l'œuvre de Pénélope à laquelle elles condamnaient les hommes, de la duperie où elles les exposaient, des mensonges qu'elles leur faisaient dire, de la rhétorique pompeuse dont elles les barbouillaient. Daudet en avait fait des tableaux impayables, dont on retenait les traits par cœur. Beaucoup se sont imaginé que ce changement de front venait de lui. Non : il eut Maurras pour auteur, lequel dépeignit le danger de rester en dehors du mouvement d'opinion, si important après la guerre, qui s'exprimerait au vote prochain.

Après tout, nous n'avions jamais été ennemis de mettre l'un des nôtres à la chambre afin d'y porter notre parole. Daudet devait remplir ce rôle mieux que personne ; son élection pouvait avoir d'heureux effets ; à en juger par la déposition qu'il avait faite devant le Sénat, son action oratoire et personnelle serait grande. Le scrutin de liste, qu'on venait de rétablir, obligeait de lui donner des compagnons. De raison en raison on en vint au projet de trois listes, que nous présentâmes à Paris et dans les environs.

Beaucoup de nos amis anciens ne pouvaient manquer de former là-dessus des plaintes, que nous apaisâmes de notre mieux, disant que nous avions promis d'aller au but par tous les moyens même légaux, que les circonstances étaient uniques, que rien ne défendait de se livrer au jeu des élections sans y croire. A ces raisons, qui autrefois auraient été reçues sans peine, beaucoup résistèrent cependant, à cause de tout le changement qu'on remarquait en nous, et dont le nouveau jeu semblait un épisode. Tout cela s'accommoda à la fin vaille que vaille ; en maugréant on nous suivit.

Quelques-uns de nos ligueurs se présentèrent en province, et nous crûmes pouvoir faire entendre que, d'un bout à l'autre du pays, sur des points que désignait la chance, notre effort électoral donnait.

Par malheur, ce qu'il avait de nouveau devait

avoir d'autres inconvénients que de mécontenter nos amis ; nous faisions une besogne que nous ne connaissions pas. Nous la manquâmes. On sait quel fut l'effet. Daudet se vit élire avec beaucoup de peine ; tout le reste de nos trois listes dut céder la place ou échoua. Ceux qui pendant la campagne, en province, avaient laissé dire qu'ils marchaient avec nous, s'empressèrent, devant notre échec, de se déclarer différents. Daudet entra à la Chambre sous la menace de l'invalidation, au milieu du désert où nous abandonnait ce qu'elle comptait de royalistes ou de suspects de l'être. Ce résultat coûtait huit cent mille francs. Daudet, par l'action décisive qu'il a menée depuis à la chambre, empêche d'y donner des regrets. Mais sa seule élection eût pu coûter moins cher, et tant d'argent versé pour ne gagner qu'un siège attestait de notre part en matière d'élection le contraire de la capacité.

Ceux qui nous y savaient peu propres, ceux qui, choqués de nous voir nous y livrer, prédisaient l'insuccès, furent surpris de son énormité. Il se fit autour de nous un froid considérable, semblable à un vent de neige, qui glace et balaye tout autour de lui.

Je n'avais en charge ni de diriger l'opération, ni d'en ordonner les dépenses : je n'en parle donc ici qu'en témoin, mêlé il est vrai à l'action, car je figurai sur une des listes, celle des environs de Paris.

D'abord j'avais refusé de briguer. Je n'avais nulle envie d'être-député, et je jugeais les habitudes prises dans nos tournées d'Action Française peu propres à m'y faire réussir. Quelquefois au cours de ces tournées, j'avais prié les assistants d'imaginer le tour que prendrait la réunion si je me changeais en candidat qui eût sollicité leurs votes. Tout intérêt aurait cessé. On me faisait crédit ; de mon côté tout mon effort n'allait qu'à dire la vérité. Tout cela eût changé soudain. L'assistance se fût méfiée, et moi je n'eusse cherché qu'à plaire. Adieu la confiance et la sincérité, qui sont l'âme des vrais entretiens. Il n'y aurait eu qu'à s'en aller. Cet aperçu de la bassesse des assemblées électorales saisissait l'imagination. Je n'avais nulle envie de m'y plonger. Ajoutez la peine qu'elles réclamaient.

Mais les chefs de l'Action Française s'étaient inscrits aux listes de Paris ; aucun ne figurait sur celle des environs, qu'on regardait comme moins importante, en sorte qu'on avait craint d'y employer des forces capables ailleurs de décider le succès. Un ami zélé de notre cause, qui votait en banlieue, s'en plaignit devant moi, accusa notre négligence et me prit si bien à partie, qu'il me décida à marcher.

Héricourt, officier plein de vaillance, blessé de la guerre, qui avait mené brillamment quelques réunions déjà, eut l'obligeance de me céder la tête de la liste qu'il avait conduite, et je commençai mes exercices. Ils ramenaient pour moi le souvenir ancien de la campagne menée de village en village dans mon pays de Tarentaise, devant un public bien différent, car il était composé de paysans, tandis que j'abordais le bourgeois et l'ouvrier. J'y portais aussi d'autres dispositions, car je m'étais offert autrefois comme républicain, engagé par cette étiquette dans toutes sortes de concessions, et je me présentais cette fois comme royaliste, bien résolu à ne rien céder, et au besoin à dire au bulletin de vote son fait.

J'y allais sans plaisir. Une fois l'affaire en train, j'y pris beaucoup d'intérêt. Les auditoires divers, leurs passions, leurs figures, le tour qu'ils donnaient à la séance, leur accueil varié, les contretemps, le succès, les incidents de toute espèce, composaient un curieux spectacle, et le rôle qu'on y tenait donnait à chaque réunion l'attrait d'une partie à jouer. D'autre part, il y avait les personnes qui, menant sur place la campagne, venaient se concerter avec nous au journal, apportant les avances d'un zèle et souvent d'une intelligence qui méritaient l'admiration. C'étaient en général les représentants de la classe d'employés que la cherté des loyers a chassés de Paris, et qui depuis trente ans ont fait des lotissements qui l'environnent de villes immenses.

L'opinion dans cette classe est le nationalisme, le sentiment envers l'Église est la fidélité ou la bienveillance. Elle aimait en nous ce qu'on continuait de tenir pour la pointe avancée de la résistance au gouvernement. Tout parti qui s'offrait à elle dans l'attitude de l'énergie était assuré de son concours. La monarchie n'était au fond ni ce qu'elle souhaitait, ni ce qu'elle fuyait ; mais, comme elle haïssait le régime, rien ne lui convenait mieux que des gens qui lui couraient sus au nom du roi.

L'opinion purement catholique était quelque chose de différent. Recrutée en partie dans le même monde, en partie dans le bourgeois aisé, elle était loin de montrer tant d'énergie. Elle flottait entre le gémissement poussé pour l'amour de l'Église, et un désir d'accommodement inspiré par la peur des coups. L'exhortation quotidienne d'une presse qui réduisait les intérêts de l'Église aux commodités de la dévotion faisait qu'ils étaient contents pourvu que la paroisse fût libre dans son culte, les ministres dans leurs personnes et les œuvres dans leur recrutement. Le sort des ordres religieux ne les intéressait qu'en partie ; le mode de nomination des évêques, pas du tout ; quant aux principes d'ordre général que l'Église impose aux gouvernements, ils ne savaient même pas qu'il y en eût.

Depuis le ralliement de Léon XIII, comme on leur avait dit que l'Église ne se mêlait pas de politique, ils ne savaient pas qu'il existât une politique catholique. Ces paroles prononcées devant eux n'éveillaient dans leur esprit nulle idée, sauf, quand ils y songeaient, un devoir de ralliement et de neutralité envers toute chose, joint à l'obligation dictée par la conscience, d'en porter le témoignage aux urnes. Nous leur étions suspects, quoiqu'ils ne pussent éviter de reconnaître en nous des amis, mais décriés par d'anciennes polémiques, et par le souvenir toujours vivant des directions reçues sous Léon XIII, qui faisaient du royalisme un péché.

Un troisième élément était le monde ouvrier, assujetti pour la plupart si étroitement au socialisme, qu'il n'y avait que mordre pour nous. Il ne nous connaissait que de nom et depuis peu. Tout ce que nous essayerions de lui dire devait lui être indifférent ; de ce côté il n'y avait à demander qu'une chose, c'était qu'on nous laissât parler.

Tel est le milieu dans lequel nous menions la campagne, allant de Vincennes à Boulogne, d'Asnières à Antony, de Neuilly à Nogent-sur-Marne, de Noisyle-Sec à Charenton. Ce qui m'intéressa le plus fut l'assistance socialiste, ses passions, sa tactique, son visage et ses prétentions.

Elle nous accueillait au cri d'*assassins de Jaurès*, en vertu d'une consigne que décelait une répétition obstinée, laquelle faute d'à-propos finissait par languir. Je n'y répondis jamais. Comme tous les Français de bon sens, je jugeais fort heureux que pendant la guerre le parti allemand eût été privé de l'appui de Jaurès ; mais je n'avais aucune part au meurtre qui l'avait rayé de ce monde, et tout le monde en était convaincu dans la salle. Le cri était poussé au fond ; au fond se donnaient carrière d'autres tapages destinés à faire avorter la réunion dans la bagarre. Sur le devant se tenaient au contraire des gens à figure hautaine et impartiale, pleins d'importance et de dignité, des bijoux de socialistes, qui criaient à leurs frères : « Citoyens, laissez-les parler. »

Dans mes randonnées électorales, jadis, je m'étais bien aperçu de l'extraordinaire parure dont l'homme du peuple qui se dit socialiste se regarde soudain comme orné, au sein de quelle fierté, qui l'intimide lui-même, il en va portant le nom dans le monde. C'est à ses yeux une promotion sociale. Ceux que je voyais cette fois semblaient en soutenir le poids sur leur tête, et ne la hocher qu'en mesure de peur qu'il ne tombât. Le regard qu'ils nous lançaient trônait dans des visages où se peignait le mépris du genre humain. Je leur parlais comme à des hommes, ce qui leur causait de la surprise, à cause de l'effet que, se faisant à eux-mêmes, ils s'attendaient de nous faire à nous. De réactionnaires comme nous étions, ils escomptaient, je suppose, ou la flatterie de l'intrigue, ou la déférence de la peur. N'ayant riposte qu'à cela, ils gardaient le silence, tandis que j'expliquais comment leur intérêt de classe était assuré de nos soins, comme partie de l'intérêt public.

Il y a sans aucun doute parmi les socialistes des gens doués de vivacité d'esprit ; je suis obligé de dire que ce ne sont pas ceux qui se mettent en avant dans les réunions électorales. Peu de signes d'intelligence brillaient chez ces derniers. En leur adressant nos discours, nous avions le sentiment de parler à des façades. Quand ils ne composaient qu'une partie de l'assistance, on les quittait, une fois tranquilles, pour pousser l'action chez les autres ; s'ils étaient seuls, on faisait en sorte de les distraire, jusqu'à la fin, du désordre que leurs amis en gardaient l'espoir de déchaîner.

Je suppose qu'ils avaient deux équipes, une qui jouait sur le devant l'air de la dignité, l'autre qui par derrière avait commission de tout mettre à sac. Peut-être aussi n'était-ce pas cela, mais seulement que le parti manquait de direction. J'aurais aimé l'apprendre d'eux-mêmes. C'était une question à leur poser. Je comptais en faire une affiche, si la campagne avait duré.

A Asnières, où il n'y avait qu'eux, nous réussîmes à être écoutés jusqu'au bout ; mais en quittant la salle, ce silence fut racheté par des cris poussés en mesure, qui nous annonçaient *les Soviets*. A Neuilly, où tout le monde était représenté, ils firent cependant un beau tapage. J'étais en retard, accourant de l'extrémité de Paris, où la voiture annoncée pour me prendre avait manqué. J'entrai au milieu d'un tumulte déchaîné au sujet des marins de la mer Noire, auquel tenait tête le commandant Dublaix. Je m'appliquai, quand ce fut mon tour, à l'apaiser par les exposés généraux qui nous avaient servi tant de fois en province. Le bruit acheva de se calmer. Il y avait dans le public une part d'amis dévoués, une part de tapageurs gagés, et une grande masse sujette à des impressions contraires, que le cri d'*assassin de Jaurès* jeté de temps en temps du fond de la salle laissait indifférente. Héricourt parla avec beaucoup de succès. Sa franchise, sa jeunesse, la blessure dont il portait la marque, lui valaient les applaudissements. Par malheur l'entraînement du discours lui fit mettre soudain en avant la fraternité des tranchées.

En un moment la masse flottante partit dans le sens des socialistes. Les sifflets, les clacksons firent rage. Héricourt acheva son discours dans le bruit. Comment le faire cesser? J'étais tout à la crainte de voir finir au milieu du tapage une séance où parlait un officier français. J'en eusse senti sur moi la honte. Un contradicteur attendait. Je le priai de nous laisser tranquilles. Nous parlions depuis une heure et demie. Je me levai comme pour la fin. Je dépeignis les angoisses endurées dans les années de guerre dont nous sortions, comme quoi l'armée nous en avait sauvés, que nous lui devions la reconnaissance, que cette reconnaissance allait aux hommes, qu'elle allait aux chefs, sans lesquels il ne pouvait y avoir d'armée ; qu'en conséquence, on ne pouvait absolument souffrir qu'un officier qui venait de combattre et s'adressait à des Français recueillît autre chose que des applaudissements. Les indifférents se turent, les socialistes hésitèrent, nos amis acclamèrent, et nous sortîmes sous les bravos.

Dans pas une de ces réunions je ne manquais d'exposer le programme catholique, entre autres l'enseignement de la religion à l'école, où on ne pouvait l'omettre sans inculquer aux hommes que la religion n'a pas d'importance, ce qui est une persécution muette ; ni sans décevoir les familles qui, attendant de l'école un enseignement complet, sont frustrées de la partie qu'elles jugent plus essentielle, sans satisfaction pour personne : car ceux que l'enseignement religieux gêne pourraient toujours s'en faire rayer. Cela passait sans difficulté partout. Les socialistes s'en moquaient complètement, les nationalistes l'approuvaient.

Du côté du gouvernement on avait formé le parti dit du Bloc national, où devaient entrer les catholiques à condition de renoncer à toute réclamation de ce genre, de se déclarer contents des lois de persécution portées contre l'Église en France. Il fallait, disait-on, s'unir contre la révolution, chasser de la Chambre les membres du parti allemand, dont les élections dernières l'avaient remplie. Cette tactique réussit. Ce parti fut décimé, dans la banlieue de Paris principalement, où quelques-uns de ses chefs avaient leur siège. Quant au moyen qu'on prit pour cela, je ne sais si l'on se rend bien compte de la honte que les catholiques en ont reçue.

Elle n'est pas celle de l'électeur, qui n'engage dans son vote qu'une tactique, qui ne contresigne pas un programme, et qui peut être contraint de chercher sa défense auprès des ennemis de l'Église ; mais des candidats qui, faisant programme commun avec ceux-ci, prenaient part d'auteurs ou de garants dans la persécution passée et à venir. Il n'y avait rien de plus lâche ni de plus immoral. Le corps électoral cependant ne le sentit pas.

Une seule fois j'eus à parler devant une assistance formée uniquement de catholiques, qu'un de mes vieux camarades tenait unis depuis les batailles du boulangisme, portant cet appoint, selon les circonstances, à ce qui semblait mieux faire l'affaire. Je fus surpris de voir à quel point ce qui dans mon discours concernait la religion laissait ces gens indifférents.

Le catéchisme à l'école publique leur fit l'effet d'un paradoxe. Pour la première fois au cours de ces réunions, il eut à subir des objections. Dans leurs écoles à eux, à la bonne heure! lesquelles devaient de plus être subventionnées, recevoir les deniers de l'État à qui elles faisaient concurrence. Plus loin que cette subvention leur esprit n'allait pas. Qu'on leur donnât leurs aises dans le coin où, loin du reste des hommes, ils renfermaient l'apostolat, c'était assez pour leur contentement. En public, ils trouvaient juste, sage, avantageux même, que l'Église ne fût rien, qu'aucun hommage n'allât à son rôle essentiel, à son magistère. Réclamer cet avantage pour elle semblait suspect, attentatoire, peut-être entaché de politique, à laquelle c'était un péché de souscrire. De l'état d'exercice privé, de fantaisie particulière, où l'effort de la république s'appliquait à réduire leur foi, on voyait qu'ils se faisaient un objet agréable, gardant le plaisir de former une espèce de secte, la secte des gens bien pensants.

M. Dubois, et Calary de la Mazière, du Bloc national, parlèrent après moi et l'emportèrent. Tout ce monde votait par scrupule de religion. Par scrupule de religion ils nommèrent un homme qui dans la Commission des réparations faillit abîmer la politique française, un autre que les affaires de la Banque industrielle de Chine ont amené devant les tribunaux.

Cependant je n'étais pas sans voir que notre campagne de la banlieue était terriblement distancée. Le soin d'ordonner les réunions ne me regardait pas. Quinze jours avant le terme, nous n'avions pas fait le quart de la tâche. Cela donnait peu d'espoir de passer. En même temps, nous fûmes sollicités de laisser le champ libre au Bloc national. Un tiers parti, la Démocratie nouvelle, qui groupait quelque force et quelques candidats, négociait ce désistement. Lui-même se retirait. Si nous livrions la place, on promettait à nos listes, au second tour des élections municipales prochaines, les voix du Bloc national. Cet engagement ne fut jamais tenu. Sur un papier que je conserve encore, il fut cependant signé de tout ce qui figurait sur la liste du Bloc national en banlieue.

M. Dubois nous fut député. C'était un catholique. Je ne lui cachai pas que le discours qu'il m'avait fait entendre m'avait paru peu digne de cette profession. Je suppose que le parti fondait beaucoup sur lui, vu la place qu'au lendemain des élections gagnées il obtint dans le gouvernement. Il y allait donc pour lui de la fortune politique ou du néant. L'événement a prouvé que nous tenions les clefs du résultat dans la banlieue. Pujo, Bainville, Daudet, Vesins se joignirent à moi pour le recevoir.

C'était un petit homme sec et frêle, au nez chaussé de grosses lunettes, à la voix cassée, au débit monotone, qui s'exprimait en ordre et sans hésitation. Une passion de procureur animait son discours. Il représenta le peu de chances que notre troisième liste avait de passer, le danger où elle mettait la leur d'être battue par l'anarchie, l'avantage que retireraient de notre renoncement nos candidats de Paris à cause des voix qu'ils y gagnaient. Sauf la troisième, ces raisons n'étaient pas contestables. Mais je considérais autre chose : l'engagement où nos principes entiers, proclamés à la barbe des transactions courantes, nous mettaient devant le public, le nombre considérable de gens auxquels cet engagement nous tenait liés, le mauvais renom que nous vaudrait chez eux d'être abandonnés dans la lutte.

Comme tous les électeurs zélés occupés à pareille besogne, ils croyaient à notre succès. Sur la peine qu'ils prenaient depuis un mois, confiants dans une parole que nous n'avions pas la réputation de reprendre, sur leur espoir ardent, sur leur chaleur d'estime, nous allions jeter la glace de la pratique électorale commune. On nous en croyait détachés. C'était une espèce de faillite.

Rien ne me faisait supposer que pour les autres listes et dans l'ensemble, nous courussions à l'échec qu'on vit. Ce que j'apercevais de négligence en banlieue, je le croyais l'effet de soins détournés par les élections de la ville. Bref, je ne pensais pas que, assurés de ce côté, il nous fût défendu de jouer ailleurs la partie où des raisons morales nous liaient. J'étais d'avis de refuser les ouvertures de M. Dubois. J'eus le déplaisir, quand il eut quitté la chambre, de voir qu'aucun de nos amis n'était de ce sentiment.

Pujo opina pour l'abandon. Les autres suivirent. Ce qui prévalait dans leur conseil était les communes raisons de la tactique électorale. Rien n'y était mêlé qui nous appartînt, qui fût marqué au coin de l'Action Française. J'en fus surpris. Maurras me l'expliqua, disant que j'avais dû croire que notre campagne était une manifestation de principes.

— Non, dit-il, nous voulons passer, nous menons l'affaire pour aboutir.

Pas possible ! En ce cas pourquoi former des listes particulières à l'Action Française? Pourquoi n'avoir pas négocié notre entrée au Bloc national, qui sans nul doute eût mis plus des nôtres à la Chambre et à moins de frais, que nous n'étions capables d'y en porter. Des chefs de nos sections de province ont figuré sur des listes républicaines. C'est que nous ajournions la monarchie. Nous l'eussions ajournée à Paris aussi bien. Que si l'on craignait les secours apportés au parti allemand par la division où nous jetions les autres, il faut avouer que cette division nous la jetâmes au moins dans Paris, sans le moindre profit pour personne, puisque nos listes y succombèrent.

Tout cela continuait à marquer beaucoup d'incertitude dans notre conduite. Pour la première fois, avec vivacité, j'y ressentis le changement qui s'opérait chez nous. Dans le petit conseil qui se tint sur les talons de M. Dubois, l'impression m'en était tombée comme le froid d'hiver sur les épaules. Chaque mot de nos amis me donnait à connaître combien, en fait d'action publique, je leur étais maintenant étranger.

Je crus ne plus tenir à l'Action Française, j'annonçai que je m'en retirais. Maurras me retint.

Une heure entière, en tête à tête, il raisonna. Je me laissai persuader, moitié par un fonds de zèle, moitié par admiration pour une pièce d'éloquence où l'on déployait tant de ressources. Il était impossible d'y mettre plus de ménagement, de fondre de proche en proche les objections dans plus de nuances, de multiplier plus ingénieusement, en face des refus, les tiers partis. Quel don ! Par malheur, pour en fixer le succès, celui qui s'en servait manquait de trois choses : la sensibilité du cœur, l'estime des hommes et le goût de la vérité.

CHAPITRE XIV

Il avait celui de la preuve, ce qui n'est pas la même chose. La démonstration l'enchantait. Elle avait pour effet de servir une passion de domination intellectuelle, la plus forte de toutes chez lui, et qui faisait le grand ressort de son existence. En même temps, elle comblait le besoin d'activité d'un esprit que toute autre application trouvait insuffisant. Quoiqu'il eût l'imagination belle, il s'en faut qu'il ait réussi dans la création poétique autant que dans la controverse. Il s'y fatiguait vite, faute de souplesse, de chaleur, enfin de cette fertilité qu'on reconnaît à l'aisance et à la bonne humeur.

Quant à son esprit, il portait sur un nihilisme absolu. Je n'ai jamais vu d'âme plus désolée que la sienne. Il ne croyait ni en Dieu, ni à l'homme, ni au bien, ni généralement à quelque objet que ce fût qui dépassât les apparences. Dans ce grand vide, pour donner matière à sa pensée qui s'agitait, il avait construit la cité dans l'idée de laquelle il vivait uniquement, en proie à l'enchantement qu'elle lui donnait, dépensant ce qu'il avait de ressources et d'ardeur à l'aménager et à l'embellir.

Il avait un pouvoir d'évocation si fort et un sens politique si juste, qu'il nous rendait ses inventions présentes, et que nous croyions toucher l'objet. Pour lui ce n'était qu'une peinture, dont il repaissait son imagination, et charmait sa mélancolie. Il n'avait nul souci véritable, nul besoin organique de la faire passer en fait. Le philosophe Hume a nommé inquiétude, *uneasiness*, l'aiguillon ressenti par l'homme dans sa machine, qui, tandis que la raison propose, le fait agir effectivement. Maurras manquait de cette inquiétude, ou, si l'on veut, la sienne n'allait qu'à démontrer. Il avait contentement, sa démonstration faite. Son plan de restauration tracé, il suffisait que sa pensée s'y logeât et, de là, commandât à d'autres.

Faire la monarchie, pour lui, c'était cela. Sa doctrine prêchait davantage, mais son instinct n'allait pas plus loin.

Quant au néant d'idées qui régnait alentour, il accusait, auprès d'une politique si forte, un défaut complet de philosophie. C'était l'écueil de cette pensée. Ce n'est pas qu'il n'y prétendît, qu'il ne tînt même quelquefois à s'expliquer là-dessus, mais sans jamais donner rien de satisfaisant, malgré l'art qu'il avait d'en déjouer l'examen par les démonstrations d'un zèle pour la philosophie scolastique, dont il surprenait les écoutants, d'autant plus qu'elles juraient davantage avec son irréligion. Mais la connaissance qu'il en avait se réduisait à peu de chose. J'en fus témoin dans un entretien qu'un théologien de grand savoir, qui enseignait à notre institut, voulut avoir avec lui sur ce point, et dans lequel il n'apporta rien.

Les matériaux mêmes de sa cité accusaient cette insuffisance. Il n'y mit jamais l'unité.

Ce qu'il empruntait pour la former au nationalisme de Fichte y faisait disparate avec le principe d'ordre issu de l'enseignement romain. Comme il fallait en outre qu'elle logeât le particularisme provincial, dont il était partisan, il y régnait une confusion de principes, où l'on vit bien que lui-même ne se débrouillait pas, quand, étant allé prêcher le flaminguisme à Bruxelles; au grand étonnement de nos amis de là-bas, il avoua plus tard, devant les événements de Gand, ne rien comprendre à la situation.

Pour ses sentiments envers les hommes, il faisait cas de leurs talents. S'il eût été capable de leur tailler la besogne et de se ranger pour leur faire place, il en eût tiré de grands avantages. Nul ne connaissait mieux la portée de chacun, n'adressait mieux les peines qu'il se donna longtemps pour attirer les plus habiles. Mais cette estime n'allait qu'aux services qu'on pouvait rendre ; les personnes ne recueillaient de lui que le mépris dont il avait le malheur d'envelopper le genre humain. Il n'avait d'estime que pour lui, dissimulé à l'ordinaire sous les cérémonies de l'humilité, mais il ne fallait qu'une passion un peu vive pour rompre ces mesures et faire apparaître l'orgueil le plus aveugle, le plus déchaîné, que j'aie jamais vu. Des yeux étincelants, des pieds frappant la terre, des violences échappées à une colère brutale engendrée de l'adoration de soi-même, donnaient alors à ceux qui vivaient avec lui un spectacle d'autant moins supportable, qu'elles avilissaient un esprit doué de plus de force et d'autorité.

Il en était de même des égards qu'il multipliait de sens rassis, et qui faisaient place, quand sa passion parlait, à un sans-gêne qu'on aurait peine à croire.

Dans la copie des rédacteurs, qui toute lui passait par les mains, si quelque controverse s'adressait à un homme qu'il n'aimait pas, n'allait-il pas jusqu'à charger le trait de sa main, faisant endosser à celui qui signait l'article l'invective ou l'offense qu'il jugeait bon d'y mettre ! C'est ainsi qu'un article de Robert Havard, qui disputait contre le *Correspondant*, ayant été assaisonné de vivacités par Maurras, brouilla Havard et cette revue. D'autres fois, ces paroyxsmes s'adressaient aux personnes. Un jour, je ne sais quoi qui le fâchait contre un de nos rédacteurs; le fit arracher de ses mains un papier que ce dernier tenait par hasard, froisser ce papier, le jeter à terre, et, dans un complet oubli de soi-même, lui conmmander de le ramasser. L'autre se baissa, ramassa le papier, le regarda, et lui dit froidement qu'il le faisait parce que cela lui était demandé par Maurras, mais que tout autre eût reçu sa main sur la figure.

Un jour, il me pria de passer à son cabinet, pour une nouvelle que je crus importante ; mais je fus bien étonné d'apprendre que le nom de *poésies*, sous lequel le journal avait annoncé des vers de sa façon dans une note dont j'étais l'auteur, était ce qui l'occupait et le mettait en colère. « Une petite fille dans un salon, me dit-il, qui dit des vers, récite une poésie ; quand j'en imprime, ce sont des poèmes. »

A l'égard de nos amis du dehors, de nos collaborateurs de province, ce mépris s'étalait sans mesure. A la tête de nos sections surtout, qui n'étaient à ses yeux qu'une montre et qu'il souhaitait qui demeurassent telles, il n'y avait pas un chef dont il n'accueillît la mention, quand on parlait d'affaires, de noms offensants et cruels. Un jour que j'allais voir quelques-unes de ces sections, il me tint près d'une heure, ma valise à la main, à me représenter le néant de cette matière, la folie qu'il y avait à s'en occuper. Comme je ne pus souffrir qu'on traitât ainsi des hommes qui se portaient à notre aide avec tant de zèle, qui, au contraire de ce qu'il disait, faisaient preuve dans cette assistance de beaucoup de ressources et d'à-propos, comme j'ajoutai que parler comme il faisait était offenser l'amitié, ce mot acheva de l'exaspérer. Au retour, avec une ironie qui ne pouvait cacher la rage, il me demanda dans ce voyage « à quels visages je m'étais caressé. »

Rien dans son caractère ne se prêtait à l'amitié. Quoiqu'il en ait mis le nom en avant, qu'il en ait pratiqué les signes, jamais, envers ceux que j'ai vus vivre avec lui, je ne lui en ai connu l'effet. Le fonds lui manquait pour cela. Il n'avait ni tendresse, ni émotion vraie. Sa sensibilité, une des plus ardentes qu'on pût voir, était toute dans les nerfs. La délicatesse de son intelligence le rendait capable de ménagements infinis ; mais le cœur ne lui dictait rien.

Plus je l'ai vu agir et parler, plus je l'ai considéré dans le train de notre action, plus je me suis persuadé que c'était sa grande faiblesse. De là lui venait un défaut de tact partout où penser ne suffit pas et où il convient de sentir, une erreur de jugement en toutes occasions où le cœur est chargé des relais de l'esprit ; un ton de déclamation vaine dans la compassion, et encore plus dans la louange, la nécessité humiliante de faire semblant de beaucoup de choses qui chez les autres sont naturelles. Aussi était-il grand comédien. Excepté la controverse politique et la colère, presque tout était feint chez lui. Cependant nulle duplicité n'était le fond de son caractère ; il fallait seulement que les apparences pourvussent à ce qui lui manquait. Je garde le souvenir du sourire dont il accueillait pendant la guerre les galons et les décorations que nos jeunes amis rapportaient du front, la main qu'il agitait devant lui comme pour en signaler l'éclat, la joie qui se peignait sur le visage du jeune homme devant cette démonstration, qu'il ne voyait qu'une fois, mais dont ceux qui l'avaient vue se répéter sentaient l'apprêt.

Des scènes de ce genre diversement réglées maintenaient le zèle de nos amis. Son erreur était de compter dessus quand il s'agissait de gens qu'il voyait tous les jours.

Comme il manquait des qualités du cœur, il ne fallait qu'y regarder d'un peu près pour voir qu'il n'avait pas davantage celles du goût. Il faut avoir de l'âme pour avoir du goût, dit Vauvenargues. Il avait en fait de lettres des vues générales justes et quelquefois fécondes, mais presque pas de discernement des œuvres. Une profession d'admiration du grec servait à dissimuler cela, comme celle de la scolastique couvrait chez lui le défaut de philosophie ; mais ce grec, ressenti à la manière allemande, qui fait de l'hellénisme un miracle et l'arrache au train de l'histoire, n'avançait pas en lui le sens classique d'un pas. Il n'aimait presque aucun de nos auteurs anciens. A part Racine et La Fontaine, qui lui servaient également de couverture, et la louange de Ronsard retenue de l'école romane, il n'avait pour les autres que de l'indifférence.

Ce fonds d'insensibilité réelle en fait de lettres est, je crois, une des raisons qui, une fois le premier prestige passé, aura contribué davantage à retirer la jeunesse de l'Action Française. Chez elle, elle fut en partie cause d'une stérilité poétique dont Maurras se plaignait parfois, comme d'une impuissance de notre action. Mais comment l'imagination, le goût, le sentiment auraient-ils pris l'essor sous la conduite d'un homme qui allait disant que, dans la guerre générale menée jadis par lui contre les poètes du temps, l'éloge de Moréas lui avait été un secours comme diversion à sa critique, comme lui donnant contenance, non de pamphlétaire, mais de juge. De pareils égards tuent l'inspiration, ils sentent la chiourme intellectuelle, ils encourent l'aversion de tout ce qui chérit dans les lettres autre chose qu'un instrument d'influence et une mainmise sur les esprits.

Tous ces caractères feront comprendre comment Maurras, en possédant les aptitudes du maître, aura manqué de celles du chef. Un grand inconvénient l'en reculait encore, c'était le désordre matériel dans lequel il vivait plongé.

Il en tenait le goût de la bohème de lettres dans laquelle il avait grandi ; l'habitude, de la solitude où l'absence de foyer le laissait ; la résolution, d'un amour-propre qui le faisait s'en parer disant, qu'« ayant mis l'ordre dans ses idées, il n'avait pas eu le temps de le mettre dans ses affaires. » En conséquence, tout dans son existence s'entassait et se rangeait au hasard. Il n'avait ni heure pour les besognes, ni place pour les objets. Cependant, il assumait toutes les unes, et ne se séparait d'aucun des autres : en sorte que son logis regorgeait, et que sa vie ployait sous les occupations. Une grande mémoire, qui l'aidait seule à se débrouiller dans ce chaos, ne pouvait empêcher que sa conduite s'en ressentît, et que, à l'exception de la controverse et de nos quêtes dans le public, il laissât en route presque tout ce qu'il commençait.

Cependant, dans notre action, il prétendait tout faire. Cela n'était pas possible ; ce qui par malheur l'était, c'était qu'il intervînt dans tout sans information ni à-propos. Depuis la mort de Vaugeois, comme il n'y eut plus que lui à l'Action Française pour exercer l'autorité, toutes ces causes ne pouvaient avoir que de funestes conséquences.

D'abord, au sein même de la collaboration, elles en ruinaient le goût et l'intérêt. Rien ne soutient davantage le zèle qu'un commandement bien ordonné, rien ne le ruine plus sûrement que l'irrégularité du caprice, ou les contradictions du désordre, surtout venant d'un homme au ménagement duquel on était résolu de tout sacrifier.

La première chose qu'on dut céder fut l'espérance d'aboutir. Pratiquement, nos amis avaient cessé de croire au but ancien de l'Action Française, à la restauration, encore plus au coup de force, qu'on en avait proclamé le moyen. Chose curieuse, j'étais celui que Maurras souffrait le moins, et cependant il n'y avait que moi à qui il pût s'ouvrir du regret de cette indifférence. « Il n'y a que vous et moi, disait-il, qui nous intéressions à toute l'Action Française. »

Il était vrai. Mais comment s'adonner à un intérêt qu'on ne pouvait prendre en main, auquel on ne pouvait veiller même, sans le trouver comme un obstacle sur son chemin? Les autres en craignaient l'aventure. Comme il n'y avait qu'un moyen de s'en garder, qui était de laisser aller les choses, petit à petit ils s'y résolurent. Une seule fois, Daudet essaya de s'y opposer. Comme par l'effet d'un retard excessif de Maurras, le journal n'avait pu paraître que de façon à être distribué le soir, il lui écrivit pour se plaindre. J'étais à la scène qui suivit. Maurras se leva brusquement comme il entrait, courut à lui et dit sur un ton pathétique que quelqu'un s'était juré de les brouiller ensemble, qu'on complotait leur désunion afin de ruiner l'œuvre commune. Il le suppliait de s'en garder. D'explications de fait, point. Je ne sais si Daudet fut persuadé. Mais il détestait ce genre de scènes. Cela le découragea je suppose d'y revenir. Le fait est qu'il prit son parti.

Chacun en faisait autant, chacun achevait de se renfermer dans la province où son poste l'affectait. La pensée commune, celle dont nous étions nés, n'habitait plus chez aucun d'eux ; elle n'habitait plus que chez Maurras, et comme Maurras était la dispersion, l'ajournement, le retard, l'oubli, elle n'habita réellement plus nulle part ; elle n'exista plus qu'en peinture dans les articles qu'il signait.

Il faut maintenant passer au récit du départ qui devait après tant d'années me séparer de l'Action Française. Tout ce qui précède aidera à en comprendre les causes. Il fera la fin de tous ces souvenirs.

Longtemps les défauts que j'observais dans notre action, dans sa conduite publique aussi bien que dans son économie intérieure, n'eurent de moi qu'une attention distraite, retenue par la crainte que j'avais de blesser dans ma pensée une entreprise qui m'était chère. L'administration du journal m'obligea de la fixer sur une catégorie d'erreurs dont l'effet était de vider notre caisse. Le devoir qu'elle m'imposait fut la première cause qui me fit examiner ce que je n'avais encore consenti qu'à apercevoir. Le mal que je dus constater, m'ouvrit les yeux sur le reste. En ce qui regardait l'argent, je ne devais songer qu'à user de la délégation qui m'était donnée pour le guérir. Maurras, hélas ! y résista. Ni par persuasion, ni par conduite, je ne pus gagner sur lui une partie si importante. Ainsi devaient s'éterniser des fautes que je n'avais envie de supporter, ni comme gérant de l'action, ni comme son associé. Je la quittai donc tout à fait. Comme j'eus au surplus le malheur de voir ce dénouement assaisonné de violences par celui qui en était cause, la rupture eut lieu tout d'un élan. Je vais en rapporter le détail.

Quand je pris l'administration, Maurras quêtait pour le journal. J'étais d'avis que le plus tôt possible on terminât cette mendicité. Louable quand il s'agissait pour nous de couvrir les frais d'une organisation de combat qui ne payait pas, elle nous faisait honte quand le but était de combler le déficit d'une entreprise qui, après dix ans d'existence, au milieu de tous les signes de la prospérité, n'avait aucune raison de ne pas subsister. Ceux qui nous donnaient sentaient cela.

— Jamais nos amis, disait Daudet, ne nous laisseront dans l'embarras.

— Non, lui disais-je, mais nous les y mettons, en employant ce dont ils voudraient payer l'action, à boucher les trous de notre caisse. Tel qui pour cela nous donne cent sous, nous donnerait mille francs pour agir.

Il était vrai. L'embarras financier était au fond de notre impuissance, comme décourageant les subsides que la restauration réclamait. Jamais dans nos conseils on ne répondit à cela ; devant le public on avait soin seulement de couvrir cette évidence en imprimant qu'action supposait propagande, et que le journal qui remorquait cette dernière figurait en locomotive qu'il importait de chauffer d'abord.

Le premier obstacle que je sentis à sortir d'un pareil état fut le retard que Maurras apportait chaque nuit à remettre sa copie à l'impression. Un retard du journal s'ensuivait, qui nous faisait manquer les départs et prolongeait de travail des ouvriers. Ainsi les abonnés manquaient à recevoir leur numéro, ce qui chargeait nos bureaux de réclamations ; d'autre part, en frais de départ nouveaux, paie d'ouvriers, etc. cela coûtait vingt-cinq mille francs par an.

La rédaction, mal répartie, était une autre source de désordre et de dépense. On a calculé qu'en rédaction la ligne nous revenait à douze sous. Cela tenait au peu de place laissé à l'information dans un journal où les articles de fond prenaient la première page entière. Il fallait la payer son prix, quoiqu'elle occupât peu d'espace. D'autre part, on commandait sans mesure de la copie qui, une fois composée, ne passait pas faute de place. Dans cet encombrement, le propre article de Maurras tenait deux ou trois colonnes. Il avait le grand inconvénient de ne pouvoir borner sa plume ; tenir dans un espace donné était un art qu'il n'avait pas ; on ne pouvait donc prévoir l'étendue d'une copie qui, survenant au dernier moment, obligeait à défaire la page au milieu de l'impatience et des cris.

Le prier de raccourcir ne se pouvait. Un secrétaire de rédaction m'a dit que, devant une pareille prière, son visage prenait l'expression d'un homme à qui on aurait enfoncé le couteau dans le cœur. Cette résistance redoublait le désarroi. Bref presque toutes les nuits, le journal venait au monde au sein d'une atmosphère d'orage à laquelle ses nerfs mettaient le feu. Ces parutions égalaient autant de catastrophes, de sauvetages *in extremis*, où, sous l'aiguillon de l'heure qui presse, on ne considérait plus rien, ni mise en page décente, ni nouvelles raisonnables, ni argent follement dépensé ; ce qui n'empêchait pas des excès de retard, qui plusieurs jours de suite privaient nos lecteurs du journal, et leur valait enfin l'arriéré par paquets.

Un tel embarras ressenti au cœur même de notre entreprise ne pouvait que la ruiner sans remède. En installant le gaspillage dans la production du journal, elle était cause en outre d'une malfaçon qui jetait la déroute dans nos bureaux.

Aussitôt que je le connus, je m'en plaignis à Maurras, que je crus convaincre aisément au nom de notre intérêt commun. Mais je fus bien surpris de l'y trouver insensible. Il m'opposa ses habitudes, qui, dit-il, étaient invincibles. Il ne pouvait faire son article autrement que sur les épreuves, dont la première revenait chargée de tant de corrections qu'il fallait le recomposer; c'était la cause du temps perdu. Je lui dis qu'il ne s'agissait pas de cela, mais de remettre la copie à temps, en sorte que, brève ou longue, la besogne qu'elle exigeait fût prête pour le départ du journal.

— Non, dit-il, je suis ainsi fait, je ne puis autrement travailler.

— Mais être à l'heure, lui dis-je, est autre chose.

Point d'affaire, il tenait à cette équivoque, que peut-être il n'apercevait pas. Je ne pus jamais l'en faire démordre.

Cependant son article était prêt quelquefois. Alors le délai qui lui était donné était employé à raturer jusqu'à ce qu'il se fût mis en retard. Il fallait l'imminence de l'heure, le dommage présent et accompli, pour lui arracher l'épreuve des mains. Ainsi l'inconvénient dont il nous accablait tenait à deux causes : le désordre de ses habitudes, et le travers d'homme de lettres qui l'attardait à se contempler dans ses écrits. Comme il ne voulait rien entendre au dommage d'argent, je n'en pus jamais venir à bout.

Il avait un compte à la caisse qui dépassait ses appointements. Comme ce qu'il devait demeurait fort au-dessous de ce qu'un homme comme lui eût obtenu ailleurs d'une caisse prospère, je lui proposais parfois, soit d'annuler ce débet, soit d'élever ses appointements. A l'un comme à l'autre il répondait par des cris, d'où je ne pouvais conclure qu'une chose, c'est qu'il ne voulait pas savoir ce qu'il coûtait. Tant il avait horreur de tout calcul, tant il fuyait tout évidence de ce genre.

En même temps que du gaspillage, je fus bientôt en face de la dilapidation. L'argent que la quête nous procurait venait aux appels de Maurras ; il se croyait en conséquence des droits dans l'emploi de cet argent. Je ne demandais pas mieux que de les lui reconnaître, à condition de les exercer sagement. Par malheur, l'usage qu'il voulait qu'on en fît n'avait pas plus de règle que le reste de sa conduite. Les impressions de l'instant, toujours prédominantes, en dictaient la résolution.

Avec beaucoup d'adresse et de succès il avait mené le premier des appels où l'Action Française eût osé demander un million. Comme j'allai en province pour aider à cette affaire, je fus témoin de l'entrain que ses articles avait inspiré à nos amis. En nous tirant de l'embarras d'argent, il est certain que ce mouvement réchauffait le zèle chez plusieurs, à proportion du sacrifice qu'il leur coûtait. Toutefois il convenait de ne pas le porter si loin qu'on mît cette quête au compte de notre impuissance à gérer, et qu'une aussi lourde demande accusât notre économie. Il me semblait que nous y touchions. Mon désir était donc que, ce million reçu, la gestion nous tirât d'affaire, et que nous ne quêtassions plus que pour l'action. Là encore je fus déjoué. Le pactole qui coulait dans nos caisses mit autour de nous en goût d'y puiser. Au nom de raisons politiques on avait soin de s'adresser à Maurras, que je voyais paraître dans mon cabinet, la requête à la main tantôt de l'un, tantôt de l'autre. C'était des services à reconnaître, des avances à la cause à combler, l'aide à subventionner chez un journal ami, une dépense engagée en notre nom par le zèle, les frais de la part du combattant, que le scrupule nous imposait. Il arrivait le front couvert d'ennui, comme s'il eût partagé là-dessus mes résistances ; mais quand je les lui opposais, j'avais affaire à des emportements.

J'allais nous brouiller avec un tel, nous faire de tel autre un ennemi, faire médire de nous par la presse. Chaque cas posait la question de cabinet, comportait des suites exceptionnelles, s'imposait par raison d'État. En six semaines, je vis ainsi partir plus de quatre-vingt mille francs.

Hélas ! notre argent n'excitait pas seulement des tentations autour de nous ; on le pillait dans la maison même. Personne ne s'en était aperçu. Les mesures que j'avais prises furent cause de le découvrir. Le commissaire aux comptes que j'avais installé vint me dire : « Votre caissier vous vole. » Je m'en enquis dans les bureaux. On me répondit : « Voilà des idées ; les nouveau-venus trouvent à redire à tout. » Je n'en demandai pas moins des comptes. Je les fis voir au caissier, il avoua. C'était un de nos plus anciens auxiliaires. On l'avait soupçonné autrefois de nous espionner ; des cautions qu'il avait produites faisaient que depuis lors nos amis avaient dormi sur leurs deux oreilles. Six mois auparavant le zèle d'un employé avait mis sous les yeux des bureaux les preuves d'un détournement commis par lui aux frais des Jeunes filles royalistes. Par paresse et par prévention, des organes qui m'en devaient compte avaient empêché que je ne les visse. A présent qu'elles s'ouvraient en grand, il n'était plus question de douter. Il ne s'agissait plus que de savoir ce qu'on nous avait dérobé.

Mais cela même ne fut pas possible. Par un excès de confiance auquel je n'avais pu mettre fin, ce caissier était aussi comptable, et l'on ne tenait nulles écritures propres à contrôler les siennes. Daudet lui dit en ma présence : « Vous avez pris plus de cent cinquante mille francs. » Il n'osa dire non. C'est tout ce que nous apprîmes de sa malversation.

Cet événement remua toute la maison. Il me remua bien davantage encore, car il me fit perdre en un moment la confiance que j'avais en ceux qui menaient sous moi les affaires. Je m'aperçus que je n'étais servi que par l'incurie et la sottise. Où j'avais cru discerner le zèle, je reconnus l'outrecuidance ; où je trouvais les signes d'une hardiesse heureuse, j'aperçus la témérité, la négligence, l'enfantillage. Cependant la faveur de Maurras était acquise à ces organes. Telle fut l'origine de la querelle qui, à la fin, nous sépara.

Entre des mains aussi habiles, le million s'en allait grand train. Il dura moins d'un an. La folle dépense du numéro se répercutait en mille façons dans notre caisse. On faisait des frais de diffusion qui ne rendaient pas à cause des retards du journal. Pour parer à cet inconvénient, on inventait des éditions spéciales, que le désordre de la rédaction obligeait de monter comme des journaux distincts, en sorte que la dépense doublait.

Je me laissais dire que le retard de Maurras venait d'un trop d'occupation. En lui donnant des secrétaires, d'abord un de jour, puis un de nuit, je crus guérir le mal, qui dura de plus belle, car sa besogne était si peu réglée, qu'il ne trouvait presque rien à leur faire faire. Il vivait dans une presse continuelle qui ne lui laissait, disait-on, ni le temps de manger, ni celui de dormir, ni celui de se rendre de chez lui au journal. Il n'allait qu'en voiture, elles lui manquaient parfois ; cinq minutes passées à les poursuivre étaient dans sa journée une perte que nous croyions irréparable ; pour rentrer de l'imprimerie la nuit, autre affaire : elles étaient couchées. J'achetai une automobile et la mis à son service, sans parvenir par cette nouvelle dépense à corriger ses habitudes.

Bref il fallut quêter de nouveau. Autre million, qui marcha mal, qui fut conduit à terme enfin.

Mais quel jeu dangereux ! quelle posture ! Pour ceux qui le voyaient du dedans, quel abus de la confiance des gens ! Cet argent qu'on se vantait de ne prendre qu'à de petites bourses, qu'on s'enorgueillissait de voir apporter par ceux à qui il coûtait un plaisir et jusqu'aux aises de l'existence, quel scandale de le voir gâcher ainsi ! Il venait par dix francs, par cent sous, par moins encore, et on le prodiguait par vingt mille francs à la négligence, au caprice, à l'entêtement de folles habitudes. Cette pensée m'était insupportable. Jointe au reste elle faisait de mes fonctions la source d'un souci sans fin.

L'assemblée des actionnaires eut lieu en 1919, comme elle avait lieu tous les ans depuis que j'avais pris l'administration. Nous avions réduit le capital afin de partir d'un pas nouveau. Cependant le nouvel exercice ne portait nul amendement de l'ancien. Il accusait un déficit tel, que le chiffre m'en suivit chez moi. Je me mis à en rêver. J'en perdis le repos. Les choses ne pouvaient durer ainsi. Comme j'étais seul à ressentir cette inquiétude, j'allais m'en consumant sans fruit. Que faire? Je manquais des connaissances spéciales qu'une réforme complète demandait. Je pesai cette difficulté. Je pesai les obstacles auxquels je serais en butte. Je pesai le labeur auquel il faudrait me vouer si j'entreprenais en détail le contrôle de nos services. C'était une application nouvelle ; c'était le train même de mon existence changé. Le plus simple eût été de quitter ces fonctions. Mais à qui passeraient-elles? Moi présent, il y avait à l'Action Française quelqu'un qui voyait le gaspillage, qui en soupçonnait l'étendue, qui en appréciait le danger ; une fois parti, je ne pouvais douter que ces ouvertures fussent de nouveau fermées. Le système qui avait permis de voler chez nous plus de cent cinquante mille francs, qui consistait à demander de l'argent, à le manger et à quêter pour en avoir d'autre, recommencerait.

Au temps que Bainville avait la signature, comme j'avais voulu l'entretenir là-dessus : « Je ne comprends rien, m'avait-il répondu, aux finances de l'Action Française, et je ne veux y rien comprendre ». J'ai vu depuis que c'était le seul parti à prendre. Je croyais alors qu'on pouvait changer cela. Je restai.

J'allai trouver celui de tous nos amis qui s'entendait le mieux en affaires. Je le priai de m'aider. Il n'en avait pas le temps. Un membre de notre conseil d'administration, banquier en province, qui y était entré sur ma demande, vint à mon secours. Il puisa dans le zèle qu'il avait pour notre cause la résolution de passer huit jours à Paris, dans le bureau de notre administration, à la tête de notre entreprise. Un secrétaire à lui l'assistait. C'était le moyen de connaître le mal à fond, et de conseiller le remède. Quand il partit, il me dit ces mots :

— Vous ne saurez jamais dans quel désordre vous avez vécu. Votre sous-ordre vous coûte un million.

Je me mis à l'œuvre. Muni des avis qu'il me laissa, je commençai mon examen. Le courrier en était la clef. Je l'ouvris.

C'est là que par les réclamations je pouvais prendre connaissance de faits qu'on me dissimulait, et qui, en remontant aux sources, en découvraient d'autres de toute sorte. J'arrivais au journal avant tout le monde, à huit heures, je n'en quittais qu'à midi ; de deux heures jusqu'à sept j'achevais ma journée. Elle n'était pas trop longue pour entrer pas à pas dans les causes du mal dont souffraient nos services. Jusque-là je n'avais eu d'yeux que pour ce qui se passait à l'imprimerie dans la production du journal ; je les tournai vers nos bureaux. Ce que j'y vis dépassait en désordre tout ce dont j'avais pu me faire l'idée.

Mon conseil ne m'avait pas trompé ; c'était la désorganisation pure. Comment une entreprise d'aussi gros intérêts pouvait-elle en être à ce point, une société industrielle gérée ainsi? On avait commencé petitement, avec un ordre imparfait peut-être. La maison en se développant avait peut-être rompu ces mesures, elle était tombée au chaos. Quand à la fin de mes journées, rentré chez moi, je repassais en esprit les traits dont j'allais m'informant, quand, à ceux de l'imprimerie anciennement connus, j'ajoutais ceux que révélaient nos bureaux, j'y trouvais une énormité qu'aucune parole ne saurait peindre.

On n'enregistrait pas le courrier, nulle trace ne restait des lettres reçues, en sorte que toute réclamation qui obligeait de les rechercher restait en route. L'argent envoyé dans les lettres se promenait dans toute la maison, en était retiré sans contrôle. Les papiers en traînaient sans fin. Le jour où je pris le service en main, je trouvai à la caisse pour trente mille francs de mandats périmés, qu'on ne put toucher qu'avec des frais. On ne portait de même les chèques à la banque que par sommes, en sorte que l'intérêt, ce pendant, était perdu. Un jour le nouveau caissier vint me trouver tout interdit, tenant entre les mains un paquet de billets qu'il ne voulait pas, me dit-il, être accusé de garder.

— Certes non, lui dis-je, puisque les voilà.

Il les avait trouvés dans l'épaisseur d'une table, où le mouvement d'un tiroir avait dû les repousser, en sorte que plusieurs n'étaient plus que des chiffons. C'était des souscriptions de nos lecteurs. On les avait oubliées là. Elles remontaient à dix-huit mois. Il y en avait pour plus de deux mille francs. A chaque billet de cinq, de dix, ou de vingt francs, plus rarement de cent ou de cinquante, pendait encore, fixé par une épingle, le bulletin imprimé sur la feuille du journal que le donateur avait découpé après y avoir écrit son nom.

Au moyen de ces papiers je fis le compte. Il était juste. Mais la seule vue de cette trouvaille inspirait des pensées qu'on ne pouvait supporter, quand on se rappelait les appels auxquels avait répondu cet argent : tous les sentiments sollicités, toutes les cordes du cœur attaquées à la fois, l'avenir du pays, le salut du genre humain dépeints comme dépendant de l'effort dont je maniais le témoignage plongé dans l'inutilité.

Nous avions commencé de publier une Action Française du dimanche. Beaucoup d'abonnements y étaient inscrits. Un jour je trouvai dans mon courrier une lettre qui disait : « J'ai payé l'abonnement pour moi, je l'ai payé pour plusieurs autres afin de les gagner à notre action. Depuis deux mois, ni eux ni moi n'avons rien reçu. J'ai versé quarante francs ; je suis pauvre, c'est un sacrifice pour moi. Hélas ! est-il possible que je l'aie fait pour rien ? » Je mis aussitôt à l'examen le service de l'Action Française du dimanche. La lettre B pour commencer fut pointée. Elle contenait douze cents fiches, sur lesquelles il s'en trouva trois cents de gens qui avaient payé et à qui on n'envoyait pas le journal, et, ce qui ne laissa pas de m'étonner après tant de choses étonnantes, six cents à qui on l'envoyait et qui n'avaient pas payé. Daudet faisait alors le projet d'un appel en faveur de cet hebdomadaire, à encarter dans le journal. Je lui dis :

— Le papier sera reçu avec colère, froissé et piétiné. Le service se fait mal, attendez qu'il soit redressé.

Les fiches étaient brouillées au point qu'il fallut

les reprendre à pied d'œuvre, brûler le jeu ancien et le refaire d'après les livres. La besogne achevée, l'appel de Daudet partit et réussit.

Chose que je ne laissais pas d'admirer, le petit personnel entre les mains de qui je trouvais ces méfaits était laborieux et dévoué, il ne demandait qu'à bien faire. Le désordre général l'avait découragé ; partout où j'apportais l'ordre et la correction, il m'y aidait avec autant de zèle que d'adresse. Je ne manquai pas de porter le même contrôle dans le départ du journal, pour lequel au surplus je puisai de grandes lumières près du chef de départ du *Petit Parisien*, que j'allais voir de temps à autre, et qui dans chaque difficulté m'expliquait son système, que je suivais avec fruit.

Tout cela m'était nouveau et quelquefois pénible. J'y prenais goût cependant, comme il arrive de tout ce qu'on fait avec application. De plus, j'y étais encouragé par l'intérêt de notre action. Enfin le succès sur plusieurs points achevait de m'y attacher. Cependant, je m'aperçus bientôt que Maurras en prenait ombrage.

J'avais pensé que, dans un rayon où son action ne s'étendait pas, j'aurais loisir de redresser les choses. Mais là encore il prétendait régner.

Quelle prétention et quel abus ! Lui-même avouait ne rien entendre aux chiffres, avoir les comptes en horreur. Il ne tenait aucune place dans l'administration, il n'était pas même du conseil. Cependant l'opinion de nos amis souffrait qu'il y eût autant d'autorité qu'ailleurs, pour cette raison que l'Action Française, étant sortie de son cerveau, lui appartenait. Etait-ce vrai ? En ce cas, il fallait avouer qu'il n'exerçait ses droits de propriétaire que pour la tuer. Et comment eût-il fait autre chose ? A l'inaptitude en cette affaire, il joignait le défaut d'information. Sa vie se passait hors du journal. La nuit à l'imprimerie, le matin dans son lit, l'après-midi chez lui, on ne le voyait paraître que le soir à sept heures, quand tout le monde s'en allait. Il ne voyait la maison que quand elle était vide. Ainsi il en ignorait tout.

Il en savait cependant assez pour voir qu'on s'appliquait à y faire entrer l'ordre, qu'il détestait de deux manières : comme contraire à sa pratique, comme incommode à son existence. Le désordre attire le désordre. Celui qui avait régné dans nos bureaux avait rendu aisé celui qu'il entretenait à l'imprimerie. Sur quantité de points, l'un se mêlant à l'autre, il était comme inévitable que, le premier réformé, le second fût mal à l'aise. Maurras sentait de fort loin ce qui attentait à ses commodités. Jamais je ne lui connus de mauvaise humeur pareille à celle dont il se mit à me donner les signes.

J'avais cessé de croire que des affaires importantes occupaient ses après-midi. A force de n'en voir rien sortir, il fallait bien conclure qu'il ne s'y passait rien.

J'imagine que des visites reçues, des entretiens de peu d'importance comme ceux dont souvent il me rendait témoin, une inutile correspondance comme celles que je lui vis plusieurs fois tenir, devaient en consumer plusieurs heures. Il y avait toutefois une chose qu'il faisait dans ces moments-là avec profit. C'était la lecture des journaux, qu'il pratiquait avec une attention extrême et beaucoup de discernement. La connaissance de l'opinion, qui le guidait dans sa controverse, venait en partie de ces lectures. Il en arrivait, la pensée pleine ; elles le jetaient dans une espèce d'ivresse qui faisait qu'il ne pouvait souffrir qu'on eût soi-même autre chose en tête ; en sorte que tout retard qu'on mettait à l'y suivre déchaînait ses emportements. J'en avais la scène presque chaque jour.

J'étais au travail dans mon cabinet, l'esprit occupé de ma besogne et du souci qu'elle me donnait ;

soudain le battant de la porte volait tout grand ouvert. C'était lui.

— Bonjour.

— Rien de nouveau?

— Rien de nouveau.

— Vous avez lu l'article du *Temps.*

— Quel article du *Temps,* cher ami?

Alors sa colère éclatait et il se mettait à trépigner.

Un jour, je ne sais quelle distraction, qui ne me laissa de sentiment que pour le ridicule du spectacle, fit que je ne pus m'empêcher de rire. Cela fit un éclat.

Pour que son mécontentement prît corps, il lui fallait matière à reproche. De lui-même il n'eût pu la trouver. Les fauteurs de l'ancien désordre la lui fournirent.

De ce côté ma présence assidue au journal causait beaucoup de mécontentement. Les corrections gênaient ; en comparaison de ce qui s'était passé, la besogne expédiée à temps était une source d'humiliation. On m'avait annoncé que le courrier était immense, et il était de trois à cinq cents lettres par jour ; que sa variété le rendait inextricable, et, dix à quinze lettres mises à part, il ne concernait que l'abonnement. Quand je décidai de l'enregistrer, on m'avait dit que cela ne se faisait nulle part, et que j'y mettrais la journée et le lendemain, et il était fini tous les jours en une heure. Tous ces démentis, loin de convaincre, avait pour effet d'exaspérer. Maurras trouva dans cette exaspération l'appui dont il avait besoin pour éclater. De l'autre côté on l'y poussait par des rapports que son ignorance de ce qui se passait chez nous lui faisait recevoir sans résistance. Celui qui s'y employait se crut assez avancé, un jour que j'annonçais quelque correction nouvelle, pour me dire :

— Ce sera vous ou moi qui partirez.

Le lecteur supposera peut-être qu'un tel mot parti d'un sous-ordre, à l'adresse d'un de ceux qui avaient fondé l'Action Française et qui la servaient depuis vingt ans, devait entraîner le congé de celui qui parlait ainsi. Il en était autrement chez nous. Le caractère de Maurras n'offrait rien qui dût le conduire à sentir le cas de cette façon-là. Tout, au contraire, me donnait à croire que la menace serait réalisée, et qu'il se ferait sans difficulté l'exécuteur de la vengeance d'un maladroit, que je redressais. Je prévis mon départ, j'en avisai les miens.

Il y avait si longtemps que j'étais à l'Action Française, je l'avais suivie si fidèlement, elle s'était à ce point incorporée en moi, que je ne pouvais me dispenser d'annoncer la rupture.

Elle survint peu de temps après, en conséquence d'un souscripteur dont le nom n'avait pas figuré dans la liste prochaine que publiait le journal, et qu'un retard de transcription avait ajourné à la suivante. L'aigreur du reproche que Maurras m'en fit par lettre me donnait à entendre que nous touchions au terme. Le cas en soi était moins que rien ; j'eus la patience de le lui expliquer par un mot. Aussitôt sa controverse partit. Une dialectique aussi vaine que sa plainte emplit une lettre interminable. Comme ma conduite en général y était mise en cause, je lui devais une réponse, où, sans mettre nulle aigreur, je lui représentais la vérité. Alors il s'emporta de plus belle.

J'ai gardé cette correspondance. Je ne crois pas qu'il existe au monde rien de si injuste et de si déraisonnable. Au défaut d'égards pour la peine que je prenais depuis trois mois, pour mon existence changée, pour le pesant souci dont je l'avais chargée, elle joignait la méconnaissance des résultats que j'avais atteints. Il était dit dans ces lettres que l'ordre, dont il se croyait juge, était troublé par ce qu'il appelait mon « ingérence » et qui n'était que mes fonctions. Le ton désobligeant d'une leçon achevait la violence de l'invective et, ce qui pourra paraître incroyable, les gros mots. Comme je lui disais que, plutôt que d'envenimer ce dialogue, je préférais finir la discussion, il m'écrivait :

— Vous discuterez ou vous lèverez le camp.

Lever le camp, sans doute. C'était là que nous allions. Je reçus mon congé le lendemain, par une lettre envoyée de l'imprimerie à sept heures, et que j'eus à huit au journal. Les règles des sociétés auxquelles pour exister il avait bien fallu soumettre l'Action Française étaient chez nous pratiquement méconnues. Je ne m'étonnai donc pas de recevoir de Maurras un ordre de partir, qui ne devait émaner que du conseil d'administration. D'autre part je savais que ce conseil exécuterait ses volontés. Tout cela ne faisait pas que je dusse m'en aller autrement qu'en cérémonie. Je ne l'avais pas vu depuis plusieurs jours. Il vint en personne à mon cabinet, le soir, chercher la réponse à sa lettre. Je lui dis :

— Je reste.

Alors il n'y eut pas de diligence qu'on ne fît pour me mettre à la porte. Il fallait assembler le conseil incontinent. La convocation, qui ne pouvait selon la règle s'en faire qu'avec mon consentement, m'en fut signifiée par les bureaux. A ce comble de sans-gêne, un des membres de province opposa son refus, menaçant de faire déclarer nul ce qui serait délibéré. Force fut donc d'attendre la date fixée par le précédent conseil. C'était un délai de quinze jours, durant lequel je continuai mon administration, poursuivant les réformes que j'avais entreprises, y en ajoutant même de nouvelles, concernant entre autres les résidus de papier nommés *biflecks*, qu'on nous volait à l'imprimerie sans que personne s'en aperçût.

Dans des entretiens séparés tenus avec chacun de

nos amis du journal, je les avais avisés de mon départ.

Mal au courant de ce qui s'était passé, ils s'imaginaient que je resterais à la rédaction. Je leur expliquai que tout était rompu entre l'Action Française et moi ; que je ne m'y étais jamais considéré comme un employé qu'on prend et qu'on déplace ; que, quoique non pas au premier rang, j'avais part à son gouvernement ; que sur le point de savoir si je resterais ou non à l'administration je devais être consulté le premier ; que de plus dans une affaire qui touchait à nos comptés, la raison autant que les égards demandaient qu'on prît l'avis de quelque autre que d'un homme qui disait lui-même n'y rien connaître ; que toutes ces règles de justice et de bon sens ayant été méconnues envers moi, je n'avais plus qu'à me retirer ; qu'au demeurant je connaissais trop maintenant le mal dont souffrait notre action, que ce qui venait de se passer achevait de me le découvrir, et de me persuader que tout ce qu'on y mettait d'effort était perdu ; qu'enfin j'avais reçu de Maurras des lettres qui m'avaient profondément blessé, qu'elles indiquaient de sa part des dispositions d'âme que je n'avais pas le goût de supporter ; qu'il avait fait autrefois beaucoup d'efforts pour me gagner, qu'il venait d'en faire encore plus pour me perdre ; qu'à la vérité j'avais tenu à l'Action Française par des liens fort étroits, par des racines profondes, qu'en cinq ou six tours cependant il avait su si bien s'y prendre qu'il les avait toutes arrachées ; en sorte que je m'en allais non pas sans émotion, mais sans hésitation ni regret.

Le jour du conseil arriva. J'allai le matin à mon bureau comme d'habitude. Je lus le courrier, je donnai les ordres qui convenaient. Quand tout fut fini je mandai les chefs de service, l'un après l'autre. A chacun je dis : « Je m'en vais. M. Maurras l'ordonne, parce que je mets le désordre dans la maison. » Chacun tombait des nues. Chez quelques-uns la surprise allait jusqu'à l'émotion, chez quelques autres jusqu'au scandale. Une jeune fille qui m'aidait dans ma besogne pleura, un de nos employés me pria de lui permettre de demander des éclaircissements. Je les lui donnai en peu de mots, mais nettement. Je trouvais juste que ces serviteurs dévoués fussent mis au fait de la vérité.

Une lettre de Maurras m'arriva.

Il avait appris que je quittais la maison. Dix-huit pages de son écriture étaient employées à me retenir. En me chassant de l'administration, il voulait me garder au journal. Sans céder un pouce sur le fond, toutes les forces de son éloquence étaient déployées pour me convaincre. Jamais je ne vis de plaidoyer plus indifférent ni plus stérile. D'ans l'inquiétude de n'être pas écouté, il avait recours à tous les sentiments. Il n'était plus question que je levasse le camp. Le souvenir de Montesquiou et de Vaugeois, qu'il appelait « nos morts », était évoqué. Ce signe de détresse positiviste resta sans effet sur mon âme. Le changement de ton de cette correspondance causé par la peur de me perdre, achevait d'en glacer la lecture. Je lui répondis dans le même genre, que j'étais très sensible à ce qu'exprimait sa lettre, mais qu'elle ne contenait quant au fond rien de propre à changer ma résolution, qu'ainsi elle ne pouvait après tant d'années de collaboration, que nous avions menées ensemble, qu'adoucir l'instant d'une séparation devenue inévitable ; que c'était ainsi que je recevais les sentiments qu'il m'adressait ; qu'en retour je lui envoyais les miens, et que pour la dernière fois je signais, etc.

Il croyait me trouver au conseil et se préparait à discuter. Sa pensée toute retentissante de controverse et d'arguments ne devait trouver que ce congé à son adresse, et ma démission au conseil. Je remis l'une et l'autre avec mes clefs au garçon de salle, à midi, en quittant le journal, que j'abandonnais pour toujours.

Dans les huit jours ensuite, je fis une visite d'adieu. Je ne trouvai que Bainville, que je priai de faire à Daudet mes amitiés. Je n'y suis jamais retourné. Trois mois après, Daudet et Vesins me firent l'amitié de venir me voir pour demander que je rentrasse. Malgré les claires explications que j'avais données de mon départ, je suppose que nos amis n'en avaient pas bien compris les causes. Ils n'y voyaient qu'une querelle de personnes ; derrière cette querelle ils n'apercevaient pas la question même de notre action. Son but ajourné, ses mœurs incorrigibles, étaient désormais entre elle et moi.

C'était la deuxième fois que pour des causes plus fortes que ma volonté, je rompais le fil de mon existence. Mais la première avait eu lieu dans des conditions bien différentes. Je regrettai l'université, où j'avais enseigné huit ans. Au contraire je ne devais rappeler le temps donné à l'Action Française, que comme une aventure stérile et une erreur de vingt ans.

Ce que j'y avais goûté et appris, ce que j'en retiens, mille autres ont pu l'apprendre sans s'y engager le moins du monde. Mieux valait être de ceux-là, ne pas céder au prestige de chefs qui se vantaient d'agir et qui n'ont pas su le faire, qui ont touché du doigt les causes de leur impuissance et n'y ont pas voulu porter remède, à qui se sont offerts des concours en tout genre, et qui n'ont su ni s'en servir, ni toujours même les conserver. Rien ne leur a manqué ni les hommes, ni l'argent, ni les événements ; cependant ils n'ont pas abouti. Leur critique reste ; peut-être en inspirera-t-elle d'autres qui feront ce dont ils étaient incapables.

Je retournai tout entier à mes livres, que je n'avais jamais quittés. L'action ne m'en dégoûta jamais. Par les rapports et les applications, ils en empruntent un intérêt nouveau. Les devoirs de famille et l'étude occupèrent dès lors tout mon temps.

FIN

INDEX DES NOMS CITÉS

Académie française(l'), 36, 54, 138.

Académie Goncourt (l'), 138.

Action Libérale (l'), 67, 70, 71, 72.

ALMEREYDA, 237, 264, 266.

AMOURETTI (Frédéric), 22, 84, 87, 183.

ANDRÉ (le général), 20, 21.

ANGELINI, 61.

Anonyme, secrétaire à l'Action Française, 339.

Anonyme, rédacteur à l'Action Française, 332, 333.

Anonyme, commissaire aux comptes de l'Action Française, p. 266, 342.

Anonyme, banquier, ami de l'Action Française, 345.

Anonyme, chef du Bureau du Prince, 196, 201.

Anonyme royaliste, 70.

Anonyme royaliste, 187.

Anonyme, ami de l'Action Française, 275.

Anonyme (dame), amie de l'Action Française, 68, 298.

Anonyme (dame), amie de l'Action Française, 235.

Anonyme, membre du Comité Fustel, 93.

Anonyme, membre de la Part du Combattant, 312.

Anonyme dreyfusard, 87.

Anonyme théologien, 274, 276.

Anonyme, praticien d'élections, 326.

Anonyme journaliste, 309, 310.

Anonyme, membre de l'Institut, 130, 144.

Anonyme, directeur de collège, 32, 39, 79.

Anonyme, catéchiste, 41, 42.

Anonyme, prêtre, 206.

Anonyme, chanoine de Saint-Jean de Maurienne, 244.

Anonyme curé de Paris, 223.

Anonyme, provincial des jésuites, 19.

Anonyme curé allemand, 46.

Anonyme, membre des Antiquaires de France, 152.

Anonyme, maire de Sens, 140.

Anonyme (dame), 42, 44.

Anonyme (jeunes filles), mes écolières, 43, 44.

Anonymes étudiants, 185.

Anonymes étudiants en médecine, soldats, 291.

Anonyme officier, 298.

Anonyme officier d'Afrique, 294.

Anonyme lieutenant d'Afrique, 301.

Anonyme adjudant d'Afrique, 296, 297, 302.

Anonyme caporal en Afrique, 293, 294.

Antiquaires de France (les), 127, 138 et suiv.

ANTOINE, 237.

APPERT curé d'Aigny, 96, 97.

ARIÈS (Nel), 204, 205.

AUDIAT (Gabriel), 297.

AULARD, 238.

AUMALE (le duc D'), 43.

Autorité (l'), 61.
AUZENDE, 83.
AYNARD, 152.

BAFFIER, 109.
BAINVILLE (Jacques, 15, 181
  236, 287, 327, 355.
BALEINE (Jacques de), 120,
  121.
BALLOT-BEAUPRÉ, 115.
BARBET DE JOUY, 144.
BARBIER (l'abbé), 61.
BARRACAND, 280.
BARRÈS, 8, 10, 87, 94, 270.
BARTHOU, 237.
BATESON, 134.
BATTANDIER (Mgr), 57.
BAUTAIN (l'abbé), 136.
BAUMANN (Antoine), 79, 82,
  83.
BAYE (le baron DE), 127.
BAZIRE (Henri), 239, 241.
BECQUE, 155.
BELJAME, 158.
BELLAIGUE (Camille), 79, 81,
  82, 119, 219.
BENOIT XV, pape, 254, 255.
BENSON, 170.
BERCKX (le père), 18.
BERNSTEIN (Henri), 229.
BERTHE (le père), 58.
BÉZINE, 57.
BIÉTRY, 125, 126.
BILLOT (le cardinal), 218, 219.
BISLETI (Mgr), 57.
BOISFLEURY (Robert de), 110,
  181, 249.
BOISHÉBERT (Mme DE), 8.
BONAPARTE (Pierre), 242.
Bonnet rouge (le), 266, 312.
BONNETTY, 136.
BOUCHOT (Henri), 148, 149,
  150, 151, 152, 155.
BOULANGER (le général), 108.
BOURGET, 79, 80, 88.
BOVET (Marie-Anne de), 8.
BRACKE, 15.
BRÉAL jeune, 47.
BRIAND, 63, 65, 121, 128, 196,
  197, 258.
BROGLIE (Albert duc de),
  136.
BRUN (Lucien), 212.

BRUNETIÈRE, 33, 35, 52, 65.
BUFFET (André), 11.
BUISSON (Ferdinand), 238.

CABRIÈRE (Mgr de), 99, 100.
CAILLAUX, 242.
CAILLAUX (Mme), 242.
CALARY DE LAMAZIÈRE, 326.
CALMETTE, 242, 243.
Camelots du Roi (les), 105,
  119, 120, 200, 227, 234, 237,
  238, 259, 262, 299.
CASSAGNAC (Paul de), 61.
CASTELLANE (Boniface de),
  20.
CATTÉNAT, 79, 84, 85.
CHALLAMEL (Jules), 281.
CHAMBORD (le comte de), 199,
  277.
CHARETTE, 199.
CHARLES, empereur d'Autri-
  che, 272.
CHENNEVIÈRES (le marquis
  de), 144.
CHEVILLET, 160.
CHRISTIANI (le baron de), 126.
Chrétiens sociaux (les), 82.
CLEMENCEAU, 127, 270, 271,
  298, 299, 300, 315.
COLVIN (Sidney), 170.
COMBES, 54.
COMTE (Auguste), 18, 25, 26,
  82, 83, 95, 96.
Concile du Vatican (le), 137.
COPIN-ALBANCELLI, 79.
COROT, 31.
CORPS (le commandant), 111.
Correspondant (le), 332.
COURAJOD, 146, 147.
COURVILLE (le comte de), 79,
  235.
COURVILLE (la comtesse de),
  93, 94.
Croix (la), 277.
CUIGNET (le commandant),
  188, 189.

DABRY (l'abbé), 204.
DAMAS (le comte de), 199.
DAUDET (Léon), 121, 122,
  123, 124, 181, 183, 187,
  188, 222, 230, 236, 239, 249,
  261, 262, 266, 267, 268, 269,

270, 271, 278, 279, 287, 298, 305, 315 318, 319, 327, 337, 338, 343, 347, 348, 355.
DAUMET, 88.
DEHERME, 124.
DÉCHELETTE (Mgr), 213.
DEJOB, 287.
DELAHAYE (Jules) 79, 107.
DELEBECQUE (Frédéric), 111.
Dépêche de Toulouse (la), 277.
DÉROULÈDE, 25, 282.
DESCHANEL (Paul), 315, 316.
DOELLINGER, 137.
DONOSO CORTÈS, 82.
Dreyfus (l'affaire), 7, 8, 9, 10, 11, 19, 20, 22, 29, 87, 88, 93, 106 et suiv., 114 et suiv., 130, 228, 231, 245, 251, 258.
DRUMONT, 23.
DUBILLARD (le cardinal), 212.
DUBLAIX (le commandant), 324.
DUBOIS, 326, 327, 328.
DUCHESNE (Mgr), 100.
DUCKWORTH, 130.
DUCROS, 133.
DURRIEU (le comte), 139.
DUTRAIT-CROZON, 110, 111.

Echo de Paris (l'), 20.
Eclair (l'), 109.
ELBÉE (le marquis d'), 79.
ELWALL, 158, 160.
ENLART (Camille), 252.
ESQUIROL, 173.
EVANS (Sébastien), 179.
EVANS (Arthur), 179.

FAGNIEZ, 79, 80, 88.
FAGUET, 90.
FALLIÈRES, 116, 127, 128
FARALICQ, 268.
FERDINAND, roi de Bulgarie, 200.
FERRATA (Mgr), 71.
FERRY (Jules), 196.
FICHTE, 250, 251, 253.
FLAMMARION (Camille), 134.
FLOQUET, 117.
FOCH (le maréchal), 288.
FONSCOLOMBE (de), 193.

FONSEGRIVE (Georges), 8.
FORAIN, 88.
FRANCE (Anatole), 54.
FROMM, 48.
FULBERT-PETIT (Mgr), 64
FURTWAENGLER, 131.
FURSY-RAYNAUD, 79.
FUSTEL DE COULANGES, 85, 86, 88, 89, 93.
FUSTEL DE COULANGES (Mme), 86, 87, 89, 91.

GAMBETTA, 117, 121, 259.
GARNIER (l'abbé), 204.
GASPARRI (Mgr), 61.
GAUCHER (André), 116.
Gaulois (le), 59.
Gazette de France (la), 12 19.
GEBHART, 88, 89, 90, 91, 92.
Général X (le), 244.
GEFFROY, 298.
GILBERT (PIERRE CRABOS dit) 235.
CHYZEL, 67.
GOLDNEY (FRANK BENNETT), 179.
GOURY, 245.
GRATRY (le père), 136.
GRÉGORI, 116.
GRÉVY, 117.
GUÉRANGER (Dom), 136.
GUIGNÉ (de), 125.
GUIGNÉ (Jacques de), 125.
GUIRAUD (Paul), 85, 86, 91.
GUITRY (Sacha), 53.
GUYOT DE VILLENEUVE, 8.

HACHETTE, 85.
HALÉVY, 82.
HAUSMANN, 134.
HAVART (Robert), 332.
HENRY (le colonel), 8, 9, 69, 87.
HERCOLANO, 160.
HÉRICOURT, 320, 324.
HÉRON DE VILLEFOSSE, 143, 144.
HERTFORD (comte de), 171
HERVÉ (Edouard), 84.
HERVÉ DE KÉROHANT, 84.
HUGO (Victor), 3, 33, 157.
HUGO (François-Victor), 157.

Humanité (l'), 241.

IBSEN, 155.
Inventaires (les) d'Eglise pour la Séparation, 66 et suiv.

JANICOT, 12, 19.
JAURÈS, 63, 88, 244, 322, 324.
Jeanne d'Arc (querelle de), 85, 86 et suiv.
Journal (le), 202.
Journal des Débats (le), 89, 90, 91, 155.
JUDET, 109.
JULLIAN, 85, 86.
JUSTI, historien de Vélasquez, 47.
JUSTI, professeur à Marbourg, 47.

KERMAINGANT (de), 79.
KLEIN (l'abbé), 75.

LABORDE (Alexandre de), 144.
LACOUR (Lucien), 196, 197.
LAI (le cardinal de), 218.
LAMENNAIS, 137.
LAFFITTE, 83.
LAGRANGE (Henri), 226, 227, 228, 229, 235.
LAMARZELLE (de), 198.
LANESSAN (de), 183.
LANG (André), 177, 178.
LANG (Mme), 178.
LANJUINAIS (le comte de), 198.
LAROQUE (le général de), 79.
LASSERRE (Pierre), 101, 102, 103, 181, 223, 250, 317.
LASTEYRIE (Ferdinand de), 134, 135.
LATAPIE, 61.
LA TOUR DU PIN (le marquis de), 82, 94, 313.
LAUNAY (Robert), 15.
LAURENS, 153.
LAVISSE, 88.
LAZARE (Bernard), 117, 118.
LEBESGUE, 158.
LEBRETON, 79, 107.
LEBRUN-RENAUD (le capitaine), 109.

LECOT (Mgr), 64.
LEFÈVRE DU PREY, 277.
LEFÈVRE-PORTALIS (Eugène) 252.
LÉGER, 88.
LEMAITRE (Jules), 9, 88, 155, 184, 185, 187.
LEMIRE (l'abbé), 60.
LÉON XIII, pape, 54, 55, 56, 60, 71, 290.
LE PLAY, 94.
LESIGNE, 85, 111.
LESTRA (Antoine), 212.
Liberté (la), 61.
Libre Parole (la), 181.
LOBBEDEY (Mgr), 274.
LOG (Mgr), 98.
LOISY (l'abbé), 74, 75, 76.
Londres (évêque de), 168.
LONGNON (Auguste), 49, 50 85, 88, 92, 93, 101.
LONGNON (Henri), 48.
LONGNON (Jean), 48, 51.
LOTI (Pierre), 163.
LOUISE, princesse de France, 194.
LOYSON, 137.
LOYSON (Paul), 238.
LUCIEN-BRUN (Henri), 212.
LUR SALUCES (le comte de), 11, 79, 81, 100, 202.

MACAULAY, 164.
MAC MAHON (la marquise de), 190, 191.
MAGALLON (Xavier de), 107.
MAHY (de), 7.
MALVY, 263, 264, 266, 270, 271, 277, 278, 279, 305.
MANDACH (Conrad de), 153, 154.
MANDAT-GRANCEY (le baron de), 79, 82.
MANDEL, 300, 301.
MANZI, 153.
MARBEAU (Mgr), 274.
MARET (Mgr), 136.
MARTIN (Henry), 141.
MARTROYE, 142, 143.
MATTIS (Séraphin), 126, 127.
MAUPASSANT (Guy de), 121.
MAURRAS (Charles), 9, 11, 12, 13, 15, 17, 18, 19, 21,

22, 24, 27, 28, 29, 30, 57, 69, 73, 78. 83, 84, 85, 87, 95, 96, 101, 111, 122, 124, 181, 183, 184, 196, 201, 206, 215, 216, 217, 218, 219, 220, 221, 222, 223, 224, 225, 227, 228, 229, 231, 232, 234, 235, 236, 237, 239, 240, 241, 243. 249, 250, 258, 259, 260, 261, 262, 265, 266, 268, 269, 270, 271, 274, 276, 287, 298, 305, 307, 310, 311, 312, 313, 315, 316, 317, 318, 328, 329, 330, 331, 332, 333, 334, 335, 336, 337, 338, 339, 340, 341, 342, 343, 348, 349, 350, 351, 352, 353, 354.

MAZET (Henri), 15.
MERCIER (le général), 108, 109, 188.
MERRY DEL VAL (le cardinal), 218.
METHUEN (lord), 176.
MICHAUD (l'abbé), 137.
MILLERAND 316.
MIROT (Léon), 153.
Modernisme (le), 73 et suiv.
MONACO (le prince de), 63.
MONESTÈS (Mgr), 212, 213.
MONOD (Gabriel), 85.
MONTAIGLON (de), 144.
MONTALEMBERT, 46, 47, 136, 145.
MONTESQUIOU (Léon de), 15, 24, 85, 97, 196, 202, 220, 222, 249, 260, 354.
MORÉAS (Jean), 335.
MOREAU (Lucien), 15, 16, 97, 196.
MOREAU-NÉLATON, 288.
MORLAND (Jacques), 51.
MUN (le comte de), 82, 127.
MUNTZ (Eugène), 146.

NAUDET (l'abbé), 204.
NIETZSCHE, 26.
NOIR (Victor), 242.
NOLHAC (Pierre de), 299.

Observateur romain (l'), 61.

PAINLEVÉ, 258, 266, 268, 270.
PALUSTRE, 146.

PARSEVAL (le colonel de), 79, 93.
PASCAL (l'abbé de), 79, 82, 99, 100.
PASSY (Louis), 144.
Patrie française (la), 7, 9.
PAYOT, 40.
PÉRATÉ, 131.
PERONE (le père), 277.
PETIT (Albert), 88.
Petit Parisien (le), 348.
Petite République (la), 70.
PEYTOUREAU, pâtissier, 115.
PHILIPPE comte de Paris, 199.
PHILIPPE duc d'Orléans, 11, 17, 57, 191, 193, 194, 195, 196, 197, 198, 199, 200, 201, 202, 203.
PIE IX, pape, 55, 96.
PIE X, pape, 55, 56, 57, 60, 61, 62, 63, 64, 65, 67, 68, 77, 78, 82, 204, 205, 219, 220, 254.
PIE DE LANGOGNE (le père), 57.
PINOCHET, 121.
PIOU, 21, 71.
PLANHOL (René de), 48, 51.
PLATEAU (Marius), 120, 234, 262, 263, 264, 299, 310.
POINCARÉ, 121, 167.
Primitifs français (l'exposition des), 145 et suiv.
PRINET (Max), 141.
PROU (Maurice), 141.
PROUST, 241.
Publicistes chrétiens (les), 277, 278.
PUECH, 113.
PUJO (Maurice), 15, 113, 187, 188, 227, 228, 229, 230, 237, 249, 269, 310, 327, 328.

QUICHERAT, 158.

RADIGUET (Lionel), 98.
RAIZON DU CLEUZIOU, 98.
RAMBAUD, 88.
RANC, 183.
RAVACHOL, 73.

Réal del Sarte (Maxime), 116, 117, 120, 299, 300, 301.
Récamier (le général), 93.
Régis, 67.
Régnier, 144.
Reinach (Joseph), 110.
Reiset, 144.
Renan, 217, 223.
Renault, 85.
Réveil Savoyard (le), 141.
Revue des idées (la), 25.
Revue critique (la), 235.
Ribot, 258.
Ritti, 83.
Riquet, 101.
Rivain (Jean), 103, 225, 235.
Robain (Paul, 189.
Rossetti, 170.
Roussel (Auguste), 57.
Rouvier, 21.
Roux (le marquis de), 189, 190.
Roy (Maurice, 139, 140.

Sabran-Pontevès (le marquis de), 79.
Sainte-Beuve, 95, 136.
Salting (Georges), 171.
Salut public (le), 61.
Sangnier (Marc), 204, 205, 206, 207.
Sarcey, 155.
Scheurer-Kestner, 117, 118.
Schlumberger (Gustave), 88.
Schuh (l'abbé), 269.
Sellers (Eugénie), 130.
Sembat (Marcel), 127.
Séparation de l'Eglise et de l'Etat (la), 63 et suiv.
Séverine, 89.
Sevin (le cardinal), 213, 214, 215, 216.
Sillon (le), 204 et suiv.
Sixte Ier prince de Bourbon-Parme, 272.
Smith, 170.
Soleil (le), 79, 84, 90, 102, 121.
Souday (Paul), 15,

Strong (Arthur), 130.
Strong (Mme), 131.
Sully-Prudhomme, 80, 157.
Syveton, 19, 21, 22, 187, 245.

Tailliez (Paul), 202, 203.
Taine, 25, 132.
Tastevin de Nouvel, 277.
Tauxier (Octave), 15, 16.
Temps (le), 70, 155, 255.
Tennyson, 170.
Téry (Gustave), 230.
Thalamas, 111, 112.
Thiers, 117.
Tholmer (le D^r), 23.
Thomas (Albert), 258.
Tissier, 121.
Tolstoi, 204.
Tournay (Raymond), 229.
Tourneux, 133.
Trarieux, 117, 118.
Tyrrel (le père), 74, 76.

Univers (l'), 61.
Upmark, 145.

Vaillant-Couturier, 309.
Valois (Georges Gressent dit), 224, 225, 226, 310, 313.
Vaugeois (Henri), 7, 9, 10, 11, 14, 15, 18, 21, 78, 79, 85, 100, 101, 107, 122, 124, 128, 181, 185, 186, 190, 196, 200, 201, 202, 221, 222, 225, 231, 234, 236, 238, 259, 260, 306, 307, 310, 313, 316, 354.
Vaugeois (Mme), 260.
Vérité (la), 48, 57, 85.
Vesins (Bernard de), 110, 189, 249, 327, 355.
Vietor, 45, 46.
Villeneuve (de), 260.
Vivès (le cardinal), 58, 59.
Vogüé (le marquis de), 190.
Vogüé (Eugène de), 88.

Waagen, 172, 175.
Waldeck-Rousseau, 117.
Wallace (Richard), 171.
Well, 61.

Zola, 25, 26, 115, 121, 188.

ACHEVÉ D'IMPRIMER LE 7 MAI 1926
POUR LA NOUVELLE LIBRAIRIE NATIONALE
PAR L'IMPRIMERIE FLOCH A MAYENNE